给欧仁妮的十二封信
——或预防偏见

〔法〕霍尔巴赫　著

王荫庭　译

2012年·北京

P. Holbach
LETTRES À EUGÉNIE, OU PRÉSERVATIF CONTRE lES RRÉJUGÉS
本书根据1956年前苏联科学院出版社出版的俄译本译出

译者弁言

十八世纪法国最伟大的唯物主义哲学家和最杰出的无神论宣传家霍尔巴赫一生发表了大量批判宗教、主要是批判基督教的论著。这些论著有力地揭露了"圣经"及神甫们的虚妄和荒唐，抨击了反动宗教势力和封建专制制度对广大劳动群众的掠夺和压迫。十八世纪六七十年代霍尔巴赫相继独自或者与人合作撰写、出版了21种反宗教的无神论小册子。《给欧仁妮的十二封信》便是其中最知名、最有影响的五六种之一。

跟霍尔巴赫其他无神论小册子一样，《给欧仁妮的十二封信》也具有三个明显的特征，即它的科学性、战斗性和通俗性。

霍尔巴赫及其亲密战友狄德罗、爱尔维修等人的无神论的第一个特征是它的科学性。和斯宾诺莎不同，它毋需泛神论的外壳；和孔狄亚克不同，它不戴自然神论的面具；和培尔不同，它不以怀疑论为掩饰；也不采取任何含混不清的形式；它第一次以彻底、公开、毫不妥协、真正战斗的唯物主义者姿态出现在世人面前。1770年霍尔巴赫发表了被称为"唯物主义的圣经"的《自然的体系》一书，它全面、系统、深刻地总结了十八世纪自然科学、哲学和社会科学所取得的成就，以严谨完整、确凿可信的哲学体系的形式汇集了当时唯物主义所获致的全部原理、论据和结论。在此前后相继出版的霍尔巴赫的无神论小册子就以这些原理、论据和结论为依据

i

对宗教和神学的观点进行揭发批判，因此他的批判在世界无神论思想史上达到了前所未有的科学高度。

第二个特征是它的战斗性。霍尔巴赫这个人很特别，他对宗教问题持续地抱有十分浓烈的兴趣，对宗教、迷信和偏见始终充满着刻骨铭心的厌恶和仇恨。每当谈到宗教问题时，正如谈到专制制度时一样，便激动不已。如果说对于现实的政治问题他同共和主义是格格不入的，那么对待天国的事情他就是铁杆激进共和派，被称为"上帝的私仇"。他在这些无神论抨击性小册子中用遍辞典中所有令人愤慨甚至恶毒的字眼鞭笞上帝和教会，竭尽嘲笑讽刺之能事。他愤怒地、毫不妥协地揭示宗教的罪恶和危害，批判圣徒们的谬论和恶行，分析宗教教义、偏见和神迹的荒唐可恨，痛斥反动教会和专制制度狼狈为奸、互相利用、残酷剥削压迫广大信徒的罪行。所有这些言论对于提高第三等级民众的政治觉悟起了巨大的作用，为1789年法国资产阶级大革命做了重要的舆论准备。

霍尔巴赫无神论小册子的第三个特征是通俗性。《自然的体系》主要是学术性著作，它不仅在分析自己的唯物主义原理时大量引证历史上和当代学界和文坛众多人物的著作和思想，并对之进行详密的论证，就是运用这些原理批判宗教思想时同样旁征博引，深入分析。因而它的主要阅读对象是受过良好教育的上层人士。相反，霍尔巴赫众多无神论小册子则面向广大下层人民，主要是信教群众，其特点是简明扼要、通俗易懂，几乎不作引证，通常是简单地揭露《圣经》和神甫们言论的自相矛盾，或者用生活经验和明显事实跟这些言论进行对比，以显示其荒诞可笑。为了使自己的无神论宣传更容易为大众接受，《给欧仁妮的十二封信》还采取通俗的书信体形式。

译者弁言

一般说来，宗教和神学教义有三个基本命题，即：上帝存在、灵魂不死和意志自由。《给欧仁妮的十二封信》，也像霍尔巴赫其他无神论小册子一样，对这三个命题做了详略程度不等的批判。

它批判得最多、最详细的是上帝存在的命题。在这里，和《自然的体系》不同（在那里，霍尔巴赫根据唯物主义的自然观和认识论诸原理推出不可能存在无形体的纯粹精神的上帝），为了便于信教群众的理解和接受，它基本上是从揭示基督教给我们提供的种种上帝观念的自相矛盾来否定上帝存在的。它写道："无神论者否定上帝的存在"。（见本书边码第238页，下同）"迄今为止作为一切宗教基础的上帝的存在任何时候还没有被无可争辩的论据所确立……。上帝的存在无论如何也不会为天启所证实……。上帝的存在也不可能由我们的神甫们赋予上帝的那些特性来论证……。上帝的存在和神甫们硬加在上帝身上的那些道德品质是不可能证明的，因为……这些品质不能并存在同一本质之中"。（第234页）"如果您冷静地分析上帝对犹太人和基督徒的、包含在所谓圣经中的种种启示，您就会发现这些书籍里讲话的上帝处在不断的自相矛盾中；它亲自把自己毁掉了；它经常忙于破坏已经做好的事情和修改自己的作品。上帝任何时候都不满意自己的工作，而且尽管自己是万能的，却无论如何都无法使人类达到合乎愿望的完善程度。基督教建立在其基础之上的、包含启示的书籍，每一页上都暴露出善良的上帝在制造罪恶；万能的上帝不断地只好放弃自己的行动计划；始终不渝的上帝经常改变自己的原则而且在自己的行为中总是前后不一贯；预见一切的上帝每分钟都陷于窘境；绝顶聪明的上帝，它的愿望任何时候都不会顺利实现；伟大的上帝只干些不值一提的芝麻小事；什么都不依赖的上帝仍然是醋劲儿大的；力

iii

量无穷的上帝却是疑心重重、睚眦必报、出手残酷;公正的上帝干的是,或者责成自己意志的执行者去干令人气愤的残酷的行径;一言以蔽之,完善的上帝在我们面前暴露出这么多的不完善和恶德,最愚蠢的人都会感到羞耻。"(第83页)"超自然的信仰……要求我们的东西完全违反我们关于上帝的种种观念,这样就消灭了上帝的存在本身"。(第160页)

《给欧仁妮的十二封信》在批判灵魂不死的教条时指出,所有承认灵魂不死的人都把灵魂当作不同于身体、却能够使身体运动并指导身体运动的某种独立的本质,名叫精神。神学家们把灵魂跟身体分隔开来的做法是完全错误的。"人是通过自己的身体的各个器官来领悟世界的,人只是靠眼睛才看见,只是靠皮肤才感触到,只是靠耳朵才听到,而且如果这些器官中任何一个没有从外部得到推动,没有事先受到刺激,人就既不可能有观念,或思想、或记忆,也不可能有概念、或判断、或愿望、或意志。经验告诉我们,只有有形的、物质的本质才能够作用于身体的各个器官,而没有这些器官,所谓的灵魂就既不可能思想或感觉,也不可能愿望或行动。一切都使我们相信,灵魂也跟身体一样,遭受相同的变化:它和身体一起发展、成熟、衰老、变弱;最后,一切都告诉我们,灵魂也要同身体一起死亡,……一切都证明,我们的灵魂无非是从身体的、比另一些活动更少可以确切认识的某些活动的观点来考察的、我们的身体。……没有身体,灵魂什么也不是,加在灵魂身上的一切活动会随着身体的崩溃而停止。"(第116—117页)

如果说《给欧仁妮的十二封信》对灵魂不死教义的批判比对上帝存在的批判简略得多,那么对意志自由教义的批判就更简单了,而且重点还是放在对与之相联系的基督教上帝观念的批判上(参看第108—110页），只有在后来的《健全的思想》中，霍尔巴赫才明确地彻底否定了意志自由本身，提出了自己的形而上学的一切意志均受必然性制约的观念（参看《健全的思想》第80—84节，商务印书馆中译本）。

《给欧仁妮的十二封信》还对奇迹、预言、秘密、冥世生活、基督教道德、宗教产生的原因和反动的社会作用等等进行了分析批判。在上述一切批判中提出的众多论据，后来或者原封不动地或者经过简化、改造、提炼、补充，大都为《健全的思想》所吸收。可以说，在内容上前者为后者做了相当充分的准备，在一定意义上可以称为姊妹篇。就分析宗教和神学论题的广泛和精炼而言，《健全的思想》多于、优于《给欧仁妮的十二封信》，然而从考察共同论题的详细和深入看，后者又强于前者。况且《给欧仁妮的十二封信》中有许多论题是《健全的思想》不曾涉及的，比方关于三位一体的教条、关于炼狱的教条、关于各种圣礼、仪式（如洗礼、坚信礼、圣餐礼、涂圣油礼、按手礼、婚礼）等等。因此两书又是互补的。

《给欧仁妮的十二封信》还有一个突出的特点，就是详细地着重批判了基督教道德。这方面的篇幅，包括专门的分析和顺带的论述，估计约占全书的三分之一。奈戎在该书"预告"中指出：在《给欧仁妮的十二封信》中，"如果一方面他彻底摧毁摇晃的基督教大厦，那么另一方面，他建立起完全以人的物质需求、以人的社会关系为基础的、稳定的道德体系"。这就是说，《给欧仁妮的十二封信》有两大主旨，一是批判基督教，一是通过批判分析基督教道德建立自己的、以人的自然本性和理性为基础的自然道德体系。只是由于该书重点放在对基督教道德的分析批判上，对于自己的伦理思想，语焉不详。为了弥补这个缺点，我们把霍尔巴赫另一本篇幅不大的专门正面讨论其伦理学说的著作《普遍道德原理》(见本书附录二)翻译出来,与《给欧仁妮的十二封信》合并出版,供读者参考。

霍尔巴赫伦理学的出发点是洛克的感觉论。人出生时只带着感觉的能力,没有任何天赋观念,包括道德观念。从感觉能力中发展出一切心智的能力。一些感觉使他愉快,他便认为是合理的、好的、善的,希望它们永远存在,或者推陈出新;另一些感觉使他痛苦,他认为是不合理的、坏的、恶的,尽可能避免它们。换言之,人喜爱使他愉快的感觉和造成这种感觉的对象,认为它们对自己是有益的,而厌恶使他痛苦的感觉和引起这种感觉的对象,认为它们对自己是不利的。因此利益是道德的基础。对人说来,最重要,根本的利益是自我保存,其次是追求幸福。所以霍尔巴赫说,全部道德的基础是自我保存和追求幸福,这也就是人的自然本性或天性。然而人必须生活在社会中,只有社会才能保障人的种种利益和福祉。所以人的言行不能损害他所生存的社会及其成员。生活经验和理性告诉他,如果他损害了社会和其他社会成员,将受到后者的惩罚,到头来损害自己的利益。其次理性告诉他,有时为了长远的和牢固的利益,必须牺牲或放弃暂时的不可靠的利益。

所以霍尔巴赫写道:为了驳斥基督教关于上帝信仰是道德所必需的,没有这种信仰我们就没有足够的动机抑制犯罪和始终忠实于有时需要重大牺牲的美德的主张,"只要回忆一下人的真实本性、人的自然利益、一切社会的目的就足够了。人是软弱的、每一分钟都需要帮助和支持的生物。为了自我保存,也为了成为使周围人产生好感的人,人只有取决于自己对其他人的态度才可能使其他人关心自己的存在;引起社会对他的兴趣和同情的行为称为美德的;使社会厌恶的行为称为犯罪的;损害人自身的那种行为称为有缺点的。因此,人只要看看自己本身就会懂得他的幸福取决于他对待其他人的行为,甚至他最隐蔽的缺点都会导致毁灭,他的罪行必不可免地会引起周围那些为了自己的幸福他显然必需的人对他的憎恶和蔑视。一句话,教会人履行他的义务,与其说是宗教的虚幻观念,不如说是教育、社会舆论和法律。

所有的人天生具有自我保存的感情;经验表明,为了得到幸福,人应当做什么和避免什么;对于人说来,遵循这个经验和避免一切可能损害他的健康或者威胁他的生命的极端行为是十分自然的;人不要让自己从事一切其后果可能使他不幸的享乐;如果为了得到比特定时刻他所牺牲的东西更现实更有价值的福利,必需牺牲,他就会同意作出牺牲。因此,人不难理解自己在对待自身和对待他人方面的职责。

任何真正道德的全部原则,就在这些不多的话中;这些原则建立在人的本性的基础上,建立在确实可靠的基础上,建立在全人类的理性的基础上。"(第158—159页)

霍尔巴赫这些伦理观点后来被称为"合理的利己主义"理论。在它看来,道德的原始根基是人的个人利益,但是它力求从理性中寻找道德的基础,而从个人的多少比较切实的利害中去寻找关于他的性格和行为的解释。

"合理的利己主义"理论的根本错误在于缺乏对道德现象的辩证观点,不善于从社会现象的发展过程来考察道德问题。它从人只有感觉,并且必然会避开痛苦追求快乐的利己主义原则出发,始终无法解释人是怎样产生像热爱真理、英雄主义这类完全无私的意图和行为的。霍尔巴赫们解决不了这个绝对必须解决的科学问题。为了逃避困难,他们简单地把这个问题划掉。例如爱尔维修说,没有一个人会无私地爱好真理,每个人在真理的爱好上只看到走向荣誉的道路,在荣誉上看到金钱,在金钱上看到获得生理愉快的感觉的手段。霍尔巴赫也有完全同样的思想。他在《普遍道德原理》中写道:"一个人没有某些打算决不会做任何事情。他的一切行为的目的就是自己的幸福。凡是认为自己的幸福和利益在于得到接受他的善行和有益效劳的人的感激的人,就可以称为没有私心的人。"(见该书边码第 24 页,下同)那么为什么我们会"认为自己的幸福和利益在于得到接受他的善行和有益效劳的人的感激"呢?就在这句话的上一问答中霍尔巴赫说:"我们希望别人对我们发生好感;我们力求赢得他们的爱戴、感激和尊敬;我们希望他们关心我们的命运;我们要取得对他们的权利;我们把自己的部分福利让给他们,是要取得他们衷心的好感,我们认为这种好感对于我们说来比我们此刻被迫作出的一切牺牲更加有益。"显然这里根本谈不上"没有私心",只是绕着弯儿证明"一个人没有某些打算决不会做任何事情"。在回答"什么是感谢"(即感激)的问题时,霍尔巴赫说:"这是一种爱的感情。每个有理性的人对于给自己行善或使自己得到幸福的人都应该怀有这种感情。向其他人行善的人希望对方产生的也正是这种感情。……因为赖有这种感情我们才能从别人那里得到我们的幸福所必需的善意的效劳"。(第 60 页)霍尔巴赫对感谢(或感激)的解释再次证明他关于"没有私心的人"的说法是虚假的。

再看一看他对"大公无私"的解释。"人任何时候也不会忘记保全自己和获得幸福的目的。因此他总是根据自己的利益行事。当他除了力求自己的同类愉快并希望得到他们的尊敬以外别无其他利益,当他力求凭自己的美德或通过对自己同胞有益的活动而成为一个值得受这种尊敬的人的时候,他才可以称为大公无私的人。"(第42页)

什么是尊敬?尊敬意味着什么?"为什么人希望受别人尊敬呢?"霍尔巴赫回答说:"尊敬是爱的一种形式。它要求对我们抱有这种感情的人乐意为我们效劳,增进我们的福利,对维持我们的生命表示关怀"。

可见这里也没有什么"大公无私",仍然只说明人的一切行为都是从维护他的个人利益出发的。这一根本观点几乎贯穿《普遍道德原理》全书。

总之,霍尔巴赫和爱尔维修等人一样,表面上似乎肯定了"大公无私"、"毫无私心"、即完全"利他"的行为,归根结底最后还是否定了这一大量存在的客观事实。

其实,道德的基础不是对个人幸福的追求,不是个人的利益,而是对整体幸福的追求,而是整体的利益,即对部落、民族、阶级、国家、人类幸福的追求。这种愿望和利己主义毫无共同之处。相反,它总是以或多或少的自我牺牲为前提。个人的大公无私、英雄主义行为怎样从阶级利益、社会利益、民族利益的基础上产生,乃是历史运动的辩证法,它的秘密存在于社会环境的影响中,只有历史的进化才能给我们解释,社会的幸福为什么以及怎样成为该社会中占统治地位的道德的基础。这种进化的发生常常是个人不知道的。指使个人去进行某种行为的是社会关系的客观逻辑,而不是个人的主观理性。个人的道德本能即道德情感和道德意志乃是社会环境的演进影响所造成的,即教育和习惯所造成的(对此霍尔巴赫并没有理解)。但人们不是自觉使他们的道德观念或感情适应他们变化着的生存条件,适应他们的经济关系。人的先辈在当时经济条件和阶级利益等的影响下所获得的道德"理性",会逐步地通过社会环境的遗传(教育和习惯等等的作用)在后代人身上表现为本能的道德意志、观念和情感。道德感情和道德意志的起源和特点也由此产生。所以,从人关于自己的行动的想法永远离不开"自我"的意识这一点,还不能作出结论说人的一切行动都是利己主义的。如果某个"自我"把他人的幸福看成自己的幸福,并以此为"爱好",这样的自我就是利他主义者,而不是利己主义者。不能仅仅根据人们的利他主义行动必然伴随"自我"的意识,就抹杀利己主义和利他主义之间的深刻区别。符合整体利益的个人行为,被认为是善行,违背这种利益的行为被认为是恶行。因此,一种可以称为整体的利己主义、社会的利己主义的东西,就成为判断善恶的基础,即成为道德的基础。但整体的利己主义决不排斥个人的利他主义。相反,前者乃是后者的泉源。社会力求这样来教育自己的成员,使他们把社会利益置于各自的个人利益之上。一个人的行为越是能满足社会的这种要求,这个人也就越是有自我牺牲精神,越是有道德,越是有利他主义精神。他的行为越是破坏这种要求,他就越是自私自利,越是没有道德和抱有利己主义。这就是人们过去和现在评判一个人的某种行为是利他主义还是利己主义时常常是或多或少采取的标准。用道德精神来教育人,就是使有利于社会的行为变成他的本能的要求,即康德所谓的"绝对命令"。这种要求越强烈,这个人就越有道德。所谓英雄就是这样的人:他们不能不服从自己的这种要求,即使为此必须完全违反本身最重大的利益,比方牺牲生命。

总之,道德意志是从社会利益的基础上成长的,个人的利他主义是从社会利己主义基础上产生的。道德习惯是在人们适应社会环境的合目的行为的基础上养成的。这是一个辩证的过程。对此,作为形而上学者的霍尔巴赫是无法理解的。

不过霍尔巴赫关于道德的基础是个人利益的基本观点,对于当时批判以上帝观念为道德基础的宗教观来说,仍然具有重大的进步意义。

总的看来,霍尔巴赫的伦理学和他的整个哲学一样,是革命的资产阶级反对僧侣、贵族和君主专制的斗争在观念形态上的表现。他坚决否认人有先天的道德观念,反对宣传顺从、毁灭情欲的宗教道德学,主张用人性的眼光、理性的眼光看道德,要求从迷信和教会的控制下解放道德,希望"在地上建立天国"。他热情地宣扬了各种美德:人道、博爱、大度、宽容、慈善等等,并力图为道德找到可靠的基础。他虽然不是彻底地但毕竟还是初步地提出了社会利益是道德的尺度和基础这一唯物主义伦理学的基本原理,捍卫了必须把个人利益和社会利益结合起来,把道德同社会政治联系起来的思想。特别重要的是可以从这些理论前提中作出一系列科学的具有革命意义的实践结论。正如马克思、恩格斯所说:"关于人性本善和人们智力平等,关于经验、习惯、教育的万能,关于外部环境对人的影响,关于工业的重大意义,关于享乐的合理性等等的唯物主义学说,同共产主义和社会主义之间有着必然的联系。既然人是从感性世界和感性世界中的经验中汲取自己的一切知识、感觉等等,那就必须这样安排周围的世界,使人在其中能认识和领会真正合乎人性的东西,使他能认识到自己是人。既然正确理解的利益是整个道德的基础,那就必须使个别人的私人利益符合于全人类的利益。既然从唯物主义意义上来说人是不自由的,就是说,既然人不是由于有逃避某种事物的消极力量,而是由于有表现本身的真正个性的积极力量才得到自由,那就不应当惩罚个别人的犯罪行为,而应当消灭犯罪行为的反社会的根源,并使每个人都有必要的社会活动场所来显露他的重要的生命力。既然人的性格是由环境造成的,那就必须使环境成为合乎人性的环境。既然人天生就是社会的生物,那他就只有在社会中才能发展自己的真正的天性,而对于他的天性的力量的判断,也不应当以单个个人的力量为准绳,而应当以整个社会的力量为准绳。"(《马克思恩格斯全集》中文第1版第2卷,第166—167页)

诸如此类的说法在霍尔巴赫的《自然的体系》、《社会的体系》、《自然政治》等著作中可以几乎一字不差地找到。

霍尔巴赫伦理学说中所有这些积极内容,说明它是马克思以前唯物主义伦理学最出色、最革命的体系。但这种学说也有种种自相矛盾和局限性。总的说来,它们是从这种理论的形而上学性质中产生的。它一方面肯定道德情感来源于教育或社会环境的影响,另一方面又摆脱不了诉诸理性的强烈倾向,企图通过理性的思考形式从感官感觉中推演出道德情感;一方面说道德的基础是社会利益而不是个人的利益,另一方面通过把社会利益归结为抽象的人的利益,归结为人的生理需要和心理需要(而不是经济需要和社会需要),又回到个人利益是道德的出发点的思想;一方面承认有自我牺牲行为,肯定这是一种利他主义,另一方面又认为所有这些高尚的行为只不过是合理的利己主义的特殊形式;一方面断言人性是不变的,另一方面又宣称道德观念和感情在社会环境的影响下改变着;如此等等。步步矛盾是霍尔巴赫的职业病。

同时这种思想方法必然导致唯心主义在霍尔巴赫伦理学说中

译者弁言

的复辟。例如在霍尔巴赫看来,道德观念决定于社会环境,即主要决定于现存的政治法律制度,而后者又决定于立法者的意识和意志。

最后,《普遍道德原理》的出版,迄今为止似乎是西方伦理学史上比较系统地正面阐述"合理的利己主义"的第一个中译本。

《给欧仁妮的十二封信》是根据1956年前苏联科学院出版社出版的俄译本翻译的;《普遍道德原理》则根据1963年前苏联社会经济著作出版社出版的《霍尔巴赫选集》(两卷集)第二卷中的俄译文翻译的。两书的页边数码,是两书俄译本的页码。《给欧仁妮的十二封信》1964年初曾译出,交给一家出版社,"文革"中译稿丢失,这次是重译。

本书正文和注释中方括弧([ ])内的文字均为译者所加。

本书全部译稿均请李清贤女士帮忙打印,谨致谢忱。

王荫庭

2010年3月5日

目 录

译者弁言

给欧仁妮的十二封信

预告……………………………………………………………………… 3
第一封信　论信仰的根源。促使宗教批判的原因……………… 8
第二封信　宗教给我们的上帝观念 ……………………………… 28
第三封信　对圣经的分析；论基督教教会的政策以及论基督
　　　　　教据以建立的种种证据………………………………… 40
第四封信　论基督教的基本教条 ………………………………… 62
第五封信　论灵魂不死，以及论冥世生活的教条……………… 74
第六封信　论基督教的圣礼、宗教仪式和礼仪………………… 92
第七封信　论虔信的规则，论祈祷以及论禁欲………………… 103
第八封信　论福音美德以及论基督教徒的进修……………… 116
第九封信　论政府在宗教中能够得到的好处………………… 136
第十封信　论宗教给宣传宗教者带来的好处………………… 157
第十一封信　论人类的或自然的道德………………………… 174
第十二封信　论对人们不同观点的宽容……………………… 190

XV

附录一 俄译本关于本书主旨和历史命运的介绍⋯⋯⋯⋯ 210
附录二 普遍道德原理,或自然教义问答 ⋯⋯⋯⋯⋯ 212
附录三 霍尔巴赫生平简介⋯⋯⋯⋯⋯⋯⋯⋯⋯⋯⋯⋯ 283

给欧仁妮的十二封信

"……我阐明,并力求从迷信紧箍的枷锁下拯救灵魂。"

——卢克莱修:《物性论》

预　　告

以《给欧仁妮的十二封信》为书名的这些书信,长期以来就是众所周知的。这些信件最初落入其手的人们的不大善于交际的性格;独自占有某种东西通常使人们所感到的、奇异的和毕竟非常实在的喜悦;教会暴政的压迫甚至在由于自己智力上的优势在神甫们令人厌恶的桎梏下本应最不屈服的那些人们那里所产生的特有的愚钝、怯懦和卑贱的恐惧,——这一切加起来竟然使这部重要的手稿遭到扼杀(如果可以这么说的话),以致长时期被认为已经失传:拥有手稿的人们都把它深藏在秘阁之中,不许据此抄录复本。实际上它的抄本甚至在"珍奇爱好者的藏书室"中也非常之少,所以,收集一切风格最稀有的文献著作的、已故的德·博兹先生从未弄到这部手稿的副本;当时在巴黎它们一共才三部;不知道是 propter metum Judaeorum① 而故意确称这些数字,还是其他的抄本真的不存在。

五六年以前,这些书信的手稿抄本得到了稍大一点的传播;甚至有理由认为,今天它们的数量是很多的,因为成为本版原稿的副本是根据不费多大力量就找到的六个抄本校订和整理的。所有这些抄本不幸都夹杂着种种把意思歪曲了的错误和包含着一些异

---

① "为犹太人生的恐惧"。"预告"作者奈戎使用《圣经》中这句话也许是暗示,《给欧仁妮的十二封信》手稿抄本的数目,由于害怕引起当局的不满而过低估计。——俄译本注

文,这些异文严格说来虽然在某些场合有助于确定真正的意思,但是在解释这个或那个地方时更经常的只是引起困惑:这是抄本众多性的又一个证据,因为抄本越多,它们之间的差异便会越大,看一看《特拉西勃勒致留基伯的信》①的抄本,或者看一看学者密勒收集的总计三万以上的新约圣经异文,就会很容易相信这一点。

我们千方百计采取了一切措施,以恢复最初原文的全部真迹,所以敢于断言,除了所有处于我们支配下的抄本中被歪曲并且在我们力所能及的范围内加以校正的四五处以外,现在这个版本的书信几乎全部符合作者的手稿。

至于说到作者的姓名及其生平资料,关于这一点,只能有些猜测。或多或少为大家所确认的他一生唯一已知的细节,——这就是作者同德·拉法尔②侯爵、天主教神甫德·肖莱③、天主教神甫泰纳松④、方丹内尔⑤、德·拉塞尔先生⑥等人有亲密的交往。甚至

---

① 《特拉西勃勒致留基伯的信》是百科全书派最近的前辈之一、法国历史学家和哲学家尼古拉·弗莱纳(1688—1749)于十八世纪二十年代写成的无神论著作。这本著作在 1758 年出版之前曾以手稿抄本广泛流传。——俄译本注

② 拉法尔,夏尔(1644—1712),法国诗人,参访过以"塔普尔学派"之名著称的伊壁鸠鲁哲学信奉者小组。——俄译本注

③ 肖莱,吉奥姆(1639—1720),天主教神甫,法国诗人,参访过同一个伊壁鸠鲁学派。——俄译本注

④ 泰纳松,让(1670—1750),法国作家和文学史家,科学院院士,天主教神甫。——俄译本注

⑤ 方丹内尔,贝尔纳(1657—1757),法国启蒙运动作家,通俗著作家,巴黎科学院科学秘书。最有名的是他那本旨在反对宗教偏见的《预言史》(*Histoire des oracles*,1686 年),特别是《大千世界纵横谈》(*Entretiens sur la pluralite des mondes*,1686 年),它卓越地以通俗易懂的形式宣传了哥白尼的学说。该《大千世界纵横谈》在十八世纪和十九世纪共出了大约 40 版,其中包括俄文版(安齐奥赫·坎捷米尔译:《方丹内尔先生的大千世界纵横谈》,1740 年)。——俄译本注

⑥ 拉塞尔,让(1662—1756),法国戏剧家,参访过伊壁鸠鲁主义的"塔普尔学派"。——俄译本注

预　告

据称,已故的杜马尔赛①和法尔科内②先生不止一次地曾听说,这本著作是索学派③的一位代表人士写的。不过,读完这些书信就足以相信,它们的作者是受过高等教育、对他所讨论的对象有深刻研究的人。他的语言明晰清澈,简朴易懂,并且具有首都文化的特征,这使人认为作者得是一个不无良好交往的上流社会人士。然而使这部作品具有最鲜明特色,使它成为所有正派人都珍贵的东西的,这就是各封书信从头到尾都浸透着的无私和严谨的精神。读过它们以后,都不会不对它们的作者的正直,无论他是谁,形成最崇高的判断;不会不产生成为他的朋友,成为他同时代人的愿望,——一句话,不能不确认他的意图是真正纯洁的,甚至有时候不能不同意他的见解。对美德的热爱、最慷慨的慈善行为、对法律的尊重、始终不渝的遵从道德义务——一切能够使人变得完美的东西,都得到作者最有力的支持;如果一方面他彻底摧毁摇晃的基督教大厦,那么另一方面,他建立起完全以人的自然属性、以人的物质需求、以人的社会关系为基础的,稳定的道德体系:而这样的基础比宗教的基础要牢固得无以限度,因为谎言迟早会被揭穿,灭亡,并且不可避免地随身带走以其为支柱的一切东西;而真理是永恒的,它越老越正确:Opinionum commenta delet dies, naturae ju-

---

① 杜马尔赛,策扎尔·舍诺(1676—1756),语言学家和逻辑学家,《百科全书》合作者之一,除了文法书和逻辑书之外,还写了一本不大的无神论著作《哲学家》(Le philosophe),1750 年第一次出版。——俄译本注

② 法尔科内,艾蒂安(1716—1791),法国雕塑家,接近百科全书派,长期与狄德罗友好,彼得格勒彼得一世纪念像"铜铸骑马者"的作者。——俄译本注

③ 索学派,十八世纪法国伊壁鸠鲁主义小组之一,伏尔泰和方丹内尔曾参访过该学派;狄德罗在刊于《百科全书》中的"伊壁鸠鲁主义"条目中曾论及"索学派"。——俄译本注

dicia confirmat。①

在书信的某些抄本中发现的题词证明,多亏写出这些书信的那个无私的人并不关心供认自己的著作权,指挥他的笔的既不是虚荣心理,也不是贪求名望,想炒作自己勇猛的、被神甫和他们无知的教徒们称之为不敬神明的见解;为了人类的幸福,他只是力求正确说明,以及可以说是连根拔掉多少世纪以来成为压迫人类的一切灾难根源的宗教本身。这个题词是:如果我是对的,我是谁,岂不是无关痛痒的么?这是高乃依②的诗句,它在这里引用得特别成功,并且值得刊登在所有这一类书籍的扉页上。

关于收信人的情况,也不能说任何可信的东西;根据原文某些地方判断,只有认为收信人不是虚构的侯爵夫人,像德·方丹内尔先生的《大千世界》③中的那样,而且它们确实是写给无论按其地位还是按其性格都是杰出的妇女的。也许她属于塔普尔学派④或索学派;不过实质上这些细节,也像作者的姓名和生平、他的生卒年月等等一样,没有大的意义,而只是用来满足某些贪爱刺激性趣闻的闲逸的读者空虚的好奇心,这些趣闻甚至使他们获得某种社会地位:他们多以对这类事情有渊博知识而妄自称道,并不是真正乐于弄清真理。我知道他们是怎样替自己的好奇心辩护的:他们说,当你读到一本在社会中造成这么大轰动而且也引起你本人异

---

① "时间毁灭思想的谬误,而证实事物的自然进程。"(拉丁文)——俄译本注
② 高乃依,比埃尔(1606—1684),剧作家,法国古典主义悲剧奠基者之一。他的主要作品有:《熙德》(1637年)、《西拿》(1640—1641年)、《贺拉斯》(1640年)、《波里耶克特》(1641—1642年)。——俄译本注
③ 指方丹内尔的《大千世界纵横谈》,该书是用作者和某个侯爵夫人之间的谈话的形式写成的。——俄译本注
④ 塔普尔学派,十八世纪法国伊壁鸠鲁主义小组之一。——俄译本注

常兴趣的书时,自然想知道为此感谢谁。这种愿望越是不能得到满足,它就越不合理。第一,因为任何时候都还不曾有过,而且将来也不会有如此漫不经心的,直截了当地说——极不理智的作者,还在活着的时候就发表或者出版践踏教堂、祭坛和神像且直言不讳地驳斥宗教最神圣教义的书籍;第二,因为从某个时候起问世的所有这类著作,众所周知,都是某些杰出人士秘藏的遗书,他们在生时都不得不保持沉默;死亡才使这些人士免受迫害,而且他们的遗骸已经既听不到迷信的号叫,也听不到真理朋友的赞扬;还有最后,第三,因为不适当的好奇心注定会威胁勇敢的作者们的亲属和朋友的安宁、幸福和自由。光是考虑到这一点就本应使爱好猜测的人,如果他们没有坏心眼的话,把自己的假想,不管它们对错,都藏匿在心灵最深层的秘阁中,也就会找到无论对自己还是对他人都更有益的运用自己好知求的理智的方式。

第一封信

论信仰的根源。促使宗教批判的原因

夫人,我难以表达阅读您的来信时所体验的悲伤感情。假使我没有把我阻止在这里的职责,我会立即飞奔过去帮助您。也许,欧仁妮是不幸的!难道痛苦、疑虑、焦急真的会成为她命中注定的东西!您拥有富足和尊荣;您充分享受着溺爱您的夫君的柔情和尊敬;您受到朝廷的关怀——很少人有的待遇;您周围的朋友真诚地赞赏您的才华、学问、鉴赏力;在这一切情况下您还受到悲伤和痛苦的折磨,这怎么可能呢?您高尚而纯洁的心灵自然不能遭羞辱,也不能受良心谴责。什么东西能够使您这样超越女性一切弱点的人感到羞愧呢?您愉快地完成自己的职责以后,休息时阅读有益的书刊和进行热烈的谈话;您有可能醉心于各式各样纯洁无瑕的享受;您心灵中怎么可能产生恐惧、失望和不安呢?唉!如果这没有被您的来信十分明显地所证实,那么仅仅根据您经受的焦躁不安这一点,我猜测乃是迷信的破坏作用。只有迷信才能够破坏纯洁心灵的安宁,而不会消除被腐化的心灵种种强烈的情欲;迷信一旦控制人的心灵,就能永远破坏它的安静。

夫人,我很久以来就了解宗教迷信极为有害的影响;像您一样,有段时间,我在宗教的桎梏下曾经痛苦不堪,而如果我没有通过健全的思考克服掉种种错误认识,那么现在我就还不会安慰您,

第一封信

劝您相信自己的力量,而只会同情您的焦躁不安,也许甚至还会纵任您的心灵加强使您痛苦的种种不祥的观念。多亏理性和哲学,我的头脑早已获得了安宁;我赶走了某个时候曾经折磨我头脑的恐惧。我认为使您得到我自己所享有的那份安宁和摧毁束缚您的偏见的魔力是多么的幸福。

要知道,如果没有您的同意,我任何时候都不敢向您揭示同人们硬要您相信似乎是您的幸福所系的种种致命的偏见作斗争的那个对您太过陌生的思想方式;我会继续暗自保藏着敌视大多数习惯用显然关心于使之陷入错误观念的审判者的眼光看待一切的人们的感情。然而现在,神圣的义务要求我开始说话。焦急不安的欧仁妮愿意向我敞开自己的心扉;她需要我的帮助,她希望把思想集中在她的安宁和幸福所系的对象上;我有义务向她揭示真理;更久地保持沉默,会是一种罪行;如果甚至对她的怀念也没有使我回报她的信任,光是出于热爱真理我都会设法摧毁折磨她的种种幽灵。

因此,夫人,我将对您直言不讳。也许我的思想初看起来是奇怪的,仔细考察以后便不再使您感到惶惑。理性、正直、诚实,对于像你这样的头脑不可能是格格不入的;我吁请您让惊惶不安的想象力安静下来,接受严谨的是非判断,相信理性和沉思,抛弃已成习惯的偏见和迷信。大自然使您拥有温柔多情的心灵,还赋予它辉煌的想象力和具有幻想素质的某些忧郁性格。正是这些性质成了您现在经历的痛苦的根源。由于您的优秀、纯洁、真诚,您不会怀疑别人的谎言和阴谋。由于性格随和,您不能驳斥如果您屈尊细心加以研究就会使您激愤的意见。您宁愿信赖别人的判断,而且宁愿整个地赞同他们的观念,却不转而求教于自己的理性和渊博知识。活泼的想象力使您贪婪地抓住人们在您面前描绘的种种鲜明的形象;关心您的焦躁不安的人们滥用您的多愁善感来恐吓您;他们用像死亡、可怕的审判、地狱、永世的苦难、永恒性这样一些概念使您感到恐怖。他们让您一听到铁面无情的审判者的名字就吓得脸色苍白,而他的判决是任何东西都无力废止的;您觉得,您周围都是对这个审判者可怜的创造物进行报复的实施惩罚的魔鬼;于是您的心里就充满了恐惧;您时时刻刻都害怕侮辱自己毫不了解的这个永远令人恐惧也永远怒气冲冲的、固执任性的上帝;由于您固有的始终一贯,您生命的每时每刻本应享受幸福和安宁,却被像您这样的纯洁心灵中不该有的焦躁、猜疑、张皇失措的恐惧所折磨。这些预示着不祥的观念所引起的惶恐不安使您失去对自身力量的信心;您的理性被您那想象力产生的种种主观幻想所压制;您陷入张皇失措和灰心丧气,对自己的不信任控制着您,原来您受到这样一些人的愚弄,他们为了刺激想象力和蒙蔽理性,很久以前就获得了对整个世界的权力,并使有理性的生物相信,理性对他们是无益的,甚至是危险的。

夫人,迷信传播者由来已久的说教就是如此。他们的目的过去和将来始终是消灭理性,以便不受惩罚地使人类服从自己;阴险的宗教执役者实际上到处都是理性暗藏的和公开的敌人,因为理性始终反对他们的意图;他们到处诋毁理性,他们害怕理性推翻他们的统治,揭穿他们的图谋和他们无稽之谈的欺骗性;他们到处都力求在被践踏的理性的废墟上建起宗教狂热和幻想的王国。为了更可靠地达到这个目的,他们用种种恐怖景象无休止地威吓凡人,他们用各种奇迹和神秘东西破坏和俘虏人们的想象力,他们用各种莫名其妙的东西充塞人们的大脑,使人们对自己失去信心;他们

第一封信

用各种仪式和典礼使得人们神志不清,他们在头脑里填满恐惧和疑惑,他们用未来的种种形象迷惑头脑,这些形象不仅不会在这里即在地上带来真理和幸福,而且离开通向幸福的真实道路,从人类心灵最隐秘处根除了幸福的可能性本身。

宗教祭司们到处用来奴役和控制人间的方式就是如此。人类在一切国家里都成了神职人员的牺牲品;他们把他们为了制伏人而发明的体系称为宗教,他们俘房人的想象力,他们蒙蔽人的理智,他们力求消灭人的理性。

人类理性在童年时最容易接受印象。于是我们的神甫就利用一切阴险狡猾的手段控制青少年,以便给他们灌输任何时候都无法让成年人接受的观念。正是在最娇嫩的年龄段他们借助于荒谬的寓言、稀奇古怪而且乱七八糟的观念、荒谬可笑的怪想,来奴役人的理智,使这些东西在他往后整个生命过程中逐渐成为尊敬和恐惧的对象。

只要睁开眼睛就会看清教会为了窒息人心中正在产生的理性所使用的卑劣手段。只有从童年起人才会接受古怪的、矛盾的、拙劣的、罪恶的种种虚构物,和产生对它们的敬仰。他才会逐渐用心于以神圣的上天启示的形式所描述的不可理解的种种秘密,他才习惯于做想象力的玩偶,并且被所创造的幽灵迫使得在那个想象力面前直哆嗦。一句话,人们采取各种最可靠的措施来教导那些不能以自己的理性为指导的盲人们,和教导那些一提到神甫还在他们没有能力猜到为他们设置的陷阱的那个年龄就毒害了他们的种种观念便浑身颤抖的懦夫们。

夫人,请回忆一下,您曾受教育的那个修道院里为了在您的心灵中散播现在使您焦躁不安的痛苦的种子而开始进行的那些极其

给欧仁妮的十二封信

有害的努力吧。正是在这里人们开始向您讲述各种虚构的东西，谈论您现在崇拜的种种奇迹、秘密、教义；如果今天第一次向您讲述这些东西，您就会觉得它们荒谬可笑，不值得注意。我常常发现，您曾经怎样天真地感到快慰，您某个时候多么地相信僧侣兼教师在童年时使您开心的关于巫师和魅影的种种神话。您在进入早已不相信所有这些妄想的上流社会以后，就逐渐摆脱了它们，现在对自己过去的轻信感到羞愧。为什么您恰恰缺乏勇气嘲笑还在继续折磨着您，且受到您认为或者因为不敢用别的眼光看待，或者因为得到没有费力气对之作深入了解的人们的尊敬而值得注意的其他极其众多、如此不近情理的妄想呢？为什么在其他一切方面都如此知识渊博如此通情达理的欧仁妮，只要问题涉及宗教就放弃自己的理性和判断呢？而事实上，一听到这个可怕的词她的心灵就惊惶不安，她的力量就再没有了，她平时的聪慧敏锐不再出现了，想象力变模糊了，她激动和痛苦；她对自己的理性抱有成见，不敢寻求它的帮助；她让自己相信，服从多数人的意见是更好和更安全的，这些人对任何事情都不假思索，而且总是被瞎子或骗子牵着走。

为了恢复您心灵的和平，夫人，请不要再轻视自己；请对自己的知识给予应有的信任，不要对您没有能力避开普遍的风气感到惭愧。善良的天主教神甫圣·比埃尔[①]是完全正确的，他说，笃信上

---

① 圣·比埃尔，夏尔(1658—1743)，天主教神甫，法国著作家和政治思想家，启蒙运动者和自由思想家，曾出来反对宗教偏执和要求用各种国家手段同它作斗争。他最有名的著作是《永久和平草案》(*Projet de paix perpetuelle*，1713 年)，其中充满着对任何战争都极为有害的信念和宣传欧洲各国为防止战争冲突而结成联盟。——俄译本注

第一封信

帝,这是灵魂的天花;我给他的话补充一句:很少有人不留下它对整个生命的痕迹。实际上我们颇为经常地遇到最有学问的人继续相信童年时的偏见。迷信这么早就开始牢牢印入他的脑海,后来又加上这样的努力以便发展所播撒的种子,如果某人在自身中找到了摆脱这些迷信的力量,我们倒要感到惊奇。甚至天才的人常常都会成为迷信的牺牲品;他们固有的想象力有时只会加深他们的谬误,而且还会更加从属于如果允许他们使用自己的理性就会使他们感到羞耻的那些观点。巴斯噶①经常在自己的脚下看见门户大开的地狱;马勒伯朗士②以自己的轻信著名;霍布斯③害怕幽灵和魔鬼④;

---

① 巴斯噶,布列兹(1623—1662),法国学者和哲学家。以物理学和数学领域中的出色研究著名(有流体静力学和概率论方面的著作)。在哲学上是唯心主义者,接近冉森教派。他的主要哲学著作是未完稿的《思想录》(*Pensees*)写来保卫唯心主义和基督教。他还有《致外省人的信》(*Lettres a un provicial*,1658年),从冉森派的立场给耶稣会教徒及其道德以毁灭性的打击。——俄译本注

② 马勒伯朗士,尼古拉(1638—1715),法国哲学家,唯心主义者,宗教捍卫者,唯物主义和无神论的敌人,用神秘主义精神改造笛卡尔学说的反动哲学派别"偶因论"的代表。他的主要著作是《论真理的探索》(*De la recnerchè de la Verite*,1674—1675年)。——俄译本注

③ 霍布斯,托马斯(1588—1679),英国唯物主义哲学家和政治思想家。他的著作《论公民》(*De cive*,1642年)、《论物体》(*De carpore*,1655年)和《论人》(*De homine*,1658年)中包含着他赋予一种完整的机械论性质的唯物主义体系。在《利维坦》(*Leviaphane*,1651年)中霍布斯从自然法理论出发发展了自己的国家观,并且是最初的一些"从理性和经验而不是从神学中"(马克思语)得出这一结论的人中的一个。霍布斯认为宗教是政治统治的手段之一,并且用"对头脑臆造的或者根据国家准许的虚构而想象出来的不可见的力量"的恐惧来说明宗教。霍尔巴赫引证比埃尔·培尔的《历史批判辞典》得出的似乎"霍布斯害怕幽灵和魔鬼"的意见是错误的。霍布斯把"经过知觉长时的和强力的活动之后仍然留在我们想象中的形象"称为"幻象"。他得出结论说,只有无知的人才会把"这些幽灵"当作"像我们之外的物体一样存在着的实在事物"。——俄译本注

④ 关于这一点,参看培尔(Bayle):《历史批判辞典》(*Diction. Crit.*),"霍布斯"(Hobbes)条。——作者原注

不朽的牛顿①评注过《启示录》。一句话,一切都证明,没有任何事情比摆脱童年时接受的观念更为困难。对任何别的事情都作理性思考、思维最健全的人,一旦问题涉及宗教就会回到幼年时代。

总之,夫人,您丝毫不必为几乎所有人都受其控制、甚至最伟大的人物都并非总能克服的那种弱点感到羞愧。因此不要灰心丧气;要在自身中找到勇气更加沉着地看待威吓您的各种幽灵。在涉及您的安宁的事情上,要请教自己知识渊博的理性,这个理性使您超越群氓,就像人类超越其他生物一样。抛弃对自己知识的不信任吧,而且相反,要用应有的不信任态度对待就正直和文化程度都比您差得多的人,他们为了控制您,玩弄您敏感的想象力,冷酷无情地破坏您的安宁,而且借口使您的心灵完全转向天国迫使您割断最温存的交情,最后,希望禁止您转向有良好作用的理性这个您一切行为中可靠的指导者。

把焦躁不安和良心责备留给被腐蚀的妇女吧,她们有足够的理由责备自己和渴望弥补犯下的过错。把迷信留给其有限理智没有能力进行思考的、麻利泼辣的无知少妇吧。把毫无意义和使人厌倦的仪式和笃信宗教的一切负担都交给闲极无聊的妇女吧,她们为了填补生活的空虚,随着瞬间青春的光辉黯然失色之后没有

---

① 牛顿,伊萨克(1642—1727),英国物理学家和数学家,作为自然科学家,对十七—十八世纪机械唯物主义的形成产生了巨大的影响;容纳了上帝的存在和作为物质运动第一原因的"上帝的推动";终生都站在保卫宗教的立场上。他写了关于《旧约》中预言家达尼尔以及霍尔巴赫提到的对早期基督教著作首批古代文献之一即《启示录》的解释的著作。〔《启示录》是《圣经》"新约"的末卷,现存基督教最古老的一篇著作(公元68年中期至公元69年初)。教会认为是约翰所著,内容是关于"世界末日"、基督与反基督的斗争、"末日审判"、"千年王国"的预言。"启示录"反映了受罗马帝国压迫的东方各省人民的反叛情绪。〕——俄译本注

第一封信

留下任何别的东西,她们试图用搬弄是非和言语刻薄来弥补以往幸福的消失。抵制自己沉入幻想、离群索居、忧愁悲伤的爱好吧。笃信上帝是为了空虚的心灵而存在的;而您的心灵则是为精力充沛的活动而创造的。您属于自己的丈夫,是他的幸福所在;您属于自己的子女,他们为了培养心灵和头脑很快就需要您的教导;您属于朋友们,他们尊敬您,即使您的美貌退色,也将珍视同您交往的快乐;您属于社会,社会需要您的榜样,在您的身上发现各种美德,不幸的是您这个圈子里的人们笃信上帝而具有这些美德的却稀少得多。最后,您不应该轻视自己的幸福;尽管宗教许诺,您任何时候都不会在宗教阴森的信条造成的焦躁不安中得到幸福;您在宗教中找到的只是预示着灾难的幽灵和吓人的幻想,不可救药的混乱和明显的荒唐无稽,无法解释的哑谜,这些都只会破坏您的安宁,剥夺您的幸福,并且使您不能关怀他人的幸福,因为当自己都既不知道幸福也不知道安宁的时候要使他人幸福是很困难的。

您只要看一看周围,就会发现我的话是正确的。最信仰宗教的人很少是最可爱、最善于交际的;笃信上帝,甚至真诚的笃信,也会迫使人们履行繁重的仪式,通过阴森的、令人压抑的形象控制他们的想象力,激起他们的宗教热忱,这根本就不能使虔信者具有那种稳定的情绪、那种温和宽厚的性格和那种和蔼可亲的态度这样一些在社会中使人产生好感的东西。成千的事例向您证明,虔诚的、渴望做到首先爱慕上帝的人,在自己的一类人里获得最多成就的妇女中很少见到:如果她们中间某些人是这个规则的例外,那只是因为她们还没有达到看来宗教要求于她们的那种程度的热望和忠诚。笃信上帝——这或者是一种感到压抑的和忧郁的强烈情感,或者是一种非常激烈和吞没一切的强烈情感:宗教不容许人的

15

心灵中有任何竞争;善良的基督教徒从上帝那里偷走他献给自己同胞的一切东西;笃信上帝的心灵应该避开尘世的眷恋;这些眷恋引诱它离开忌妒的上帝,这个上帝要求把专门的和全部的注意力都放在不得不为它牺牲最温柔、最纯洁的爱好上面;为了讨好自己的上帝,人们应该在尘世尽可能的更加不幸。我们看到,忠于这一原则的教徒们竭诚地履行自己的义务,残酷地虐待自己,搅乱他人的安宁;而当他们确实成为对自己的同胞完全无益的、甚至可恶的人时,他们就把这当作自己在天国统治者面前最大的功勋。

我不认为,夫人,笃信上帝在您身上产生了损害您亲人的特性;我更加担心的是您的虔诚结果会危害您本人;您的善良、您温和的性格、您的行为表现出的善意,都让人认为宗教任何时候都不会使您走到如此危险的极端。然而宗教常常引起奇怪的突变。不能不担心,长期焦躁不安的状态、沮丧的心情极有害地影响着您的性格,使您变得容易动怒,而且您在心灵深处孕育着那些极有害的观念迟早都会影响到您的亲人。每天的经验不是向我们证明宗教在人们身上正是制造着这样的转变么?难道被称为改信、被笃信上帝的人认为是天恩的那种东西,实际上不是用危险的嗜好和真正的恶习完全压制心灵善良有益的特性么?由于这种天恩不幸的影响,我们常常看到朝气蓬勃怎样为灰心丧气所替代,开心愉快怎样为恶劣阴郁的心情所替代,无忧无虑怎样为苦闷无聊所替代,宽容和善怎样为诽谤、偏执和残暴所替代;还有,人道精神怎样为十足的残酷无情所替代。总而言之,迷信,这是能够摧毁最纯洁的心灵的、很危险的毒药。

难道您真的看不到,盲目迷信和狂热残暴把人们引导到怎样的极端?只要事情涉及宗教,国王、公职人员、法官就会成为惨无

第一封信

人道和残酷无情的人。宗教常常会把在任何其他问题上最随和、最宽厚、最公道的人变成疯狂的野兽。最重感情、最是怜悯的心灵真诚地认为自己的义务是成为残酷的人,强奸和压制自己的本性,以便迫害和敌视不同意其宗教信念的人。您是否了解,夫人,新教徒①在法国如此经常遭受的种种迫害中我们民族和我们政府所固有的宽容作风?您是否认为冉森派教徒②今天所遭受的一切压迫、逮捕、流放都是合理的、公正的、人道的?而这些冉森派教徒,一旦他们把权力夺在自己手中,自然就会同样残酷和惨无人性地

---

① 指对法国新教胡格诺教徒的迫害。在十六世纪下半叶和十七世纪上半叶的法国,在结成天主教联盟的占统治地位的基督教的信徒们和胡格诺教徒之间不断地发生"宗教战争"。在这场斗争的宗教外壳下隐藏着法国社会各个不同阶层严重的经济矛盾和政治矛盾。在法国,"宗教战争"最血腥的事件是瓦西的屠杀(1562年)和付出近两千新教徒生命代价的巴黎"圣巴托罗缪之夜"(1572年8月24日),接着发生了各省对天主教反对者的杀戮,又有大约三万人死亡。因消灭胡格诺教徒的消息而感到高兴的教皇格列高利十三世下令制造奖章以纪念圣巴托罗缪之夜。亨利四世发布赋予胡格诺教徒某些政治权利和宗教信仰自由的所谓南特赦令以后某个时候暂时平静,在十七世纪,在黎塞留红衣主教时代和以后,即为新的压迫所取代;这些压迫在赦令废除(1685年)后随着大规模从法国驱逐胡格诺教徒而结束。〔按:天主教联盟是1609年德国天主教诸侯与世俗诸侯结成的联盟。以巴伐利亚公爵马克西米连为首。它是在天主教徒与新教徒斗争过程中建立的。而新教徒则在1608年结成了新教同盟。1635年天主教联盟解散。〕——俄译本注

② 冉森派教徒,荷兰神学家克·冉森(1585—1638)的追随者,其宗教道德学说(否定意志自由、保卫"预定"观念等等)接近于加尔文主义和英国清教徒教义。作为天主教教会的一个流派,冉森教派在十七世纪和十八世纪是资产阶级反对占统治地位的贵族和教会上层的形式之一。在拥护它的人们中间有某些资产阶级知识分子代表,如巴斯噶。1713年,冉森派教徒被教皇克利门特十一世(罗马教皇训谕,*Unigenitus*)判决为异教徒,他们的中心、巴黎附近的波罗雅尔修道院还在这之前三年就被摧毁。耶稣会教徒不倦地公开反对冉森派教徒;冉森派教徒反过来猛烈地抨击了耶稣会道德。他们相互间充满叫骂和指责的争吵暴露了天主教僧侣道德堕落的全部深度,在信教者中间破坏了它的威信,而且常常被法国启蒙派,特别是伏尔泰用来批判基督教教条和教会。——俄译本注

迫害自己的对手。难道您没有每天都遇到忠诚地认为自己是善良的而同时公然无耻地对于消灭另一些人显出喜悦神情的人们？他们不认为在对待这另一些人的态度上自己有义务表现任何善良和任何宽容，——只是因为这些人藐视似乎是为了国家利益而为敬神的群氓所尊崇或者为错误的政策所支持的偏见。迷信在某些其实在所有其他方面都品行端正的人们那里如此扼杀任何人性，以致他们对于为迷信而牺牲不赞成共同的宗教信仰或者拒绝忍受僧侣压迫的那些最有学识的民族精英并不感到羞耻。

总之，笃信上帝可以由于恼怒而毒害人的灵魂，可以造成社会分裂。在对待宗教的态度上，每个人都认定自己有责任表现出某种程度的热忱和忠心。我多么经常地发现您犹豫不决，不知道面对信教者常会陷入的充满宗教性神魂颠倒的疯狂的虔诚信徒时是笑还是哭！同时，您已看到，这些人怎样参与他们对之什么都不了解的种种神学争论。我无数次地注意到，他们的粗野言行使您惊讶，他们的尖酸刻薄怎样使您感到侮辱，他们的阴谋诡计怎样使您愤慨，您怎样鄙视他们的无知。然而，在这些矛盾中没有什么可奇怪的：无知永远是虔诚之母。做一个笃信上帝的人，意味着在一切事情上都盲目地相信神甫们，按照他们的指点生活，按照他们的教导思想和行动；这意味着盲目模仿他们的癖好和偏见；这意味着按照他们的裁定准确地履行每一项宗教仪式。

欧仁妮不是为了成为这些导师的女信徒而创造的；他们会使她失去理智，瘫痪她的想象力，损害她的刚强性格。为了使她的理性更忠实地从属于自己，他们使她成为社会中孤僻的、偏执的、讨厌的人；一句话，他们借助于迷信和超自然观念的魔法般的威力，也许会成功地把她本性中高尚的性质变成恶习。不过请相信我，

第一封信

夫人,您不会从类似的蜕变中得到任何好处。始终保持您现在的状态吧;尽可能更快地摆脱使您苦恼的犹豫、忧郁、从灰心丧气转向紧张激动。只选择自己的理性和美德作自己的导师吧,这样我保证,您会在最快的时间内打碎您开始痛苦地感受其重负的枷锁。

鼓起勇气吧,向您再说一遍,鼓起勇气亲自更仔细地看看宗教吧,宗教不仅不会给您所许诺的幸福,而且会成为您焦躁不安无穷无尽的来源,并且迟早会使您丧失因之而受到社会如此珍视的那些稀有的特质。为了您本人的利益,使自己的灵魂安静下来;您的责任就是始终忠实于自己的性格而不要失去随和、宽容和乐观的精神,这些精神使您得到任何一个接近您的人的爱戴。做一个幸福的人——是您对待自己的义务。因此,不要陷于忧郁的幻想;集中自己理性的全部力量跟您的想象所产生的种种幻象作斗争;只要用您固有的敏锐智慧加以审视,它们就会烟消云散。

请不要对我说,夫人,您的理性没有能力理解深刻的神学。请不要跟着我们的神甫们对我说,宗教的主张是应该当作信条加以接受的秘密,在它们面前应当沉默地崇拜,而不要争辩。您难道不明白,这么说,您就对人们想使您屈服在它跟前的那个宗教作出了判决?所有超自然的东西都不是为一切超出其理解的东西均不应使其感兴趣的人而创造的。对你不了解的东西加以崇拜,意味着不崇拜任何东西;相信不可理解的东西,意味着不相信任何东西;不经过检验就接受任何东西意味着暴露出怯懦的轻信。说宗教是理性理解不了的,意味着认可宗教不是为有理性的人而创造的;意味着承认传授宗教教义的神甫本人也像我们一样不能理解宗教的深刻性;意味着同意神学博士们本身一点也不懂他们每天所宣传的种种秘密。

如果宗教的种种真理像人们硬要我们相信的那样,对所有的人都是必需的,它们就本应对每个人都是明白易懂的,如果宗教的种种教义像人们让我们相信的那样是如此重要,它们对不仅传教士们本人而且对所有听布道的人都本应是能够理解的。按其职业有义务研究宗教教理的人们,为了向其他人传授这些教理却承认这些教理超出他们的理解力,同时固执地继续向人民灌输按照自己的承认他们并不理解的东西,这不是奇怪的么!难道我们会信任这样的医生,他承认自己完全无知,却会对自己的药剂赞不绝口?我们宗教界那些招摇撞骗的医生们每天干的正是这号事。而最深明事理的人们却让这些不得不每一步都承认自己绝对无知的骗子用多么古怪、致命的方式愚弄自己!

如果宗教秘密甚至对宣传它们的人都是无法理解的;如果在信奉它们的人中间没有任何人准确地知道他相信什么或者意识到其信仰和行动的动机,那么对于宗教的反对者们,这一切都无从谈起。他们的反驳是简单的,是公认的观点都可以接受的,是每一个拒绝从童年时期开始就被灌输的迷信、同意效法大自然使人类任何代表都固有的健全思想的人都信服的。

狡猾的神学家们在许多世纪过程中已经全神贯注于驳斥不信教者的攻击;他们固执地致力于修补在理性旗帜下同宗教厮杀的宗教反对者们造成的宗教摇晃的基础中的种种裂缝和破损;在一切时代都有人懂得神甫们据以把奴役理智和掠夺人民的权力控制在自己的手中的种种理由都是完全站不住脚的和完全不合法的;这些人不顾唯一从宗教中捞到好处的僧侣们的伪善和阴险,直到现在都没有能力捍卫自己的宗教教理不受不信神者的攻击;他们没完没了地回答一切责难,却没有一次能够彻底驳倒或摧毁这些

第一封信

责难。宗教的传教士们几乎总是依靠社会舆论,用夸夸其谈、谩骂、刑讯和迫害压制理性的呼声。他们借助这些手段利用反对他们的人任何时候都不能公开表态而总是成为战场上的胜利者。但是尽管力量不平衡,尽管宗教保卫者们在他们的敌人们唯一武器是理性而且他们不能公开进行斗争的同时能够自由地使用他们所能有的一切斗争手段,——这些敌人却不停地给迷信以深重的创伤。同时,如果相信宗教保卫者,他们事业的正义性本应使宗教成为免受任何打击的可靠的保卫者,而无数确凿的证据似乎会粉碎所有提出来反对宗教的责难。尽管有这些劝人信服的话,我们还是看到他们同每一个新对手遭遇时都是极为不安的;这时新的对手就会胜利地提出最简单、最习以为常的种种反驳意见,因为直到现在为止它们中间任何一条反驳都未能以任何多少令人满意的方式加以排除或推翻。为了使您,夫人,相信我的话,我建议您把健全的思想提出来反对宗教的最普通的论题同神职人员似乎摧毁性的回答比较一下,以便懂得神学最有学问的博士就是没有能力取消任何一个甚至小小儿童都明白的反驳意见;您会发现,在神学家们的回答中只有无穷无尽的小题大做的吹毛求疵、形而上学的诡计、同真理的语言不能相容且只证明按其地位关心于保卫毫无希望的事业的人们仓皇失措、束手无策和敷衍塞责的乱七八糟的诞语。总之,对宗教提出的一切反驳都是明白的和所有人都容易理解的。然而对反驳的回答则是含混的、紊乱的,甚至对最熟悉这类行话的人们,只要认定这些回答是本人至少多少懂得他们说的话的人作出的,也是不明白的。

　　神学博士们不放过机会提出他们种种教理的古老起源作为证据,似乎它们在诸多世纪的长河中经受住了异教徒、不信神者不断的攻击,多神论者的迫害。夫人,您有足够的丰富学识懂得任何一种学说的古老性丝毫证明不了它的真理性。如果古老的起源能够成为真理的证明,基督教就理应让位给犹太教,而犹太教根据同一理由理应让位于埃及宗教或迦勒底人①的宗教,即让位于摩西教规之前很久即已占统治地位的偶像崇拜者。在几千年的过程中,人们相信太阳是围绕始终不动的地球旋转的,然而实际上,始终不动的是太阳,而地球则是围绕它旋转。② 同样十分明显的是,现在的基督教已经不像过去时代的基督教了;同异教徒的不断斗争证明,在捍卫宗教教理的人们中间任何时候都不存在完全的一致;在任何一个场合,某些教父都拒绝了基督教的这些或另一些规定和教理,同时接受其余所有的东西。而如果不信教的人同宗教的斗争常常是没有成效的,那只是因为任何道理对于被控制着社会舆论、带有大多数人都屈从的陈规陋习的迷信迷惑的人们说来是毫不管用的。至于讲到教会受到异教徒的迫害,那么任何了解宗教狂热和由此引起的残暴行为的人都明白,暴虐和压迫只会激起、而且还会更多地扩散这种狂热。

您不是为了崇拜权威和崇拜巨大名望而创造的。许多不仅是基督教宗教的传教士,而且是它极狂热的捍卫者的著名学者,纷纷向您提出无数的证词。对您来说他们都会名登教父、伟大的哲学

---

① 迦勒底,阿拉伯部族迦勒底人侵入巴比伦以后于公元前626年产生的新巴比伦王国,一直存在到公元前538年。为波斯王居鲁士所侵占。——俄译本注

② 霍尔巴赫认为运动是物质不可分割的属性,并否定绝对静止的状态;他写道:"宇宙中一切都处在运动中",而"我们看起来失去运动的部分大自然,只是处于相对的或者表面的静止中"。霍尔巴赫谈到太阳的不动性时自然是指相对于地球围绕它旋转时它的状态。威廉·赫歇耳(Frederick William Herschel,1738—1822)于1785年通过经验的途径证明了太阳在空间的运动。——俄译本注

第一封信

家、思想家、神学家之列,这些人曾经始终不渝地捍卫了宗教。我这里不来争辩他们的博学,这常常是极其可疑的,但我只重申,人类最伟大的天才常常在宗教事务上比起芸芸众生来并没有更多的敏锐智慧;他们没有检验过人们所捍卫的教理,——因为他们认为这些教理是神圣不可侵犯的;而另一方面他们任何时候都未能对如果能够没有偏见地全面探讨过,他们就会认为是极其有害的那些原则做过批判;最后是因为他们关心的是保卫他们自己的幸福所依靠的事业。因此,他们的证词是令人怀疑的,这些人的权威也没有很大的分量。

至于说到这么多世纪以来在解释宗教信条和圣经、在确立教义的基本原理上勤奋劳作的注释家们,那么他们的种种著作只会对宗教产生不良影响;它们证明宗教作品是模糊不清和不可理解的,需要有人帮助才会对上帝的启示所针对的人成为容易理解的。英明上帝的规定应该是简单的和明白的,只有极不完善的规定才需要解释者。

您,夫人,不要求助于这些注释家;这方面唯一的评判人只能是您本人和您的理性。要知道事情涉及您的幸福、您的安宁;而这是十分重要的问题,不能委托别人来决定。如果宗教有如此重大的意义,像人们硬要我们相信的那样,那它自然值得全神贯注的重视;如果这个宗教会促进人类在尘世和冥界的幸福,那就没有任何东西会更加使我们感到强烈的兴趣,从而也没有任何东西需要最深思熟虑的分析。大多数人的行为就更加令人惊讶。深信宗教必要性及其重大意义的人们任何时候都没有费力深入地分析过它;他们都是按照传统和按照习惯接受它的;他们任何时候都不曾试图深入理解它的教义;他们信奉它,服从它,而且在它的桎梏下弄得疲惫不堪,甚至不问一问所做的这一切究竟为什么;而最后,在研究宗教时人们完全信赖别的人;他们盲目相信其判断的那些人却是最不值得信任的:这就是神甫,他们把解决这些问题的专有权控制在自己手中,不允许对显然是为他们本身的利益而虚构的体系提出申诉。神甫们对我们说什么呢?同宗教显然有利害关系的他们断言,似乎宗教是人民绝对必需的,似乎宗教对社会有巨大的意义;似乎它会给我们每个人带来安慰和利益,因为它同道德有深厚的联系。然而在这个开场白以后立即跟着就禁止研究这个如此重要的课题。该怎样称呼这种行为呢?请您自己,夫人,评判一下人们是怎样欺骗您的;神甫们担心他们的宗教经不起批判,从而反对人类的凶恶阴谋将被揭穿。

总之,夫人,我要不倦地重申,您应该着手审查这些重要的事情,把自己的渊博学识用上去;在您诚实的心灵深处探寻真理吧,迫使习惯自己停止起作用吧,拒绝迷信吧,不去相信自己的想象力吧;那时您就会深信不疑地弄清宗教问题的本质;无论这些或那些观点的起源是怎样的,您只注意您觉得有说服力的东西和您的心灵满意的东西,以及不会同建立在真正美德基础上的健全道德相矛盾的东西;您要鄙视地摒弃一切您的理性原来不能接受的东西,您要极其厌恶地抛开所有对道德构成犯罪和极为有害而宗教却冒充为神圣不可侵犯的和超自然的东西的那些观念。

还有什么可说的呢,亲爱的、通情达理的欧仁妮啊!请仔细想一想我实现您的请求时对您说的一切;让任何您对我的信任、任何对我卑微认识的偏爱,在对待我的判断的态度上都不使您失去理智;我把这些认识交给您裁判;同它们辩论吧,同它们斗争吧,在还没有信服是真理以前不要投降认输。我的感情和思想绝不妄想成

第一封信

为不应讨论的任何神的启示,任何神学教理;如果我说出了真理,请接受我的道理,如果我错了,请向我指出我的谬误,我愿意承认它们,并在自己的判决书上签下名字。对我来说,夫人,从您口中听到我曾经徒然在圣经中寻找过的真理,只会感到幸福。如果此刻在您面前我有某种优越性,那么我这种优越性唯一的就是我享有而您现在可惜失去的那种安宁心态。让您灵魂惊恐的心智迷惘、焦躁不安和笃信上帝的突然发作,现在不允许您十分冷静地看待所有这些问题,并让它们受到自己理性的审判;不过我不怀疑,在反对毫无根据的幽灵的斗争中由理性武装起来的您的灵魂,会很快获得它固有的坚定不移而雄伟的姿态。而在等待我所预见和一切心肠善良的人都希望的这个时刻中,如果我的论述有助于您的安宁,我会认为自己是最幸福的人,因为没有安宁就不可能有幸福,而且安宁对于清醒地判断您感兴趣的事物是十分必要的。

我只是现在,夫人,才猛然想起我的信有点太长了;不过我希望您原谅我的长信,就像原谅我的坦诚一样;让它们至少成为您的处境引起我的那个积极参与的论据;让它们证明真诚地希望停止您焦躁不安,和满腔热情地急待看到您恢复您惯有的爽朗而稳健的心态。需要有十分重要的原因才会驱使我打破沉默;必须有您坚持不懈的请求才会迫使我开始同您谈论经过适当考察之后未必值得严肃的理智注意的那些对象。我曾经给自己定了一条规矩,任何时候都不开口谈宗教;经验告诉我,没有比说服有成见的人更为无益的事了;我不曾相信,某个时候会让自己就这些问题来写作;只有您,夫人,能够使我克服我的懒惰和改变自己的规矩。欧仁妮,由于怀疑而忧郁焦躁,准备把整个灵魂都奉献给笃信上帝,为它而如此拖累亲人,同时也不许灵魂本身有任何快乐,她以自己的信任尊敬我,请我提出建议;于是我给欧仁妮写了这封信,信中竭力让她回到失去的安宁;我决定为了其幸福决定着如此多人的福祉和幸福作一番努力。

这就是,夫人,驱使我拿起笔来的原因。在等待您摆脱迷惘的时候,我因抱有您至少不会用鄙夷和敌视的态度对待我的希望而感到自慰,信教者在神甫们唆使下就是用这种态度对付任何敢于驳斥他们思想的人的。如果相信神甫们,任何站出来反对宗教的人都是为个人利益驱动的不良公民和凶恶的狂人,是社会安宁的破坏者,是自己同胞的敌人,应当受到最残酷的惩罚。我的为人您是知道的;您尊敬我所表示的信任对我说来是充分的赞许;我的信事先决定只是给您的;只是为了驱散笼罩在您心灵上的乌云,我才决定同您分享本来始终会永远藏在我心灵深处的那些思想。如果我的信偶然落到其他人们的手里,而且能够给不管是谁带来好处,我会祝贺自己,也许通过向他展示真理和揭露应对尘世这么多灾难负责的谎言可以成功地促使恢复人的幸福和明智。

简言之,我把自己的见解交给您去审核;我完全信赖您的裁判,所以敢于期望,我的思想由于支持您跟现在折磨着您的毫无根据的恐惧作斗争,会使您完全相信,宗教只是荒诞的大杂烩;它只会在人们头脑中引起张皇失措,摧毁一切健全的观念,也只会有益于利用它来奴役人类的那种人。换言之,如果我拒绝向您证明,宗教只是毫无根据的、无益的和危险的谎言而且只有真正的道德才有权控制人的头脑和心灵,我就会是极其错误的。

在这第一封信里,我跟您谈到从整体看宗教;往后我要考察它的基本论旨,并因抱有向您证明不仅您而且任何一个多少能健全思考的人都能理解神学用如此浓浓的迷雾笼罩着的种种观念的希望而自慰。如果我的坦诚您觉得太刺激,要怪只有责怪夫人自己:我不得不用全部坦诚说话,并认为自己的义务是为了医治您的疾病而采用强烈、迅速起作用的药物。不过,我胆敢指望,您很快就会因为我淋漓尽致地向您揭示了真理而给我应有的评价;您会原谅我驱散了蒙蔽您理性的、毫无意义的幽灵;我使您回归安宁的努力至少证明您的幸福对我多么珍贵,证明我的投入对您是有益的,而我最深沉的尊敬……

余删。

第二封信

宗教给我们的上帝观念

任何宗教都是建立在对上帝的正确理解或错误理解基础上的观点和行为准则的体系。为了判断任何体系的真理性，必须研究它的种种原则，检验它们的一致性，并确认它的所有部分都是并列从属的。为了成为合乎真理的宗教应当给我们合乎真理的上帝观念；只有借助理性，我们才能判断神学给我们的那些上帝观念的真理性；要知道，对人们来说同理性一致的东西才是合乎真理的；因此，只有神学家们千方百计予以斥责的理性，才能让我们判断宗教所宣传的真理。

只有这样的上帝才是真正的上帝：它的属性和本质不违反理性，而真正的崇拜只是理性承认的崇拜。

任何宗教只有在它给人们提供种种福利的范围内才有意义；最好的宗教理应保障自己的信奉者最现实、最长久、最充分的福祉，那假的宗教只能给予虚无缥缈、无法兑现、转瞬即逝的幸福；而且只有理性才能判断这些福祉在何种程度上是现实的或虚幻的，从而决定在何种程度上这些或那些宗教、崇拜、伦理体系对人类有益或有害。

我就想从这些完全无可争议的命题的观点出发来考察基督教宗教。我从分析它提出的上帝观念开始；在这里我想起，正是基督

第二封信

教妄想比起所有其他宗教来成为上帝观念最完善的传播者。我试图检验一下这个宗教诸基本论旨相互间是否一致;它的教条是否符合它的基本论旨;以及最后,整个伦理体系、这个宗教强制提出的一切行为规则是否建立在它的上帝观念之上。我将通过考察基督教给予人的那些福祉和好处结束自己的分析;而且如果相信基督教传教士,这些福祉极大地超过所有其他宗教能够许诺和兑现的一切。

对唯一的上帝的信仰是基督教的基础;基督教把上帝规定为纯粹精神性的存在物,规定为原始的理性,它是不变的,既不依赖任何东西,也不依赖于任何人,它是万能的,成就一切,预见一切,它无处不在,从无中创造世界,关爱这个世界,用全部睿智、福祉和公正管理它。

这就是基督教的上帝观念。现在我们看看这些观念同自认为上帝启示的结果的这一宗教体系的其他种种论旨是否一致,——换言之,即同硬说基督教的上帝只是向自己的信徒们展示它对所有其他人类都藏匿的真理的该宗教体系的其他种种论旨(因此对这些人说来,上帝的本质仍然是一无所知的)是否一致。这么说来,基督教宗教是建立在特殊启示的基础上的。究竟是谁赐予这一启示呢?最先是亚伯拉罕,后来是他所有的后裔[①]。上帝是世界的主宰、所有人的天父,他只愿意向某个迦勒底人的后裔们现身,他们在一千年过程中有幸认识了真正的上帝。由于上帝特别

[①] 据圣经传说,亚伯拉罕是古代犹太人的族长、犹太民族的祖先。亚伯拉罕是虚构的人物,像圣经中其他的族长一样,如雅各和以撒,他们在圣经中是作为亚伯拉罕的儿子和孙子的身份出现的。最初的古代犹太人的氏族神灵就体现在族长们的形象中。——俄译本注

的赏识，犹太民族在长时期中成了唯一拥有所有人都同样必需的认识的人。只有这个民族才能正确地弄清最高神灵的问题；所有其他民族都在黑暗中摸索，或者只有对大自然的主宰最愚蠢、最荒唐、最歪曲的观念。

这样，一开始我们就看到，基督教推翻了自己上帝的仁慈和公正。启示这件事本身表明偏私的上帝把自己的爱给予若干特选者，而牺牲自己所有其余的创造物；这个上帝尊重的只是自己刁钻古怪的愿望，而不是人们实际的功绩；这个上帝没有能力保障所有人的幸福，而把自己的恩惠给予一些最宠爱的人，这些人比起其他所有的凡人来并没有更多理由得到这种恩惠。主持一个大家庭的父亲，只对自己的一个孩子表现关怀和抚爱，只同他单独见面，而责备所有其余的孩子，说他们很少了解自己，同时本人任何时候都不让他们接近自己，对于这样的父亲，您会说什么呢？如果一个父亲愤怒地对待自己的儿女中那些他本人早已从自己内心清除出去的孩子，您会不会谴责这样的父亲性情古怪、残酷凶狠、轻率狂妄、毫不理智？如果这样的父亲因为自己的子女不曾执行没有给予他们的命令而惩罚他们，难道您不会指责他只有人类最疯狂的代表才能显露的不公道么？

总之，夫人，请跟我一起做出结论说，向特选者作启示可以认为不是美好的、无私的、公正的上帝，而是性情怪僻、变幻莫测的暴君。如果这个暴君对自己的某些创造物表现出善良和宽厚，那么对所有其他的创造物就会显示极度的残酷。而这样的结论使我们得出：启示所证明的不是上帝的仁慈，而是上帝的不公正和偏私。如果相信宗教，它把这个上帝说成是地上所有生物的祖先，这个上帝就应该充满智慧、仁爱和公道。如果为贪财和自私心理所迷惑的上帝的特选者们因为上帝给他们大施恩惠同时损害他们的同类而沉醉于上帝深刻的天意,那么在其他所有成为上帝偏私牺牲品的人们看来,上帝就必定是显得很残酷。只有极端的傲慢才能使这些为数不多的人确信他们是天主最喜爱的教民,在所有和自己类似的人中间构成幸运的例外;他们受到虚荣心的迷惑,不懂得一旦承认自己民族或某些民族是特选者,他们就从而推翻了上帝的无限仁慈,这些仁慈是平等地散发给所有那些如果他们真的全都是上帝亲手创造,在上帝眼里本来应当平等的人的。

然而全世界所有的宗教正是建立在这种启示的基础上。就像任何一个人由于自己的虚荣心以为自己是宇宙的中心,同样每一个民族始终确信,跟其他所有民族不同,它应当享受宇宙主宰专有的爱。印度人以为,梵天①唯一只向他们现身,犹太人和基督徒确信,世界只是为他们创造的,只有他们才荣膺上帝的启示。

假定哪怕一瞬间上帝真的向人们现身了。无形体的精神怎么能够为人的感官接受呢?这个无形体的精神本应采取怎样的形式呢?它理应利用怎样的肉体器官才能跟人说话呢?无限的存在物怎样才能同有限的存在物进行交往呢?人们回答我说,上帝体谅自己创造物的弱点,利用某些特选者作为中介,通过他们把自己的意志宣告给所有其余的人;这些特选者受到宗教精神的教化,于是上帝通过他们的口说话。但是,能够设想无限的存在物可以同必死的人类本性结合起来吗?而且我怎么能够确认,冒充自己是上

---

① 梵天,或译婆罗贺摩,印度人的宗教婆罗门教或其新形式印度教中最高的创造神。同毗湿奴(又作遍入天,保护人们的恩惠之神)和湿婆(威严、破坏之神)一起,梵天成为"天神三位一体"之一员,按照婆罗门教徒的信仰,它们体现了"世界本质"的不同方面。——俄译本注

帝使者的人不把自己的臆想告诉人们,或者为了自私的目的不会故意欺骗他们,不会把自己的话冒充上帝明察秋毫的远见呢?我怎么能够确信上帝真的通过他的口说话呢?人们立即反驳我说,为了使特选者们的话具有很大的权威,上帝曾把自己一定份额的万能给了他们,而且为了证明自己神奇的天使派遣,他们创造了许多奇迹。

于是我问:什么是奇迹?人们对我说,这是违反上帝自己规定的自然规律的一种活动;于是我说,为了跟我对上帝的英明的观念相符,我觉得不变的上帝某个时候会改变它亲自确立的那些英明规律是不可能的;由此我得出结论说,只要注意一下我关于上帝这个宇宙主宰的英明睿智和不可改变的观念,奇迹就是不可能的。况且上帝也不需要奇迹;难道作为万能者,它不能随心所欲地改变自己创造物的理性么?为了使这些创造物确信某个东西,它只要愿意,他们就会确信这个;它本来只要告诉人们明显的、容易理解的、可以证明的东西,他们自然都会信服显而易见的事情;对于这个上帝,既不需要奇迹,也不需要中介人;真理本身足可以说服人。

然而如果我们假定既需要又可能有奇迹,那么有什么根据我可以判断依我看来是上帝的中介人完成的那些奇迹同自然规律是相符合呢还是相违反呢?难道我认识所有的自然规律么?难道把自己的话冒充上帝启示的人不能用完全自然、却不为我们所知的手段造成我可能觉得是奇迹的事情么?我们怎么会相信人们不会欺骗我呢?难道我对某个奇迹制造者力量的秘密和来源的无知不会让他有可能愚弄我,并以上帝的名义诱惑我尊敬任何狡猾的骗子么?因此我不能不用怀疑的态度对待任何奇迹,即使它是当着我的面实现的。至于我出生前一千年发生的种种奇迹,有什么可说的呢？人们告诉我,这些奇迹为许多目击者所证明;但是,如果当事情涉及奇迹时我连自己本人都不能信赖,我怎么会认为也许比我更无知、更愚蠢或者可能对与实际不符的记述感兴趣的其他人是可靠的呢？

另一方面,如果假定可能有奇迹,那么它们能向我们证明什么呢？它们不是迫使我相信上帝利用自己的万能使我相信跟我应该对上帝的本质、它的本性、它的种种神圣属性为自己构成的那些观念直接对立的东西么？如果我确信上帝是不变的,奇迹就不会使我相信上帝会改变自己的本质。如果我确信这个上帝是公正善良的,任何奇迹任何时候都不会使我相信这个上帝可能是不公正的和残酷的。如果我彻底深信上帝有卓越的智慧,一切世界奇迹都不会使我相信它能像疯子一样行事和说话。他们莫不是告诉我,上帝创造奇迹是为了推翻自己的本质,这些奇迹似乎要根除人类头脑中人们关于上帝完美性的一切观念么?!

如果上帝有权创造奇迹,或者亲自创造了奇迹以支持本身的启示,事情就会正好是这样;它就会只是为了向全世界表明自己多么恣意妄为、偏袒徇私、不公正和残酷而破坏亲自建立的世界秩序;它滥用自己的万能,其唯一目的就是证明它的善良和仁慈不是预定给予它的大多数创造物的;所有奇迹原来都是毫无意义的展示上帝的权力,只是为了掩盖它无力只要动一动自己的意志就会使人们确信;最后,上帝破坏了永恒不变的自然规律,从而背叛自己,并向人类宣布重要的真理,它长时期剥夺了人类对这些真理的认识,尽管自己无限的仁慈。

总之,从任何观点看,启示,无论它得到任何奇迹的支持,始终是违反人们使我们产生的关于上帝的那些概念的;任何启示都向我们证明,上帝是不公正的,它是偏袒徇私的,它分发自己的恩典时只以自己刁钻古怪的愿望为指导,它在自己的行为中可以前后不一致,它原来没有能力把所有人都必需、会向他们打开通向完善的道路,而且他们都能够掌握的那些知识一下子给予所有的人。从这一切中,夫人,您可以得出结论说,上帝启示的假设任何时候都不可能同世界主宰者的无限善良一致,同它的无限公止一致,最后同它的无所不能和始终不变一致。

人们毫不耽搁地对您说,宇宙的创造者、大自然的专制统治者支配自己的恩典时是自由的;它对待自己的创造物没有任何义务;它可以按照自己的裁夺处理这些创造物,毋须对它的意志作出判定和提出申诉;人没有能力理解自己创造者深刻的意图,后者的公正性同人类的公正性没有任何共同点。不过我们的神学家们不断援引的所有这些理由就都只会更有力、更确实地摧毁他们希望使人接受的那种崇高的上帝观念。实际情况是上帝像固执任性的统治者一样行事,它慷慨地大施恩惠给某些心爱的人,且自认为有权藐视它注定要使之过卑微渺小遭受奴役的生活的其余臣民。您,夫人,会同意我的意见,按照这样的范型,很难设想一个具有无限力量的和公正的最善良的和仁慈的上帝,它的万能应该让所有臣民都幸福,而没有某个时候耗尽上帝恩典宝库的危险。

如果人们对我们说,上帝的公正和人类的公正是不一样的,对此我回答说,在这种场合,我们没有权利称上帝是公正的,因为我们不能把跟我们用公正一词称呼和我们同类的存在物所具有那种特质不相同的任何别的东西理解为公正。如果上帝的公正同人类的公正没有任何共同点,如果相反,它却像我们称为不公正的那种东西,那么我们的头脑原来对付不了这个猜不透的谜语,我们也不

第二封信

能理解当人们说上帝公正时究竟是什么意思。按照我们人类的（而且对人说来唯一可能的）概念，公正始终是排斥专横和任性的；对于既希望又能够关心自己所有臣民的幸福，同时却使他们大多数遭受贫困和痛苦，并把恩惠留给凭自己变化无常的性情挑选的宠爱者的那个统治者，——我们始终称为不公正和不道德的。

至于断言上帝对自己的创造物没有任何义务，那么这个残酷的原则推翻了所有关于公正和善良的观念，并且赤裸裸地从根本上挖掉了任何宗教的基础。善良的和公正的上帝应该造福于所有它赐予生命的人；如果它繁育人们只是为了使他们成为不幸者，它就不再是善良的和公正的；如果它创造人们是为了使他们成为自己恣意妄为的牺牲品，我们就既不能认为它有智慧，也不能认为它有理性。对于这样一个人，他让儿女出生到世上，是为了只要一想起来，即刺穿他们的眼睛和折磨他们，以此为乐，您会说什么呢？

另一方面，任何宗教都应当建立在上帝和它的创造物之间相互义务的基础上。如果上帝什么也不欠人们的，如果它没有义务遵循相互契约的条件，然而另一方面却执行契约，为什么还需要宗教呢？人们干什么要尊敬上帝和为它服务呢？如果主人认为自己对于考虑到答应的工资才为他服务的仆人们没有任何义务，谁会有兴致去爱这个主人和为他服务呢？

显然，人们让我们接受的关于上帝公正性的错误观念只是建立在得到大多数人同意的致命偏见基础上的，以致政权和强力使得拥有这些错误观念的人可以不服从法律和公正的任何规则，而暴力则有权制造罪恶，同时任何人都不能打听一个强大得足以满足自己每一个变幻莫测的要求的人的活动的解释。所有这些观念显然是从暴君的行为中借用来的，暴君们掌握着无限的权力，不尊重任何法律,以为公正不是为他们而存在的。

我们的神学家们就是按照这个可怕的模样创造了上帝,并且保证说,它毕竟是公正的;但是如果他们向我们正确地描述了这个上帝的行动,我们就不得不认为它是暴君中最不公正的,是父亲中最偏心的,是所有某个时候存在过的绝对君主中最怪癖的,一句话,是最使人感到恐惧而且最不值得我们爱戴的存在物。人们对我们说,创造所有人的上帝只愿意向他们中间不多的人现身,而在这些不多的特选者享受它专有的恩典的同时,所有其余的人都得忍受它的愤怒;人们对我们说,上帝创造了这个大众,是为了使他们遭受最可怕的苦难,而对上帝的世界秩序始终一无所知。基督教的全部教义都渗透着这个阴森森的精神;这种精神充满着似乎根据上帝的天启所写的书籍;这种精神说明信仰预定和上帝恩惠的特点。简言之,宗教的一切论旨都告诉我们上帝是暴君;神学家们徒然力求把上帝说成是公正的,然而我们关于它真正了解的一切都证明它的不公正性,暴君般的横行霸道,残酷的恣意妄为,以及对自己大多数创造物没有爱心。当我们对它不符合人类理性的行为表示气愤时,人们为了想叫我们闭嘴就硬说上帝是万能的;它处理自己的恩典时是自由的;它对任何人都没有义务;我们这些地上虫豸般的东西无权批评它的行为;而且最后,用可怕的和不应受到的惩罚对待所有只是敢于抱怨上帝的人来吓唬我们。

这些论据之站不住脚是显然的。我再说一遍,暴力任何时候都不可能和不应当妄想得到公正和不服从法律的权利;无论国王多么强大,如果他只是根据自己变幻莫测的性情惩罚和恩赏自己的臣民,他都没有辩解的理由;人们会怕他,会奉承他,对他奴隶般的崇拜,但他任何时候都不值得忠诚的爱戴,人们不会产生愿望去

第二封信

忠诚地为他服务,不会认为他是公正和善良的典范;享受他的恩典的人们会觉得他是善良的和正义的;而忍受他的残酷和任性的那些人则始终从内心深处痛恨他。如果人们对我们说,人们在上帝面前等于地上的虫豸或者陶匠手中的泥制的瓦盆,那么既然如此,我要说,在创造物和它的创造者之间就不可能有任何关系和任何道德义务,由此我得出结论说,宗教是不需要的,因为地上的虫豸对于用脚踩它的人是没有任何义务的,同样,瓦盆在捏制它的陶匠面前也不可能负担任何义务;我得出的结论是,拿人跟地上的虫豸或瓦盆对比,意味着使人失去为上帝服务的能力、赞美景仰它的能力或者痛恨侮辱它的能力。此外人们不断地对我说,人可以得到上帝的恩典或引起上帝的愤怒,他应该爱上帝,为它服务,对它表示恭敬和崇拜。人们硬要我们相信,上帝创造活动的最终目的、最高成就始终是人,整个宇宙都是为人创造的,为了人,上帝常常违反自然规律,上帝向人现身是为了让人尊敬它,爱它、赞美它。而且最后,按照基督教教义,上帝任何一分钟都不停止关怀人,关怀这个地上的虫豸,关怀它捏制的泥瓦盆;不仅如此,这个人似乎还被赐予某种力量可以促进自己创造者的伟大、幸福和光荣:使上帝满意,还是生气,应该得到它的恩惠还是愤怒,使它高兴还是受辱,都取决于人。

夫人,您是否感觉到仍然是任何宗教的基础的所有这些论点之间不可调和的矛盾呢?实际上没有任何一个宗教不是建立在上帝和人之间相互作用的基础上的;每当需要从上帝那里取消不公正和偏私的责备时人类都要卑躬屈膝和自我贬抑;人们硬说,在对待为了自己的幸福并非上帝所需要的、自己那个可怜的创造物的关系上,上帝不负有任何义务;这么说来,在上帝眼中如此卑微的这个人类竟然一下子扮演着创造活动最高成就的角色；他们成了为自己的创造者扬名增色所必需的；他们是上帝关怀的唯一对象；他们能够使上帝高兴和伤心，他们能够受到上帝应该给予的赏识和愤怒。

根据这些矛盾的断语可以得出，上帝这个世界的主宰、这个一切幸福的来源，可能是一切存在物中最不幸的！时而它不断地遭到人们的攻击，他们用自己的意念、话语、案件和罪孽侮辱它，时而人们由于自己的任性、自己的激情、贪欲，甚至自己的无知使它不安和愤怒。如果我们接受基督教的原则，以为最大部分人类应当受到永恒者上帝的愤怒，只有微不足道的人们才按照上帝的意志生活，我们就无权得出结论说，为了上帝的光荣而创造的所有多得不可胜数的存在物中间，讨好它和赞美它的只有为数很少的人；其余的那些人只会做出使它悲伤和生气的事情，只会破坏它的安宁，只会在它心爱的世界秩序中制造纠纷和不和谐，推翻和迫使改变它预先作出的决定和行动计划。

在研究宗教教条时一开始就遇到的这些矛盾自然会使您惊讶；我胆敢预告，您越是更多地深入思考这个对象，您就越会更多地遇到类似的困窘。如果您冷静地分析上帝对犹太人和基督徒的、包含在所谓圣经中的种种启示，您就会发现这些书籍里讲话的上帝处在不断的自相矛盾中；它亲手把自己毁掉了；它经常忙于破坏已经做好的事情和修改自己的作品。上帝任何时候都不满意自己的工作，而且尽管自己是万能的，却无论如何都无法使人类达到合乎愿望的完善程度。基督教建立在其基础之上的、包含启示的书籍，每一页上都暴露出善良的上帝在制造罪恶；万能的上帝不断地被迫放弃自己的行动计划；始终不渝的上帝经常改变自己的原

第二封信

则而且在自己的行为中总是前后不一贯;预见一切的上帝每分钟都陷入窘境;绝顶聪明的上帝,它的意愿任何时候都不会顺利实现;伟大的上帝只干些不值一提的芝麻小事;什么都不依赖的上帝仍然还是醋劲儿大的;力量无穷的上帝却是疑心重重、睚眦必报、出手残酷;公正的上帝干的是,或者责成自己意志的执行者去干令人气愤的残酷行径;一言以蔽之,完善的上帝在我们面前暴露出这么多的不完善和恶德,即使最愚蠢的人都会感到羞耻。

请看,夫人,尊重精神和真理的宗教给您规定的是怎样的一个上帝。我把考察冒充是上帝启示的神圣典籍留到下一封信;我觉得头一次我的信也许太长了,不过我不怀疑,从今以后您会感到建立在如此不牢固的原则的基础上的、一手把自己的上帝吹捧上天另一手把它推倒在地的那个体系,只能看作胡说和矛盾的不像样子的杂烩。

余删。

第三封信

对圣经的分析；论基督教教会的政策以及论基督教据以建立的种种证据

您在上一封信中已经看到，夫人，宗教奉献给我们的关于上帝的种种观念是多么互不相容和彼此矛盾。您必定会看出来，启示冒充是对人类特殊恩典和关怀的证明，实际上只是证实无限公正和最美好的上帝本应不可能有的不公正和偏私；现在我们来看一看包含上帝启示的书籍对我们说些什么；这些大作是不是比较合乎理性、比较前后一贯和讲究逻辑、比较符合上帝的完善性；看一看上帝是否名副其实以及圣经讲述的事情和以上帝本身的名义宣布的诫条里是否有睿智和仁慈、强大和公正的影子。

这些充满神赐灵感的大作上溯到世界的始初①。摩西这个主

---

① 指圣经关于创造世界的传说，基督徒和犹太人所尊重的旧约圣经第一部分"摩西五经"就以这个传说开篇的。已经证明，摩西（据圣经，是古代犹太人的领袖和立法者、五经的编纂者）从来都不曾存在过，包括"五经"在内的旧约圣经是在不同时代许多来源的基础上形成的。传到我们手上的"五经"原文〔按：指"旧约"前五卷，即《创世记》、《出埃及记》、《利未记》、《民数记》、《申命记》〕是公元前五世纪加工定稿的，旧约其余各卷则是公元前三—二世纪加工定稿的。许多虚构的圣经创世故事，也像其他众多传说一样，是在公元前586年尼布甲尼撒二世击溃犹太人以后的"巴比伦囚房"时期从巴比伦人那里抄袭来的。〔尼布甲尼撒二世，公元前605年至公元前562年巴比伦国王。公元前605年侵占叙利亚和巴勒斯坦。公元前586年粉碎耶路撒冷起义，灭犹太王国，俘大批犹太人而归。所谓"巴比伦囚房"时期，指古犹太历史上从公元前586年至公元前539年的时期，即从尼布甲尼撒二世强迫犹太人移居巴比伦时起，至波斯国王

第三封信

宰者上帝的亲信、解释者和历史编纂学家,可以说给我们提供宇宙形成的证据;他宣布,永恒的上帝对无所事事感到厌烦了,有一天拿定主意创造世界以更加扩大自己的光荣;为了这个目的,它从无中创造出物质;最纯粹的精神产生同它自己毫无共同之处的物体;虽然这个上帝早已如此用自己的伟大充满一切,它还是为其中包含着一切物质的物体的宇宙找到了位置。总之,这就是神学家们提供给我们的关于创世的观念,如果一般说来有可能理解纯粹的精神怎么能够产生物质的话。但是对此进行考究会使我们陷入形而上学的迷魂阵,我想把您从这迷魂阵中解救出来。完全可以使您确信,您大概不会对这一切有任何理解,因为甚至最深刻的思想家谈到无中创造世界时也不能夸口说有比您更确切的观念;况且,夫人:只要花点力气想想,您就会发现,我们的神学家不是解释某种东西,而几乎总是仅仅臆想出新词语以便更加模糊和迷乱我们自然的合乎理性的观念。

我不打算麻烦您去列举似乎是上帝亲自口授的摩西历史中呈现五光十色的种种最枯燥无味的细节、失败和疏漏;如果稍微用心读读这类叙述,我们在其中到处都会碰到物理学和天文学领域中荒谬的言论,这些言论对于受到至上者感召的作者说来是不能宽恕的;即使肤浅地研究过,甚或单纯地观察过大自然的人都不会容许这样的错误。例如,您听人说,光是在太阳之前创造出来的,然而十分明显的是对于地球说来,太阳是光的唯一来源[①]。在那里您

居鲁士攻陷巴比伦后释放这些犹太人返回巴勒斯坦止。]——俄译本注

[①] 霍尔巴赫这里指圣经传说关于创世的谬误之一,按照该传说,光的创造和日夜交替在创造太阳、月亮和星星之前就存在了(《创世记》,第1章"神的创造",第3—5、14—19段)。这个矛盾根源于古代人天真的观点,认为白天的光并不总是同太阳相联系的(阴晦的天气、黎明和黄昏)。——俄译本注

会发现,日夜交替也是发生在太阳创造之前,虽然只有太阳出来才会是白天,它不在时是黑夜。您会读到,月亮是像太阳一样的发光的物体,然而大家知道,这个行星只有反射太阳光时才会发光。这些不可饶恕的错误证明,出现在摩西面前的上帝对它自己从无中创造的世界并没有弄明白,而在这方面您比宇宙创造者知道得更好得多。

我自然知道,在我们的神学家们那里,对败坏上帝理性名声的这些谬论有现成的辩护理由,而上帝的理性按其水平比伽利略[①]、笛卡尔[②]、牛顿,甚至比开始研究物理学基础的那些年轻人都低许多:神学家们对您说,为了让野蛮无知的犹太人容易理解,上帝使用了原始民族粗陋的概念、模糊费解的语言。这个理由是令我们的神学博士们完全信服的,当他们不得不保卫圣经不被责备是缺乏基本知识和无知时就如此经常地重复这个理由,但这个理由不能使我们满意。我们反驳说,创造一切和万能的上帝只要一句话

[①] 伽利略,伽利莱(1564—1642),意大利学者,近代物理学和天文学创立者之一,为自然科学之论证唯物主义和无神论做了许多工作。他第一批使用望远镜进行天文观察,发现了月球表面的山脉、木星的卫星、太阳绕轴旋转、金星的位相、天河的恒星结构。伽利略是日心体系的拥护者,他用自己的发现促进了该体系的实验论证,以及世界物质统一性的唯物主义和无神论原则的证明。由于支持哥白尼学说,宗教裁判所迫害了伽利略;1633年在刑讯的威胁下他被迫形式上放弃了自己的观点。伽利略的、包含对日心说的光辉捍卫的主要著作是《两个最重要的世界体系的对话:托勒密体系和哥白尼体系》(1632年)。——俄译本注

[②] 笛卡尔,勒奈(1596—1650),法国哲学家、物理学家和数学家,作为二元论者,他承认物质和精神两个始基,他也是包括上帝观念在内的天赋观念理论的拥护者。同时,他在反对中世纪教会经院哲学观点的斗争中起了重大的作用,他论证了只应凭借理性和"怀疑"而不是凭借盲目信仰来认识世界和判明真理的见解。在物理学领域,笛卡尔站在唯物主义立场上,他赋予物质以独立的创造力。他力求完整地科学地理解自然,提出了一系列对自己时代说来是先进的理论,比如"漩涡理论"。按照这一理论,从原始混沌中形成诸世界的基础是物质的机械过程、漩涡式运动。霍尔巴赫提到笛卡尔时指的正是他以之与宗教关于创世观念尖锐对立的这一理论。——俄译本注

第三封信

就可以开导无知的民族,并使他们有可能比很久以后我们的学者们所做到的那样更完善地理解事物的本性。如果人们对我们说,启示并无目的要把人们变成学者,而只是关心他们笃信宗教,我回答说,启示毕竟不应该散播错误的观念;上帝不应该借用无知者和骗子的语言;关于自然的科学不仅不会损害笃信宗教,而且理应成为上帝伟大的最好证明;如果不同合乎真理的科学相矛盾,宗教就会是不可动摇的;如果不处处违反物理学的规律以及我们在天文学和几何学中的知识,圣经和摩西的故事就不会引起任何异议。肯定相反的东西,并说上帝有自由可以颠倒人类的科学和使之变成荒谬,意味着认为它觉得满意的是欺骗人,使他保持无知状态,意味着它不喜欢人类理性的任何进步,而我们毕竟应该认为它是这理性的创造者。说上帝在自己的启示中本应适应人类的语言和观点,意味着断言它不想要启发人们的理性,以便了解它的启示或者不能让他们做好准备去掌握真理的语言。这个意见在研究圣经时是不应忽视的,在圣经的每一页上上帝都容许了有损于它的语句。难道万能的上帝不低三下四,降低身份使用无知者的语言,就不能用比较符合真理、比较光明正大、同人们要我们接受的那些上帝观念相吻合的语言去教会他们么?好的教师会逐渐引导自己的学生去理解他想教给学生的东西;因此上帝本应能够帮助自己的创造物去认识它认为必须传授给他们的东西。

《创世记》一书接着叙述说,上帝创造了世界以后,从黏土中造出了人;同时我们得知,它是按照自己的样式和形象造人的。但是我们应当怎样设想上帝呢?人这个物质的存在物——哪怕部分地——能够像本身跟物质的东西毫无共同点的纯粹精神么?如此不完善的人类灵魂怎么能够按照据我们的观念应该由宇宙创造者拥有的那种完善的灵魂的样式来创造呢？在注定要死亡的、有限的、体现于身体中的灵魂和它的创造者永恒的和无限的灵魂之间能够有什么样的类似性、什么样的相互关系、什么样的联系呢？这就是看来至今为止没有可能解决、然而为了我们的启蒙那些力求弄清上帝亲自口述的书的无法理解的意义的人们应当想想、还将长期讨论的问题。

上帝干吗创造了人呢？为了使宇宙住满有理性的存在物，他们会对上帝表示赞美，会成为它的奇迹的证明，会赞扬自己的创造者，会观察它的创作，会思考它们，并且跟随上帝的戒律，以应有的方式享用上帝的恩典。因此，为了给上帝增光必须有人，没有人上帝既不可能得到荣誉，也不可能得到尊敬，国君没有臣民会过着难堪无味的生活；谁的虚荣心会顺应这些条件呢？我觉得对您说这些观念怎样不符合人们关于为了自己的幸福不需要任何人和任何东西的自满自足的精神告诉我们的一切是无益的。圣经赋予上帝的一切特点，始终都是从虚荣心重的人或君主那里借用来的，我们确信，不是上帝按照自己的样式和形象创造了人，而永远是人按照自己的样式创造了上帝①。使它具有自己的理智、自己的品质，特

---

① 这里霍尔巴赫确切简练地表述了对宗教的科学批判基本原理之一。还在公元前六世纪，古希腊思想家克塞诺芬尼写道："埃塞俄比亚人说他们的神皮肤是黑色，鼻子是扁的；色雷斯人说他们的神是蓝眼睛、红头发的。"霍尔巴赫的同时代人、俄国伟大的唯物主义者和革命家阿·尼·拉季舍夫也写道，人们按照自己的形象和样式创造了上帝，"上帝常常像人，这不奇怪：人塑造上帝……"。在十九世纪中叶，马克思主义以前唯物主义最杰出的代表、德国哲学家路德维希·费尔巴哈详细地发展了这个思想；他教导说，人创造了上帝观念，他把自己原有的本质神化了。在深入研究关于宗教的地上根源的无神论原理时，马克思以前的唯物主义只从人的生物本性而不是从人的社会本性考虑。马克思主义根据对社会生活的唯物主义理解，把宗教观念看成是人们社会生活条件的反映，在对抗性的社会中则首先是阶级矛盾的反映。——俄译本注

别是缺点。

试问,上帝为了自己的光荣刚刚创造的这个人,会不会仔细认真地执行他的创造者预作的决定呢?这个后天获得的臣民会不会是它的意志驯服的和恭敬的执行者呢?没有这回事;一旦创造出来,他就立即起来反对创造者的命令,并且吃了上帝为了诱惑他亲自塞给他的禁果;人的这个过错招致上帝对他及其后代的愤怒;因此,他的一个举动就破坏了万能者的伟大计划。① 为了替自己增光而创造人的上帝,对人的行为(不过这一行为是能够预见的)如此愤怒,以致根本改变自己对人的态度,变成了他的仇敌,判处他和所有还未能犯罪的后代招致无穷的灾难、残酷的考验、死亡和——还有——甚至死后的折磨。由此可见,上帝创造人是热爱荣誉,但没有增加光荣,它创造人极其明显地只是为了人不断地给它带来侮辱,并为此受到惩罚。

在这个以圣经为根据的故事里,夫人,您大概不会发现,万能的上帝,它的命令和指示总是必然被执行。您会不会认为使人受到诱惑并让他堕落的上帝是襟怀坦白、仁慈善良的存在物呢?您会不会把惩罚由于亲自首肯而受到诱惑的人的上帝称为公正的呢?在把自己的报复扩展到还没有出生因此还不可能犯罪的存在物的上帝身上,您看得到公正性的丝毫迹象吗?如果因为不可避免地理应发生的事情而生气,能够不对上帝的预见能力提出异议吗?最后,对于为了报仇而惩罚自己弱小的创造物,使之既在这个

---

① 霍尔巴赫指关于最初的两个人"堕落"的圣经传说,据该传说,上帝注定人类要受苦和死亡,因为神话里的亚当和夏娃吃了禁树上的果子(《圣经》《创世记》第3章,第1—24行)。教会利用这个传说,使劳动人民永远接受关于他们受压迫状况是不可避免的和自然的思想,以及关于进行反对剥削者的斗争是犯罪的思想。——俄译本注

世界又在另一个世界遭受最残酷的苦难的上帝,能够承认它哪怕有一点一滴的善良吗?

然而,整个基督教就建立在这段历史,或者正确些说,这个寓言的基础之上。如果第一个人没有不听上帝的话,全体人类就不会遭受上帝的愤怒,也就没有救世主的任何需要了;如果万能的和洞察一切的上帝预见了并且及时阻止了亚当的堕落,它就没有必要为了自己心情平静而叫自己无辜的儿子去送死。上帝为了人们创建了宇宙,他们会永远幸福,而且任何时候都不会失去上帝的恩典。一句话,如果没有被亚当和他的妻子不慎吃掉的这个苹果,人类任何时候都不会有悲痛和穷困,永远都会按照上帝的意旨享受无忧无虑的幸福生活,而且上天预定的人类命运就不会如此致命地动荡惊骇。

更多地谈论跟上帝的睿智、强大和公正不相容的所有这些荒谬的概念是无益的;只要比对一下圣经举出的各个单独的事例,就完全足以理解它们全都是前后不一贯的、毫无意义的和矛盾的。我们不断地看到睿智的上帝干出破坏自己创造物、以便重新改造他的疯狂之事,后悔做出的东西会如此行事,仿佛它没有预见的禀赋而不得不让它的万能也无法预先阻止的事件发生。在被认为出自同一个上帝的书籍中,它所做的只是在它本想使之为自己增光并尊敬自己的人们心目中使自己蒙受耻辱,贬损自己的尊严和败坏自己的名声;它只知道使那些它本想开启其智慧的人头脑迷糊,神志不清。

上述一切足以使人憎恶似乎是上帝亲自口授、按照它的提示写成、同时却从根本上破坏这个上帝的威信的书;从所有这些妄诞错误观点中除了无数的荒唐之外自然不能得出任何东西。不过我

第三封信

们要快速地考察一下往后圣经中写到的事件。我们来看看大洪水：圣经告诉我们，已经有一次受到灾难、疾病、死亡惩罚的人类，不顾万能上帝的意志继续沉湎于最肆无忌惮的恶习；上帝对他们很生气，后悔创造了人，人的堕落(无论这有多么奇怪)它却没有预见到，反而要去改正整个由它一手操纵的人类灵魂的恶劣习气，它宁愿创造最大规模的和不可能的奇迹，这就是用洪水淹死地上几乎所有的居民，除了几个心爱者，这些心爱者以迎合上帝意愿的特选者身份预定要居住在更新的世界里。万能者的这一次新的开始会不会取得成功呢？当然不会；从洪水中得救的、特选的人种在旧的遭到破坏的世界废墟上重新开始侮辱大自然的统治者，犯下新的罪行，搞偶像膜拜，忘记了不久前上天的报复，并且由于自己的全部行为招致对自己的新的惩罚。为了对事业有帮助，上帝选择偶像膜拜者亚伯拉罕①作为自己的心爱者；上帝向亚伯拉罕现身，命令他放弃祖先崇拜和接受新的信仰；作为自己同他结盟的保证，大自然的统治者要求折磨人的、奇怪的和不可理解的仪式，让自己的恩典取决于仪式的执行。② 为此它向特选者的后代们许诺任何种类的特权；他们永远都会成为万能者专有的钟爱对象；他们将是其余所有民族中间最幸福的，而从今以后上帝将蔑视这些民族。

---

① 亚伯拉罕，神话中犹太人的始祖，圣经神话中以撒的父亲。亚伯拉罕奉耶和华之命应将自己的儿子献燔祭，但刚要杀时便被天使阻止了。——译者注

② 指割礼的仪式。同这一仪式相联系的圣经传说，它证明割掉阴茎包皮(也像其他损伤——耳朵、嘴唇等等的损伤一样)成为人属于特定氏族或部落的标记。远古产生的割礼仪式以其各种不同形式表现为人类祭祀仪式的残余，并作为它们的替代物而产生。这一仪式在古代各民族中间(在埃及人、墨西哥人等等那里)有广泛的传布，至今仍保存在犹太教和伊斯兰教中，保存在波利尼西亚、非洲和南美某些部落的仪式中。——俄译本注

给欧仁妮的十二封信

尽管有这些隆重的承诺,亚伯拉罕氏族还是遭到埃及人的奴役,沦为遭诅咒的和永远受蔑视的民族;特选者们忍受着自己的奴役者最残酷的待遇;而不能亲自预先阻止他们遭受不幸的上帝,给他们派去解放者和领袖,后者为了拯救自己的人民创造出最令人吃惊的奇迹。用摩西的话说,整个自然都完全颠倒了;利用摩西来宣示自己意志的上帝,有能力创造宇宙且能重新使之归于消灭的上帝,毕竟还是(无论这多么奇怪)对付不了法老;上帝的万能,它的体现者就是摩西,一碰到刚硬的埃及王就多次遭受失败。[①] 最后,在不成功地试图让上帝立即同时力求使之残酷起来的法老软化之后,上帝用最通常和最简单的方式拯救自己的人民,这就是劝告预先抢劫埃及人之后授意他们逃跑;埃及人追击逃跑者,但是上帝庇护他们,并命令海水吞没敢于夺回被抢劫的财富的那些不幸者。

现在理应假定,一旦人民在这么多奇迹帮助下获得了解放,上帝就会对他们感到满意了。唉!无论摩西还是万能者本身都无法战胜他们对犹太人在其中如此不幸的那个国家里虚假的神灵们不可思议的忠诚;他们宁要这些神灵而不要自己那个刚刚使他们免当俘虏的上帝;永恒者为了以色列人的利益而创造的所有奇迹,无法摧毁他们的固执,这种固执比这些奇迹本身还要更加令人惊讶和不可思议。现在人们把这些奇迹当作摩西神圣使命的证明;然而据摩西自己承认,这些奇迹并未能使曾是奇迹目击者的人民信服;

[①] 指"惩罚埃及人"。按照圣经故事(《出埃及记》第7—11章)摩西和亚伦借助这些惩罚力图劝说法老让犹太人走出埃及。圣经中以幻想为基础而描写的犹太人受埃及人奴役以及他们从埃及"出走"没有为历史资料所证实。包含这一传说的《出埃及记》一书充满着残酷、宗教偏执和盲目迷信的精神。——俄译本注

第三封信

它们任何时候都丝毫没有产生过为之而实行的那种有益的作用。

犹太人民的不信上帝、固执、越来越深重的腐败——夫人,这就是摩西和他所有追随者的奇迹之臆想性的证据,圣经认为超自然力量就出自他们。而且尽管这样,如果仍然断言,这些奇迹真正发生过,并被证实,那么根据同一部圣经就不得不承认这些奇迹原来是徒劳无益的,万能者的全部计划经常遭到了破坏,而且上帝从来都未能使犹太人成为服从他的意志的人民。

同时上帝固执地不断希望改造这个民族;为了使它无愧于自己,上帝时时刻刻都密切注视着它;上帝消灭整批的民族以满足它的心愿,纵容它抢劫、暴虐、背叛、杀戮、篡夺;一句话,它允许这个民族为所欲为,只要会使它达到目的;它不断地派遣领袖们、预言家们、创造奇迹的人们,这些人力求使犹太人服从上帝却不成功。旧约的全部故事说的都只是:上帝没有效果地企图克制自己特选民族的固执态度;为此它既使用恩典,又使用奇迹,也使用惩罚;它时而让这个民族有权控制其他民族,并准许敌视、抢劫、消灭它们;时而容许同一些民族遭受他的特选者们难以置信的残酷待遇;它把犹太人出卖给敌人;使犹太人服从偶像崇拜者,使他们受侮辱、嘲笑和闻所未闻的折磨,迫使他们向种种神像贡献祭品,和嘲弄自己上帝的诫条。亚伯拉罕的后代受到渎神者的压迫;亚述利亚人、波斯人、希腊人和罗马人都使犹太人遭受最血腥的残忍虐待、最严酷的凌辱;为了惩罚犹太人,上帝甚至准许亵渎自己的神殿。

最后,为了停止折磨自己心爱的民族,创造宇宙的、无形体的精神把自己的儿子[①]派到地上。据说,它通过神意代言人向犹太

---

① 这里和以下均指被称为"圣子"的基督的传说。——俄译本注

人预告过这件事，不过是用如此奇怪的方式，以致当圣子出现时只会妨碍认出他来。这个圣子出于对犹太人的爱就呈现人形，并且来到地上以便启发和教导犹太人，解放他们，使他们成为世界上最幸福的民族。他禀赋神圣的万能，创造最令人惊讶的奇迹，然而这些奇迹却丝毫不会使犹太人信服；他能够移山，却无法拗过犹太人，而且尽管所有的奇迹，他本应说服和拯救他们，却不得不可耻地亲自忍受折磨，和作为最坏的歹徒在十字架上死去。上帝把派去进行拯救的人们判处了死刑！永恒者使得把自己的儿子派到那里的人们冷酷无情和失去理智；似乎它没有预见到儿子将摒弃它；还有什么可说的！——它自己关心的是人们没有认出它的儿子和它的特选民族不能利用救世主降生的任何结果；一句话，看来上帝做了一切可能的事情使得为了拯救犹太人而亲自采取的一切举措都陷于混乱，并导致彻底破产。

当我们对这样一些奇怪的、对上帝不体面的行为感到气愤时，人们对我们说，这一切之所以发生都是为了实现上帝关于救世主不会被认出以及关于他被逮捕和处死的预言。然而如果力量无限且洞察一切的上帝知道这个救世主本来是毫无效果的，他既然预见到自己儿子的命运，那时他干吗还要派他到犹太人那里去呢？不预告他的降临或者不派他去，不是更简单吗？难道不用所有众多的奇迹，不用种种预言，不用这么多白白耗费的劳作，不用愤怒，不用儿子们受磨难，只要一挥手就把人类改造好，不会更符合上帝的万能吗？

人们对我们说，上帝需要牺牲；为了赎偿第一个人的罪过，至少另一个上帝的死亡是必需的；三位一体的万物主宰者上帝没有圣子的流血是不会安宁的。对此我反驳说，上帝首先该做的只是

第三封信

不让第一个人堕落,这样它就会免除这么多的忧伤、这么多的操劳,也就拯救了自己亲爱的儿子的生命。其次我回答说,人之能够侮辱上帝只是因为上帝自己希望这样和允许这样;我不准备考察上帝怎么可能有儿子,这个儿子作为同一个上帝并且原是要死亡的问题,我要说的是,我不理解苹果事件怎么会有如此巨大的意义,而且偷吃苹果的亚当的罪行也绝不能与圣子之死相提并论。

我非常清楚地知道,人们会回答我说,这一切都是秘密;然而"秘密"乃是人们臆造出来的大字眼,他们无法从种种不合实际的论断和荒谬的原则把他们引进的迷宫中摆脱出来。

不管怎样,人们硬要我们相信,救世主,或者犹太人的拯救者通过旧约的神启明白地预言过。但是为什么那时犹太人没有承认他们的上帝派去的这个奇迹创造者、这个上帝呢?人们对我说,犹太人之丧失理智也是预言过的,许多能与灵魂交往的人同样预示了圣子的死亡。根据我的观点看来,在这种场合下,无论思想多么健全的上帝也完全不应该派遣自己的儿子;力量无穷的上帝本来可以选择更有效更可靠的手段把自己的民族带回到预先为它准备好的道路;而如果上帝不愿意说服和拯救犹太人,那就用不着把儿子派去,和毫无意义地注定使他遭到必然的而且是事先预言过的死亡。

人们立即反驳我说,上帝的忍耐力最终被犹太人的种种过错消耗殆尽;发誓要跟亚伯拉罕后代永世结盟的、始终不变的上帝在牢不可破的一切保证之后决定撕毁了协定。人们向我解释说,上帝曾决定不再理睬犹太民族,并把将近四千年来可憎恨可鄙视的异教徒们收为义子。我答道,这种论断不符合关于任何时候都不改变自己、其善心无可限量、其仁慈取之不尽的上帝观念。我说,在这个场合,犹太预言家们所宣布的救世主注定是为犹太人派来的,他本应解救而不是毁灭这个民族、它的崇拜物、它的宗教。要是能够在圣经预言家们那些晦涩的、模棱两可的、难以猜测的和象征性的预言中随便弄清楚一点什么东西;要是得以用任何方式猜出各种神启郑重命名的、怎么也无法破解的字谜①,我们看到的只会是,当能与灵魂交往的人们心情好时,他们就答应给犹太人以罪过赎偿者和犹太王国恢复者,而不是摩西信仰的破坏者。如果救世主本应来到异教徒那里,他就早已不能成为答应给犹太人的以及预言家们所宣布的那个救世主了。如果耶稣是犹太人的救世主,他就不能消灭这个民族。人们对我说:耶稣自己讲过,他是来执行、而不是废除摩西诫条的。可是那时候我要问,为什么基督教徒至今都不遵守摩西诫条呢?

由此可见,无论从哪方面看,耶稣基督都不可能是预言家们宣布过的那种人,因为十分明显,他的来到只是为了消灭犹太人的宗教,虽然这宗教是上帝自己创立的,然而不知为什么受到它的冷遇。如果这个对犹太人的崇拜觉得厌烦的、反复无常的上帝终于在自己对异教徒们不公正的态度上感到后悔了,那么它本应把自己的儿子派到他们那里去;这样它至少会使自己的老朋友避免杀害上帝,这种杀害正是按照它的指示完成的,因为犹太人没有认出它派遣的拯救者。不过犹太人在这个从加利利来的温顺简朴的木匠身上没有认出他们期待的救世主是可以原谅的,因为他根本不具有预言家们给予他的相应的种种特征,而且在世时既未使自己的同胞们获得解放,也未使他们得到幸福。

---

① погогриф,字谜或谜语之一种,其中被猜的词只要把一些字母改换位置或去掉一些字母就会改变意义。——俄译本注

第三封信

据说他创造过奇迹,治好过病人,使瘸子站了起来,使瞎子恢复了视力,使死者再生,最后自己复活。是呀。不过只有一个奇迹他显然没有顺利实现,为了这个奇迹他降临地上:他任何时候未能说服曾经每天见证过他的奇迹的犹太人,使他们转到自己的信仰上来;尽管有这些奇迹,他们还是以最不人道的方式把他钉在十字架上;而且尽管自己有神力,他也不可能免受死刑;他愿意牺牲,为的是他的死亡使犹太民族始终感到有罪,于心不安,为的是有第三天复活的快乐,同时揭穿自己同胞的忘恩负义和顽固执拗。从这一切中得出了什么结果呢?犹太人是不是深刻体验到了这个伟大的奇迹呢,最后他们是不是承认耶稣是救世主呢?一点也不;他们并没有看到这个奇迹;秘密复活的圣子只向自己的信徒们现身;只有他们才确信同他谈过话;只有他们才向我们讲述他的生平和奇迹……。而且在这之后神学家们希望如此不可靠的证词在经过18个世纪之后使我们相信耶稣的神性,然而他的现代的犹太人没有受这种信念的控制么?在回答这个问题时人们对我们说,好些犹太人还在耶稣在世时就改信了基督教;基督死后,他的第一批信徒曾使其他许多犹太人改变了信仰;他的生平和奇迹的目击者们用自己的鲜血支持了自己的叙述;为了证实谎言,他们不会沉静;按照神圣的上帝显然恩准,地上大部分居民都接受了基督教,而且至今仍然忠实于这一宗教。

我在这一切里都看不到任何奇迹;这一切都很符合我们世界中事物的通常进程。狡猾的骗子手、走运的诓诈者很容易在粗野的、无知的和迷信的人民中间为自己找到信徒;这些听从他的劝告并为他的诺言所诱惑的信徒同意放弃自己充满苦难和劳作的生活,并跟从答应使他们成为"人的狩猎者"的人;而这意味着利用他的技巧,靠轻信的群氓生活。另一个诓诈者借助自己的、唯有他才知道的手段能够治好人们的病;这在无知的观众看来是神奇不可思议的;愚蠢的人们立即承认他是掌握超自然神奇力量的人;他自己也满怀这种信念,并支持自己的追随者们相信自己的崇高使命;他懂得,让他们接受这一信念对他何等有利;他成功地激起他们的热情。为此他转而布道;他说着各种谜语、寓言故事,讲些令人不解的箴言;而这一切——凡是群氓弄不明白的东西,始终是他们赞赏的。为了博得人民的同情,他使贫困无知的人起来反对富人,反对显贵和有学问的人,特别是反对一向以贪得无厌地、喜爱专横地和冷酷无情地掠夺人民出名的神甫们。如果他的话在始终苦于贫穷、始终受压迫和不满的普通百姓那里取得成功,那么这些话完全不合民间传教士的讥讽和嘲弄所反对的那些人的口味。这些传教士自然是不满意的,他们为他设下陷阱,力图抓住他的话指出其矛盾,以便摘下他的假面具,并交付审判。他们追缉、揭发、抓捕和惩罚他;他的信徒中始终有一些忠实于他的糊涂虫,他们对他不会有丝毫的失望;好些习惯过轻松生活的拥护者,以及好些狡猾的痞棍,他们有意继续自己导师的事业,使用同一个体系,讲些反对当局和神甫们的含混不清、乱七八糟和慷慨激昂的布道;事情的结果是追缉、拘捕、毒打、处决和刑讯。习惯于赤贫的流浪者们忍受着所有这些厄运,表现出另一些有罪过的人经常显现出众的勇敢精神;在他们中间的某些人那里,勇敢精神为盲目信仰所强化。这种顽强性使观众惊讶、感动、变得温和,从而刺激和鼓动他们去反对迫害者和引起对被迫害者的怜悯和同情,被压迫者的这种顽强性使人认为可能是他们无辜,而且也许是他们有理。热情就这样散播开来;迫害于是越来越扩大被迫害者信徒们的人数。

第三封信

请您,夫人,在我们的诓诈者及其追随者们的历史和基督教教义的创立者们、使徒们和苦难圣徒们之间做一番类比。无论耶稣基督的生平(我们只是从他的使徒们和弟子们的话语中才得知)描述的多么精巧,它给我们的结论提供了足够的根据。请您记住,犹太民族以轻信著称;耶稣的旅伴们都是从这个民族的败类中出身的;耶稣总是特别偏向黎民百姓,在同神甫们的斗争中他需要依靠他们;而最后,耶稣是由于自己最大的奇迹被捕的:对他的死刑判决在拉撒路复活以后立即执行;这个事件,甚至根据福音书的叙述判断,对于任何不带偏见阅读它的人说来都暴露出明显的谎言。

我觉得,夫人,以上所说足以形成关于基督教创立者及其第一批追随者的判断;他们要不就是骗子要不就是盲目迷信者,对于这些人说来,基督教的布道是更有吸引力和更有权威的,因为这些布道完全符合他们自己的愿望;他们中间许多人受了善于从自己导师的骗局中牟取利益的痞棍们的欺骗,痞棍们很机智地使自己的导师复活,使之成为宗教的创立者,这一宗教可以使他们本人由各民族负担费用以建立自己的幸福,而现在正保障着神甫们的幸福生活,我们大量地使神甫们有权把某个时候曾在犹太人中产生的各种寓言、幻象和奇迹一代传一代。基督教的广泛传播和苦难圣徒的顽强性格没有任何令人惊讶的:人民追随所有用虚构的奇迹使他们的想象力大吃一惊的人;他们不假思索就相信这些人的妄语;他们向自己的后代转述听到的无稽之谈;后来民间的偏见逐渐传染给国王、贵族,甚至学者。

至于苦难圣徒,他们的行为中也没有任何超自然的东西。第一批基督教徒,正像所有的革新者一样,把犹太人和异教徒看成是社会安宁的破坏者。醉心于宗教狂热的人们确信,他们应该从上帝那里得到苦难圣徒的光轮,他们准备永久居住在彼岸世界;一句话,这些人看见天堂是敞开着的,就随时期待尘世的终结,他们勇敢地忍受折磨和藐视死亡。这一切里面没有任何令人惊讶的东西。属于上述纯粹宗教性质的原因的还有另一些按其本性对人们头脑始终有强大作用的原因。人们去监狱探望了因信仰而受压迫的第一批基督教徒,安慰、鼓励、尊重他们;朋友们和亲人们给他们送去很多东西,照料他们和帮助他们;他们死后,围绕他们创建了独特的崇拜。表现怯懦的那些人受到了蔑视、痛恨和诅咒,而如果发生认错的事情,就判处他们严厉的终身忏悔。因此,所有这些有促进作用的原因总和起来,使苦难圣徒们产生比起迫使我们每天无视由于害怕在同胞心目中名誉扫地而引起的最明显的危险来并非更为超自然的勇敢精神;胆怯的任何一种表现都注定使我们遭受凌辱,直至死亡。对于一方面人们许诺以永恒幸福和最崇高的荣耀、而另一方面以同伙们的敌视和轻蔑以及忏悔自己的怯懦相威胁的人说来,他的顽强性格中没有任何奇异的东西。

您会看到,夫人,没有什么东西比推翻神学家们认为如此令人信服的神启的证据更加容易了。奇迹、苦难、启示,什么也证明不了。新旧约圣经中所说的一切奇迹,如果它们真的有过的话,丝毫都不会证明上帝的万能,相反,只证实上帝的软弱无力,经常不得不要人们相信它所宣示的真理。另一方面,如果假定所有的奇迹要达到的正是人们作为所要实现的那个目的,我们就不得不或者按照传统或者按照另一些人的陈述相信它们,而这些证据常常是不可靠的、错误的、夸大的。关于摩西的奇迹,乃是摩西本人或者犹太作家们证明正确的,他们关心的是他们想控制的那个民族完全相信这些奇迹。耶稣的奇迹只有它的门徒们证明正确,他们力

第三封信

图在轻信的人民中间为自己招募信徒，于是说这些不同寻常的事情，这些事情他们是见证的人，或者他们似乎是从目击者的话语中知道的。使人们受骗的人不一定就是骗子，他们本身常常可能被同样轻信且头脑简单的人所愚弄。不过看来我已经向您证明，夫人，奇迹同上帝不变的本质，是毫不相干的，正像同不允许在上帝亲自创立的合乎理性的规律中作任何改变的睿智毫不相干一样。最后，既然我们从圣经本身的话里知道奇迹没有发生过应有的作用，奇迹就是无益的。

从预言中摘取出来的基督教真理性的证据也是很没有根据的。任何不带偏见的人考察这些虚假的神圣预言时都会遇到不大好懂的、模棱两可的、荒唐妄诞的、乱七八糟的语言，这种语言是跟想要显露自己的预见和向自己的人民揭示他们面临的未来的上帝是完全不相称的。在整部圣经中没有任何一个十分明白的预言按理可以适应于耶稣基督。为了确信这个真理，请让最有学问的神学家向您说出哪怕一个预言，其中会明白地讲到救世主；您会看到，只有借助牵强的解释、隐晦难懂的话、象征性的东西、莫名其妙的说明，他们才好不容易找到可以适用于他们迫使我们向之膜拜、显现为人的上帝的话语。可以认为，上帝只是为了使任何人都无法理解预言中的任何东西才说了这些预言。在这些晦涩的、无法捉摸其意义的预言里，我们找到的只是醉意醺醺的话语、宗教狂热和胡说八道。当我们分辨出某种或多或少明确的内容时，原来预示神意者们说的是与他们同时的事件或者还在他们之前活着的人物。于是我们的神学家们干脆把关于大卫王①和就在他在位之后

---

① 大卫王，公元前十一世纪至公元前约950年以色列犹太国国王。大卫于扫罗死后被推举为犹太王，统一了以色列各部落的领土，建立王朝，定都耶路撒冷。——译者注

的关于所罗门①或居鲁士②等等所写的预言，或者更正确地说是故事用在基督身上。神学家们在显然只谈到巴比伦囚房的那些故事里看到惩罚整个犹太民族的预言；在基督出现之前的这些事件中他们力求找到犹太人后悔由于杀害上帝而受惩罚的预言；在我们今天这被冒充是基督教真理性不容置辩的证明。

因此毫不奇怪，古代犹太人也像现代犹太人一样，不是像神学家们向我们解释预言的那样，或者像他们自己理解预言的那样来理解预言。说出预言的耶稣并不比他的前辈更走运。在福音书中，他向门徒们预言世界的终结和可怕的审判，这似乎应该在最近的时刻即还在与他同时的一代活着的时候发生。然而世界至今仍然存在着，而且看来消灭的任何危险也不会临到它的头上。

诚然，我们的神学家们认为，耶稣基督的这一预言是针对韦斯巴芗③和提图斯④之破坏耶路撒冷说的；不过这种偷换只有不读福音书的人才会相信它。如果相信它，就不得不承认圣子本人的预言并不比自己那令人费解的先辈们的预言更好。

在似乎是根据上帝天启而写成的每一页圣经上，上帝把自己

---

① 所罗门，公元前965至公元前928年，以色列犹太王国国王，大卫之子。实行行政改革，对宗教仪式集中管理。据《圣经》记载，他智慧异常，传说是《圣经》某些篇章（包括《雅歌》）的作者。——译者注

② 居鲁士，约公元前600至公元前529年，即居鲁士大帝，古波斯帝国国王（公元前558—前529），阿契美尼德王朝建立者。征服了小亚细亚的米太、吕底亚、希腊城邦和中亚大部。公元前538年攻陷巴比伦城，灭新巴比伦王朝，释放"巴比伦犹太囚房"返回巴勒斯坦。远征中亚时战死。——译者注

③ 韦斯巴芗，提图斯·弗拉维，罗马皇帝（公元67—79年）。他在位期间罗马彻底征服了犹太人。——俄译本注

④ 提图斯，罗马皇帝（公元79—81年），韦斯巴芗之子；公元70年他领导了对耶路撒冷的围攻，随后耶路撒冷被罗马军队所占领和破坏。——俄译本注

第三封信

现身只是为了更好地躲藏起来;它把它要说的一切都讲成这样,使得人们无法理解;它作预言,不过它的预言既不可能理解,也不可能认为是针对任何现实事件说的;它创造奇迹,似乎只是为了加强对神的不信任;它向人们现身,为的是把他们弄糊涂和失去曾亲自赋予他们的健全的思想。圣经常常向我们把上帝描绘成诱惑者、引诱夏娃偷吃禁果的魔鬼、多疑的暴君,他自己都不知道对自己的臣民该怎么行事;使上帝感到高兴的是给自己的创造物设置陷阱,上帝之所以诱惑这些创造物仅仅是为了当他们受到引诱时得到进行惩罚的快乐;这个上帝所做的只是,它创造什么为的是破坏之,它毁灭也只是为了再造;他像儿童一样对他的玩偶感到厌倦,它不断地改造已经做好的事情和破坏他竭力追求的东西。它的行为中不可能显出任何的远见,任何的始终一贯、任何的和谐;它的言语里没有任何的联系、任何的逻辑性;无论它做什么事,它时而赞同自己的事情,时而后悔这样做;它对自己准许了的东西感到懊丧和生气;尽管自己有无限权力,它却让人侮辱它;它同意亲自创造的撒旦搅乱它的全部计划。一句话,包含上帝启示的基督教徒和犹太人的书籍,看来只是为了败坏上帝名声,或者甚至简直是为了推翻赋予上帝并构成其本质的种种特质而编纂的。整部圣经、基督教的全部体系,显然是建立在上帝原来无力保障人类幸福和使人们成为它曾经希望的那样睿智的和善良的人那种观念的基础上的。为了复仇而做出牺牲的、它的无辜儿子的死亡,对于地球上绝大多数居民来说,原来都是无益的;尽管上帝不断努力,几乎整个人类都继续侮辱它,破坏它的计划,对抗它的意志,并坚持作恶。

按照神学家们的确信有一次已经跟犹太人信仰断绝交往的那同一个上帝作为唯一真正的信仰永远给予人们的整个基督教宗

教,就是建立在这些如此矛盾、如此有损于睿智、公正、美好、理性、独立、始终不渝和万能的上帝的观念基础上的;然而我们知道,上帝跟犹太人曾经缔结过永久的同盟,并发誓这同盟是牢不可破的。

时间会表明,上帝是否将更可靠更诚实地履行自己对待基督教徒方面的义务,或者在处理同基督教徒的关系上并不比同亚伯拉罕及其后代的关系更好。我承认,夫人,它过去的行为引起我对未来的不安。如果上帝本身通过以西结①的口能够承认它给予犹太人的戒条是不好的,那么有朝一日它可能发现基督教的戒条中的种种缺陷。我们的神甫们似乎完全同意我的多疑,并且有点担心上帝会不会对如此长久地庇护自己的教会感到厌烦。他们表现出来的不安、他们的妨碍人类的教育的种种努力、他们使所有敢于反抗他们的人遭受的种种迫害,看来都证明他们并不是那么很信赖耶稣基督的诺言,也不太确信自己权力的永久性,他们认为这权力是神圣的,只是因为他们自己像上帝一样确实控制着自己的同类。不用说,如果神甫们失去了对人们的权力,他们必然是很不愉快的;对下面一点感到担心是完全自然的:如果地上的统治者们和各族人民某个时候对屈服于神甫们的桎梏感到厌烦了,他们从而很快也会对自己天上的统治者产生厌倦。

无论如何我觉得堪以自慰的是,夫人,可以期望,这封信绝对会使您摒弃对所谓圣书的盲目崇拜,尽管它们似乎是故意写来败坏和贬损被冒充是它们的鼓舞者的上帝名声的。在第一封信里,我曾向您指明,建立在这些书籍基础上的或者后者为了替上帝观

---

① 以西结,圣经中预言家之一,他似乎天生具有认识"天意"预定的即将发生的事件的能力。〔公元前七世纪古犹太先知。旧约《以西结书》的作者。该书中很明显有经后人多次加工的痕迹。〕——俄译本注

念作辩护而虚构的种种教义,同样完全违反关于无限完善的存在物的概念的。建立在错误原则基础上的体系,自然只会是谬论和胡说的大杂烩。

余删。

第四封信

论基督教的基本教条

您知道,夫人,神学家们确信,似乎我上封信对之作过简要分析的圣经中没有一句话不是圣灵亲自口授的;我对此的全部论述当会向您证明,如果这样就必须承认上帝编纂了一部最没有用处、最无意义、最矛盾的著作;简言之,任何思想健全的人都会羞于承认自己是类似著作的作者。如果关于基督教徒的任何一个预言得到了证明,那么这自然是预言家以赛亚的话:"听吧,您既不会听见,也不会知道。"①对此我们可以说,只是为了令人弄不明白,就不值一谈;只是为了什么也不教会人们,上帝就不值得现身。

因此毫不奇怪,基督教徒们虽然自认为是上帝向之现身的神圣的特选者,却无论对自己的上帝,或对其行为,或对应当怎样理解它的预言家们,都没有任何明白的观念。他们从中得到情报的圣经只会把最简单的概念弄得一团混乱,使人糊里糊涂,和产生无穷尽的争论。如果上帝的意图本来就是这样,那么它就以最好的方式完成了这项任务。基督教的神学家们在理解上帝亲自说出的真理上始终是意见分歧的;他们的一切努力暂时还没有达到任何

---

① 参阅《圣经》《以赛亚书》第 48 章第 8 节(中国基督教协会 2002 年版,第 710 页)。——译者注

第四封信

令人满意的对圣经的解释,而所有彼此发明的教条,在思想健全的人的心目中任何时候都不能证明似乎无限完善的存在物的行为是正确的。

应当说,许多神学家都出色地认识到,阅读圣经会产生多么令人不愉快的事情,于是很有远见地在朴质而无知的人民中间停止圣经的流传;他们懂得,结识圣经只会败坏圣经的名声,任何一个拥有简单的健全思想的人都会在其中发现太多的荒谬。① 因此,种种预言就传不到似乎预定要传达到的那些人那里;需要承惠得到神甫们的秘密,以便在圣经中吸取上帝预定给予它所有心爱的孩子的知识。但是神甫们本身是否对付得了这些书籍每一页上都会遇到的那些困难呢?他们是否会由于思考隐藏在圣经中的种种秘密而给我们关于上帝天意的比较明白的观念呢?自然不会;他们只会用另一个秘密来说明一个秘密;他们还会使圣经中每一个本来就含混不清的地方变得更加复杂、更加混乱;神学家们极少能够互相说通,然而即使那时他们的解释也不会比较容易弄懂,而我们的理性和以前一样困惑莫解。

神学家真正达成了一致意见的——这就是确信似乎是上帝亲自创造的人类理性是有缺陷的;这不等于指责上帝软弱无力、不公正和阴险狡猾么?为什么上帝创造有理性的存在物时不赋予他完善的理性呢?人们回答我们说,人类理性必然本应是有局限的;活

---

① 霍尔巴赫指天主教教会不准许在家人阅读《圣经》的规定。早在1229年在图卢兹举行的高级神职人员会议曾禁止世俗人员用民族语言读《圣经》。1231年,禁止在家读《圣经》的规定得到了格列高利九世教皇的确认,而且往后不止一次地得到确认。这个禁令至今都还有效。1950年庇护十二世教皇在《人类》(*Humani generis*)一书中写道,只有神职人员才能解释《圣经》。——俄译本注

着的东西不可能妄想得到完善性；主的路和人的路是不一致的。然而这么说来为什么上帝必然不完善的创作会使上帝感到受侮辱呢？究竟凭什么公正的上帝可以要求我们的理性接受它无力理解的某种东西呢？超越我们理解力的某种东西怎么能够预定要我们这些具备有限理性的存在物接受呢？如果上帝是无限的，要死亡的、有限的存在物怎么能够对它进行议论呢？如果上帝的秘密和隐藏的计划按其本性是人无法理解的，为什么无休止地反复对人说它们呢？如果上帝希望我们参与它的计划，难道它不应当使我们具有能够掌握为此所需要的知识的那个理性么？

您看，夫人，我们的神甫们本身一旦败坏了我们理性的名声，认为它是被歪曲的，也就排除了宗教对我们的必要性，既然我们不理解宗教，这宗教对我们就不可能是有益的和必需的。不仅如此，神甫们一方面肯定我们的理性无能为力，另一方面又作出上帝公正性的判决，这么一来，上帝就是要求我们明显不可能的东西，即要求我们理解我们没有能力理解的东西。同时神甫们又揭示了上帝的软弱无力，因为它使我们的理性变得如此不完善；一句话，当他们使人失去据说是人固有的属性时他们贬损人其实就是贬损上帝本身。难道您会把这样的父亲称为善良的或公正的么：他派遣自己的子女们去做从不熟悉的和危险的旅行，却不给他们提供一切必要的东西，以便他们不致误入歧途，并使他们能够避免经常会遇到的种种危险？如果这位父亲给自己的子女们难以分辨的和不可理解的书面教导，而且他们在路边为他们设置的灯笼的微弱光线下又无法阅读，难道您会断言，他很好地关怀了子女们的幸福么？

自然，人们立即反驳我们说，人的理性的腐化和人的智力的不

第四封信

完善乃是堕落的结果。但是为什么人犯戒了呢？善良的上帝怎么能允许它为之创造了世界并期待其爱心的、它那心爱的创造物会由于不执行它的意志而侮辱了它，从而丧失了和模糊了从同一个上帝那里得来的理性呢？另一方面，亚当在堕落之前显然拥有比较完善的理性；为什么那时这个理性没有预先阻止他堕落呢？或者也许亚当的理性在亚当招致上帝对自己的愤怒之前就已经有缺陷了？这么说来，他的理性还在怎样干了使亚当腐化的某种事情之前就已经有缺陷了？

为了以任何方式替上帝的奇怪行为作辩护，为了使它不成为罪过的肇事者，并使它从反对它自身的罪行的策动者和同时是参与者的可笑境况中摆脱出来，神学家们想出了服从上帝计划的一个有生命的东西，并使他成为世界上发生的一切罪恶的肇事者。神学家们没有能力使得经常以宇宙为其舞台的无秩序状态同充满仁慈的万能上帝的意志协调起来，作为关怀自己创造物的幸福的秩序维护者，他们虚构出破坏者精灵、恶的精灵，它用尽各种巧计使人们变得不幸，妨碍他们实现永恒者上帝美好的预定。这个恶毒的和放荡的存在物叫做撒旦、魔鬼、恶魔；它在全世界所有宗教中都起着重要的作用，这些宗教的创立者们都无力说明善和恶从同一根源中的起源。借助于这个想象的存在物，人们希望排除一切困难，然而这样一来人们就忽略了，这种臆造把上帝的万能化为乌有了，这种体系乃是建立在触目惊心的矛盾的基础上的，而且如果迫使人们犯罪的是魔鬼，那么绝对公正的是，只有魔鬼一人应当受惩罚。

如果上帝是万物的创造者，那么因此它也创造了魔鬼；如果这个恶魔推翻上帝的一切预定，那就是说上帝自己希望如此，它让魔鬼干预自己的计划,或者它没有足够的力量阻止魔鬼作恶。如果上帝不希望魔鬼存在,魔鬼马上就没有了;上帝一句话就可以消灭它,或者哪怕是改造它和根除它身上的那些对我们如此有害的、对上帝计划的美好意向如此敌对的特性;然而一旦魔鬼存在着并且在作恶,我们就不得不得出结论说,上帝赞成它的活动,赞成它经常干涉上帝的计划。

总之,夫人,魔鬼的发明帮不了任何忙;它带来的只是更大的混乱。但是即使我们把世界上发生的一切罪恶都归罪于魔鬼,我们也免除不了上帝的罪责,因为魔鬼的一切可能有的能力都是来自上帝;而您很好地知道,按照基督教的学说,魔鬼身边比起上帝自己来有着更多的追随者;它不断地引诱上帝的仆人们,并鼓励他们发动反对造物主的起义和叛乱;为了故意与上帝作对,它把他们引向灭亡;为了一个仍然忠实于上帝并且应该得到赦免的人,如您所知,需要千百万人转到撒旦的旗帜下,并同它一起遭受永恒的苦难。

撒旦本身究竟怎样得到了万能者的贬谪呢?由于怎样的罪行,他该遭受自己创造者永恒的愤怒和诅咒呢?基督教对这一切的说明是:我们得知,最初,魔鬼曾是天使,即纯洁的、正派的精灵,它预定要在天国王宫里担任重要职位;正像其他所有朝臣一样,它理应接受上帝的命令,并和他们一起享受无忧无虑的幸福生活;然而骄傲毁害了魔鬼;它为虚荣心所迷惑,胆敢攻击自己的统治者;它诱骗其他同样贞洁的精灵加入自己疯狂的事业;由于自己的背叛,它被从天国抛下来,而它那些倒霉的追随者就和它遭到了同样的命运;从那时起按照上帝的意志变得残酷无情的它们就坚持作恶,而它们在宇宙中的唯一的工作就是引诱人,力求扩大上帝的敌

第四封信

人和它愤怒的牺牲者的数目。

神学家们借助这个神话说明亚当的堕落早在创造世界之前怎样为至高无上的神明所预先决定。但是必须认为,上帝很想人犯罪,一旦它及时地为这个罪行做好了一切准备！实际上正是魔鬼变成蛇的样子劝说人类女始祖不听上帝的话,并怂恿丈夫狼狈为奸。无论如何,这一切虚构毕竟什么也说明不了,因为自然发生的一个问题:当撒旦还是天使、还没有过失和享有上帝种种恩典的那个时候,上帝怎么就允许撒旦身上产生骄傲、贪图功名、对造物主的愤慨呢？这个光明幸福的精灵怎么原来会如此丧失理智,竟然不理解自己的行为是彻底疯狂的？难道它不知道它的主人是力量无穷的么？归根到底,究竟谁引诱了撒旦呢？引起上帝对撒旦产生愤怒的原因在哪里呢？为什么上帝正是选择撒旦来破坏自己的预定,成了自己的敌人呢？如果骄傲是罪过,如果只要一想到造反就是一切罪行中最严重的罪行,就是说,一种罪过发生在一种罪过之前,而当柳齐费尔①还处在原生的纯洁状态时它就侮辱了上帝；然而纯洁的、没有过失的和博得上帝欢心的存在物拥有一切完善性（人能具有的只是某些完善性）,本来既不该产生骄傲,也不该有虚荣心,更不该丧失理智。关于我们的始祖,我们应当说同样的话,尽管他英明,没有过失,有知识,这些都是上帝自己授意的,但他受到魔鬼的诱惑,不停地犯罪。

因此不管怎样,在所有场合下罪过的根源实际上仍然是上帝自己；早在创造世界之前它就曾引诱柳齐费尔,以便柳齐费尔反过来诱惑人,并祸及整个人类的毁灭。可以认为,上帝只是为此目的

---

① 柳齐费尔,基督教神话中堕落的天使。即魔鬼。——译者注

才创造了天使们和人,使他们有可能犯罪。

这种体系的滑稽可笑是明显的;因此神学家们认为自己的义务是想出了另一个同样荒诞的教条,使之成为一切天启宗教的基础,它似乎完全证明上帝的计划是正确的。这个教条以人的意志自由为前提,即人可以自由地选择为善或者作恶并相应地以自己的意志为指导。我预感到,夫人,"意志自由"一词会使您惊恐;您自然会为关于这个问题的整个都是玄妙难解的学位论文担心。请放心,我引为自豪的是善于把这个问题变得简单,并使它不仅对您而且对教育水平差得多的人们都成为十分明白易懂的。

说人是自由的,意味着人摆脱至高存在物的权力而获得解放,承认上帝不以自己的意志为指导,意味着弱小的创造物可以按照自己的愿望起来反抗自己的创造者,打乱它的计划,破坏它建立的秩序,毁灭它的劳动成果,使上帝伤心忧愁,影响它,放纵自己的情绪和仇恨。不难理解,从这个原则中会产生多么无边无际的荒唐。如果上帝是秩序的朋友和维护者,它的一切创作都应该支持这个秩序;否则就必须承认上帝的意志没有能力达到它所提出的目标。如果上帝有任何一些计划,它们就必然要实现;如果人能够侮辱上帝,就意味着上帝的幸福可以由人来决定,而且人同撒旦的联盟——这是一种能够瓦解上帝意图的力量。一句话,如果人犯罪或不犯罪是自由的,上帝就不再是万能的了。

人们回答我们说,上帝可以使人享有自由,而不致给自己的权力造成任何损害,这种自由是一种赏赐,上帝希望靠这种赏赐使人能够得到它的恩典;但另一方面,这种自由又使人有可能招致对自己的愤怒,使上帝受到侮辱,从而给自己造成无穷的苦难;由此我得出结论,这种自由绝不是赏赐,它十分明显地从内部破坏上帝仁

第四封信

慈的观念。如果人们始终不得不做的事情只是上帝满意的,只是符合公共秩序和带来幸福的,这种仁慈就会是比较现实的。如果人们拥有自由以后作出某种违反上帝意图的事,能够预见一切的上帝本应事先知道人们将滥用自己的自由;如果上帝知道人们将犯罪,它本应防止这样做;如果上帝没有阻止人们干坏事,就意味着上帝同罪恶妥协了,人们能够做罪恶的事情;而如果上帝妥协了,它就不应当也不可能受到侮辱;如果上帝受到侮辱,并且为了人们作出的罪恶而惩罚他们,就意味着它是不公正的和残酷的上帝;如果上帝准许人们奔向自己的毁灭,它就应该将这归咎于自己,它也没有权利因为滥用自由,——因为人们受到欺骗和诱惑而惩罚他们,这种欺骗和诱惑原来是根据希望引诱、怂恿和指导他们犯罪的同一个上帝的意志在他们的道路上安排下的。①

一个父亲给自己年幼的没有经验的子女们提供满足他们随心所欲的要求的自由,而不考虑后果,对于这样的父亲,您会说什么呢?这样的父亲有没有权由于子女们滥用了他给予的自由而生他们的气呢?既然这个父亲已经预见到从给子女们提供损害自己的自由的事实中可能发生的一切,难道不应该指责他阴险狡诈么?因为子女们给自己造成的损害从而也使父亲伤心就惩罚子女,这难道不是绝顶的疯狂么?难道父亲不该为了自己子女们的愚蠢和淘气而归咎于自己么?

从意志自由的教义的观点来看,上帝正是如此。这种自由是极其危险的礼物,它使人有可能给自己造成最可怕的苦难。由此

---

① 比较培尔:《历史批判辞典》,"起源"(Origène)条注释 E(Pauliciens)[《保罗派教徒》]、F、M;和第三卷中"答外省人的问题"(Réponses aux questions d'un provincial)。——作者原注

我们可以得出结论,这个教义不仅不证明上帝是正确的,反而给它招致阴险狡诈、疏忽冒失、不公正和极不理智的指责。硬说无限智慧和美好的存在物,因为它本身给予自己的创造物的种种禀赋,或者因为它允许这些创造物陷于魔鬼的诱惑就同意惩罚他们,无异于抛弃我们一切的上帝观念。神学的全部巧招只是破坏它所创立的上帝形象。显然,这个神学无非是达那厄女儿们的水桶。①

然而神学家们又想出了一个支持自己摇晃的和有害的教理的观点。自然,您不止一次地听说过预定和宽恕;可怕的语词!——它们甚至在我们中间又一次地引起争论,如果基督教徒不认为自己毫无疑问的义务是摒弃理性,这些争论是有损理性存在物的体面的;然而这些争论和冲突对社会说来却有着极其凄惨的后果。这毫不奇怪:神学家们以之为根据的种种错误的或含混的教理必不可免地要引起纠纷;如果神学家们没有让这些神学争论具有它们不应有的意义的话,我们本可以对这些争论始终完全无动于衷。

关于预定的学说有一个前提,就是上帝在自己永恒的决定中给自己某些特选者或心爱者规定了一些特殊的恩典,由于这些恩典,这些受宠信者才有可能讨好上帝和获得永恒的幸福,同时人类的大多数则被判处灭亡,享受不到任何特殊的天恩,可以得到天国的酬报。只要简略地叙述这一教理就足以懂得它的全部荒诞性。它使上帝这个完善的和极其美好的存在物变成偏心的暴君,他创造出大部分人类只是为了把他们变成自己随心所欲的玩偶、牺牲

---

① 达那厄女儿们的水桶。古希腊神话,达那厄国王有50个女儿,他命令她们在新婚之夜杀死自己的丈夫(其中只有一个女儿违背了父命,后成为阿耳戈斯王的始祖)。神为了惩罚达那厄诸女,命她们在冥府永无止境地在无底的桶里注水。由此产生"达那厄女儿们的水桶"一词,比喻永无尽期的无效劳动。——译者注

第四封信

品;这个体系要求上帝为了自己的创造物没有接受它本身不愿意赠予的天恩而惩罚他们;这一教理使上帝具有如此令人厌恶的特点,使得神学家们不得不承认他们就这个问题大谈特谈的一切都是人类理智无法理解的最深藏的秘密。但是如果人被创造出来不是为了试图稍稍掀开这个可怕秘密的盖子,即揭露神学家们由于要说明上帝的道路而虚构的种种触目惊心的谬论,或者试图掩盖上帝骇人听闻的不公正,并使它同上帝无限的天恩协调起来,那么他们凭什么权利要求我们崇拜这一秘密,凭什么权利迫使我们相信这个秘密,不得不在破坏上帝仁慈性的根基本身的见解上签字呢?而且他们怎么能够谈论这样的教条,怎么能够残酷无情地争辩这样的原理,他们,据自己承认,对这些教条和原理都是毫不理解的?

您越是更多地研究宗教,您就越会发现更多的证据可以确信,神学家们所谓的秘密,无非是他们自己在其上被难住、不能自圆其说,也无法把他们那些错误的论旨必然导致的谬论分析清楚的绊脚石。"秘密"一词本身在我们看来没有说明任何东西;深思的神学家们本人在他们不停地向我们解释的事情上什么也没有搞懂;因为无法说明问题,他们就找到一个名词,并把所有不比我们有更好理解的东西称为秘密。

全世界的一切宗教都建立在预定的基础上;一切天启,正如您早就能够看出的,都是建立在那个令人气愤的论旨的基础上的,按照这个论旨,神明原来是残酷的和不公正的继母,她偏袒自己的子女们以损害别人的子女。宗教使上帝成为惩罚它亲自造成的必不可免的过失的暴君。这个成为一切多神教基础的教条,也仍然是基督教最重要的核心,基督教的上帝也像多神教教徒们最可憎的神灵一样引起同样的仇恨和厌恶。如果由于这样一些原则这个上帝让自己所有的追随者产生惧怕和恐怖,那是毫不奇怪的;一想到这样的上帝就足以使想象惊慌失措,并促使人走向最危险的疯狂。

为了替上帝辩护,免受它似乎表面的和暂时的不公正的指责,神学家们想出了冥世生活的教义。他们硬说,上帝喜欢在地上甚至考验自己那些坚定地打算在来世生活中得到百倍报偿的心爱者。然而,就像我似乎已经说过的,上帝使自己最好的子女们所遭受的考验,或者证明它是不公正的,哪怕是暂时的不公正,或者推翻它是无所不知的。如果上帝是全知的,而且人心灵中最隐蔽的角落对上帝也是敞开的,它为什么要考验自己的创造物呢?如果上帝决定支持他们,并且给予他们恩典,难道它保证不了他们任何时候都不会犯罪么?如果上帝是不公正的和残酷的,就意味着它是反复无常的,而且哪怕是在某个时候能够改变自己的特性,因而也就改变自己神性的、本应牢不可破的本质。对于这样一位主人,他暂时使自己所宠爱的人们遭受最残酷的和不应有的待遇以便考验他们,而且打算通过往后对他们广施最大恩惠来抚平一切,我们会有什么想法呢?难道不是告诉我们,这样的主宰者是凶恶的、喜怒无常的和残酷无情的么?其实如果这位疑心重的和多疑的主宰者为了自己的利益希望检验自己仆人们的忠诚而使他们受到某种考验,这样的主宰者还可以理解或原谅。然而这无论如何不适用于全知全能的上帝,它由于这些属性,对于自己的创造物是丝毫不用担心的。因此我们看到,当神学家们断言上帝迫使自己的仆人在这个世界无辜地受苦以期待另一个世界的奖赏是在考验这些仆人时,他们就使上帝扮演着古怪的——孩子般淘气的、不成体统的角色。神学家们自然毫不吝惜提出种种理由替上帝的这种行为辩护;而这就是再一次指出上帝万能、对人的绝对权力,上帝毋须向人报告自己的行为,于是我们像总是确信一样,重新确信,神学家们想替上帝辩护,却使它变成专制者和暴君,即变成统治者中最令人憎恶的。

余删。

第五封信

论灵魂不死,以及论冥世生活的教条

总之,夫人,我们对来世生活的教义进行了考察,按照这个教义认为上帝迫使人们通过尘世生活的诱惑、考验和波折,然后根据他们是否值得它的爱或恨来在冥世生活奖励或者惩罚他们。这个教条——基督教理中基本教义之一——确立许多原则和设想,这些原则和设想的全部荒谬性,它们跟同一宗教的上帝观念之不能相容性,我们已经确认了。实际上,这一教条假定人能够使宇宙的统治者受到侮辱或者感到满意,影响它的情绪,激起它的愤怒,使它伤心,违抗它的意志,不服从它的权力。这一教条假定人的自由作为原则,这个原则我们刚才已经发现同上帝的仁慈、公正和万能是不相容的。它假定上帝必须考验自己的创造物,可以说迫使他们通过某种测验以便决定他们往后的命运。这一教条假定为了幸福而创造人的上帝无力立即使人处在通向永恒的无上幸福的道路上。它假定,人虽死犹生,而且死后将能够像在生时一样思想、感觉、活动。一句话,它假定灵魂不死;这一教条,犹太人的立法者是不知道的,他从来没有向上帝亲自选择的人民谈到它;就在耶稣基督时代,在耶路撒冷,人们对待这一教条的态度也是各不相同的;一些人认为它是可能的,另一些人则不接受;出来劝导人民走正道的救世主本身对这个问题却没有表示过任何确定的意见;看来早

第五封信

在犹太人的宗教产生以前,这一教条就在埃及或印度出现了,而犹太人只是在他们了解了异教哲学和柏拉图学说以后才开始知道它的。

无论这个教条的起源如何,基督徒们都贪婪地钻研它,并认为它极其适合自己的、其一切原则都建立在奇迹基础上的教理;他们自然会认为接受哪怕一点点符合理性的教条都是犯罪。总之,在第一批发明者之前我们并没有找到这一不可理解的教条,我们且看一看它的本质;我们尽可能冷静地看一看支持它的种种原则的东西严肃到什么程度;如果这教条被证明原来是正确的,我们就接受它,而如果我们没有找到说明它是真理的任何证据,如果它原来违反理性,即使整个古希腊罗马的古代都认为它是不可动摇的,即使这一观点被大多数人类所接受,我们就抛弃它。

所有承认灵魂不死的人,都把灵魂当作不同于身体的某种东西,它是一种独立的本质,名叫精神。如果问,什么是精神,我们就听说:这是并非物质的那个东西,而如果我们问,应该把并非物质这个我们唯一能够对之形成观念的东西理解成什么,人们回答我们说,这就是精神。一般而言,从最野蛮的、原始的人们开始,到最精明的思想家结束,所有的人都利用"精神"一词来表示某种推动力,对于这种推动力他们不可能形成清楚的概念:这个单词始终表示对之没有任何观念的某种东西。

然而认为这个不为人知的某种按其本质完全不同于身体的东西却能使身体运动,乃是完全不可理解的秘密。我们看到,人们把这个精神性的本质同物质性的身体统一在一起,并且宣布,似乎这个本质指导着身体的运动。因为认为物质既不能思考,也不能感觉,又不能欲望,于是就决定,所有这些过程,如果把它们归因于比

116 我们对物质的了解还更不明白的那个本质,会比较容易清楚些。于是为了说明身体跟灵魂的联系,就需要想出许多完全没有根据的推测。最后,由于不能够克服从人的双重本性中以及从承认人身上体现着不同于人的本质中产生的一切困难,神学家们开始确信,身体和灵魂的结合是伟大的秘密;用地道的法语说,这等于废话;当神学家们无力对付这些或另一些论点时他们就求助于——作为最后的手段——上帝的万能,求助于上帝的最高意志,求助于奇迹。

这就是放纵不羁的幻想家们形而上学语言的内容,他们已经许多个世纪反复对我们谈到灵魂和它的非物质的本质,关于这一本质他们没有任何概念,谈到精神即谈到认识完全不能及的本质;所有这种神学瞎扯都归结为令无知者们肃然起敬而本质上对什么是灵魂却极其无知的种种花言巧语;神学家们把不知其作用的任何原因、本性和方式都称为精神;他们断言,精神的存在和活动是上帝万能的结果,上帝的本质,对人说来还要更加格格不入,甚至比人的灵魂本身还要更加不可理解和更加隐秘。所有这些没有说出任何东西的话乃是全世界神学家们的绝顶智慧,他们对这一切的了解,说实在的,夫人,并不比您多。

如果您想对自己有一个哪怕多少清楚的观念,请抛弃重复着同任何清楚的概念都没有联系的话的神学偏见吧;神学把灵魂同身体分隔开来,从而只会增加缺乏理性的生物的数目,并且使人对自己本来就模糊的概念还要变得更加不明白和更加含混。如果我们在认识自己时以自然、经验和理性为指导,我们的观念至少会比较简单和比较准确:我们知识的这些来源向我们证明,人是通过自己身体的各个物质器官来领悟世界的,人只是靠眼睛才看见,只是

第五封信

靠皮肤才感触到,只是靠耳朵才听到,而且如果这些器官中任何一个没有从外部得到推动,没有事先受到刺激,人就既不可能有观念、或思想、或记忆,也不可能有概念、或判断、或愿望、或意志。经验告诉我们,只有有形的、物质的本质才能够作用于身体的各个器官,而没有这些器官,所谓的灵魂就既不可能思想或者感觉,也不可能愿望或者行动。一切都使我们相信,灵魂也跟身体一样遭受相同的变化:它和身体一起发展、成熟起来、衰老、变弱;最后,一切都告诉我们,灵魂也要同身体一起死亡,除非假定已经没有感觉器官人能够感觉,既没有眼睛也没有耳朵人能够看见和听到,即使不从物理世界获得各种印象人也能够有观念并用自己的理智改造它们,即使没有神经和丧失了知觉人也能够享受和痛苦。

由此可见,一切都证明,我们的灵魂无非是从身体的、比另一些活动更少可以确切认识的某些活动的观点来考察的、我们的身体。一切都使我们相信,没有身体,灵魂什么也不是,加在灵魂身上的一切活动会随着身体的崩溃而停止。我们的身体是一部在生时能够进行可以用这些或另一些单词指称的活动的机器;感觉就是这些活动之一;思想是另一类活动;判断则是此外的一种特殊活动,等等。这些过程是在我们内部发生的,而我们的脑子——这就是那个发源地或器官,这些过程就发生在这里。如果这个机器损坏了或者拆毁了,它就会失去产生必需的效应或实行必需的活动的能力。那时我们的身体就像钟表,当它损坏时便不再指示时间和响铃。

总之,美丽的欧仁妮,当您已经不存在时,您就不再为您期待的命运操心了。随着身体的死亡,灵魂的存在也会停止;教会人士用来威吓灵魂的、吞食着的火焰就不会吞没它了;灵魂已经不会体验快乐或悲伤,它既不会被愉快的或悲伤的思想所占领,也不会被高兴的或忧愁的观念所占领。我们只有通过身体才感觉和思想;只有靠着身体,我们才高兴或忧伤,才体验幸福或痛苦;身体崩溃以后,就不会获得知觉,不会有感觉,因而也就既不会有观念,也不会有记忆;身体分裂而成的诸微粒会丧失它们构成一个整体时所拥有的那些属性;相互之间没有任何联系的这些微粒就不会有能力进行以前的活动。一句话,只要身体一崩溃,表现为身体诸微粒协同活动的结果的灵魂也就不再存在。

我们的神学家们很好地懂得,他们毫无根据地将之跟身体分离开来的灵魂,没有这个身体是什么也做不成的,因此他们只得承认又一个最初由波斯祭司们发明的而以复活之名为人所共知的、可笑的教条。这个教条假定,分崩离析的身体诸微粒有朝一日会重新结合起来和回到最初的状态。如果我们分崩离析的身体诸微粒,其中一些微粒化为泥土,另一些变成植物、动物和任何其他生物,——如果,再说一遍,这些与水混合或者融合在空气中、进入不同人们的身体的微粒重新结合并再现它们某个时候曾构成其身体的那个个体,这个异常的现象就会发生。如果您无法设想这一过程,神学家们就会重新对您说,这是最深藏的秘密,我们的理解力是达不到的;他们会叫您相信,复活——这是奇迹,是上帝威力之超自然的行为。他们就这样对付掉健全的思想提出的任何反驳。

如果您,夫人,因为某种缘故不想对违反健全思想的、如此高超的见解表示满意,他们就会在您面前描绘一幅在天堂为确信他们的梦呓的人们的身体和灵魂准备好了的难以言状的幸福生活的、引人入胜的图景,从而力求诱惑您的幻想;如果您拒绝相信他们口头说的话,他们就会用仁慈上帝无限期的愤怒来威胁您;他们

第五封信

用最美好的上帝为其大多数创造物所预定的种种残酷折磨吓唬您的想象。

然而您只要清醒地想一想,您就会感觉到仅仅为了诱惑和恫吓朴实忠厚者而想出的所有这些允诺和威胁的欺骗性。如果人真的能够虽死犹生,那么上帝在用允诺的恩典奖赏人的时候只会是奖赏自己;而上帝惩罚时它只是为了人不应得到根据同一上帝的残酷无情拒绝接受他的恩典才惩处人的。可以把这样的行为称为孩子般淘气的或野蛮残忍的;无论这一个或另一个同样都有损于绝顶智慧和最美好的上帝的声名。

如果您的理智在自身中找到对抗基督教宗教力图用来吓唬住自己信徒们的所有恐怖的力量,就会有能力冷静地考察据说将造成上帝为自己报复的牺牲者准备好的种种精心安排的苦难的那些令人恐怖的情况,您就会懂得这些苦难是不可能的,也是同要我们接受的所有那些上帝观念绝对不相容的。一句话,您会承认,冥世生活的报偿无非是为了迷惑人的理性而虚构的、为了蒙骗人们和使人们发蒙,为了永远使人们不得安宁和变成神甫们听话的奴隶而发明的幽灵。

我们听说,冥世苦难是可怕的,然而这跟上帝仁慈观念没有任何瓜葛;我们听说,这些苦难将是永恒的,然而这不符合上帝公正观念,上帝理当相应于罪行而施罚,因而不能永久地惩处只有暂时后果的转瞬即逝的罪过。人们回答我们说,反上帝的罪过是无穷无尽的罪恶,因此上帝能够按照上帝的方式即无穷无尽地复仇和处罚,而不会破坏公正性。于是我要说这样的上帝不可能称为最美好的;它爱报复,而这是一种始终证明软弱和胆怯的特性。最后我要说,在构成人类的不完善的生物中间看来找不到任何一个既不为利益也不为恐惧所驱使,同时也不是疯子的人会同意永远惩罚自己的、已经不再可能损害他的欺负人的人。卡利古拉[①]在静观他为了自己的利益所消灭的不幸者的苦难中得到了享受。然而上帝从它判处罪人们所受到的痛苦中究竟会有什么好处呢?这些痛苦会使上帝开心吗?这些可怕的惩罚对于改造其他罪人是否有帮助呢?上帝对待不可能成为惩罚见证者的生物的严厉态度的事例会带来任何的好处么?最后,如果罪犯们的身体能够永远经受给他们预定的可怕的折磨而不致崩溃,岂不是所有奇迹中最惊人的奇迹么?

您会看到,夫人,给我们灌输的地狱观念使上帝成为失去理智的、无限凶恶残酷的、同任何甚至最未开化的野蛮人都无法相比的本质。对这一切可以补充说,吸引来实现上帝铁面无情的报复的将有魔鬼和他所有的走狗们,即上帝的仇敌们;他们都将执行最后审判作出的、对人们的判决。您自然知道,夫人,全知的上帝迫使自己的创造物为了某种东西向它报告却是它事先已经知道的一切事情和行为;此外,上帝在每个人死后单独审判他;它还要进行总的审判:上帝端坐在宇宙的废墟上参加许多神灵的大集会,向全神贯注地倾听这一决定的全体人类庄严地正式核准判决。

但是在等候这个著名的审判时,在人们的身体复活之前即已同身体中断联系的人们的灵魂又将如何呢?遵守教规者们的灵魂就直奔天堂去享受永恒的幸福;至于陷入犯罪和罪孽的灵魂的命

[①] 卡利古拉,盖约·恺撒,罗马皇帝(公元37—41年)。特点是极其残酷和恣意妄为,他要求得到上帝般的尊敬。为了败坏共和政体残余设施的威信,他把自己的马牵进元老院,并在那里宣布他进位执政官。后来被禁卫军阴谋分子——皇帝警卫队士兵所杀。——俄译本注

第五封信

运,在这方面所有学识渊博的、对冥世发生的一切了解得如此清楚的神学家们本身还不能达成完全一致的意见。天主教的神学家们断言,上帝还没有彻底地不再予以关心的那些灵魂将安置在某个地方,在那里灵魂要忍受残酷的刑讯,以赎偿临死还在威胁它们的种种罪孽。如果相信这个美妙的、如此有利于我们的神甫们的教理,对于某些还不够纯净的灵魂说来,上帝认为摆好烧红的火炉是适宜的,不必让这些灵魂还有几年同身体结合,和给它们时间忏悔,并且还在人间就得到永恒的幸福。炼狱①的教条就建立在这些奇怪的观念之上,每一个善良的天主教徒为了神父们的利益都应该不假思索地对炼狱信以为真,而神父们不用说会为自己保留在公正的和始终不渝的上帝面前庇护自己的权利,以便从上帝亲自判决它认为必须净化的灵魂的炼狱中解救出来。

至于众所周知因为拒绝天主教神学家们这些赚钱的条款而以异教徒和不信神者闻名的新教徒们,那么他们以为,似乎每个人在死亡的这个时刻都会遭受到彻底的审判,此后立即根据上帝判决前往光荣的住处或去受永恒的地狱苦难。就是说,作为无形的、失去知觉和感觉器官,甚至也没有跟身体重新结合的精神的灵魂,原来能够经受火的作用。诚然,某些神学家断言,地狱之火——这是精神之火,因而完全不同于物质之火;然而难以设想的是可敬的神学家们对精神之火或者对自然也像地狱苦难一样应当精神地加以理解的难以言状的天堂之福,会有哪怕最少的了解。

请看,夫人,这些不多的话里的那些由于接受来世生活和灵魂

---

① 炼狱,又译涤罪所,按照天主教教义,人死后升天前,有罪的灵魂暂时受罚以洗涤其生前未能赎尽的罪孽的地方。关于炼狱的说法是 1439 年提出,1562 年确认的。——译者注

不死的教条人类理智所得出的既令人愤恨又滑稽可笑的胡说八道。这就是利用来诱惑和吓唬有死的凡人,刺激他们的希望和恐惧的种种幽灵;这就是对弱小的和易受感动的存在物拥有如此强大影响力的那些推动者。然而因为昏暗的观念比明亮的和愉快的观念更有力地震撼着想象,所以神甫们总是更有力地强调人们应该担心的是上帝的残酷方面,而不是人们能够从最美好的和仁慈的上帝那里期待的恩典。最残酷的统治者的仆人比以其宽厚和人道精神著称的君主的仆人要勤恳热心得多。神甫们巧妙地利用了被硬说是上帝具有的两重性格,善于使我们产生迟疑和恐惧。如果他们也许诺我们以拯救,那么他们还是指示要以恐惧和颤抖的心情期待上帝。用这种方式没完没了地重复说,人任何时候都不能保证他应该得到造物主的恩典还是愤怒,——他们就成功地使甚至最纯洁的灵魂陷于慌乱和惊恐。恐惧过去和将来始终是欺骗和奴役人们最可靠的手段。

自然,我们听说,宗教所产生的恐惧,是有良好作用的恐惧,冥世生活的教条,是预防许多罪行和驱使人们保持信守义务的极其强大的控制器。为了推翻如此经常采用并且仅仅根据神甫们毫无凭证的武断才得到普遍承认的这一论据,只要不带成见地对它作一番分析研究就行了。我们到处都会看到,坚定地确信冥世生活存在的基督教徒终究没有表露出对睚眦必报的上帝的特殊恐惧,也没有对仁慈的上帝寄托很大的希望。问题在于以强烈的情欲吸引人的任何巨大利益是否会纵容根深蒂固的习惯,于是人就闭眼不看来世生活,就是因为想到怒气冲冲的上帝也控制不了他不去犯罪;人只要已经犯罪便会鼓励自己去希望得到上帝的仁慈;况且自相矛盾的这个宗教劝导我们要指靠它时而说成愤怒的和复仇的

第五封信

时而说成充满仁慈和会赦免所有对自己罪孽表示忏悔者的那同一个上帝。一句话,我还没有看见过一个人在地狱苦难面前会停止恐惧。用一切力量企图使我们产生这种恐惧的神甫们本身有时表露出比从来没有接受过冥世生活思想的其他人的罪孽更应受指责的种种癖好。从童年时代起就听够了神甫们预示着不祥教导的人们,既没有变得较少报复,也没有变得较少淫荡;既没有变得较少傲慢,也没有变得较少恶毒;既没有变得较少不公正,也没有变得较少贪婪。信仰冥世生活对尘世生活不会有任何影响;这种信仰不会遏止也不会克制我们的任何一种情欲,只有对那些由于其固有的胆怯本来就不敢有任何大的犯罪行为的人说来才会成为某种控制器。这一教条只能破坏为数不多正直的、勤恳的和轻信的人们的平静,使他们的想象焦躁不安,任何时候都遏制不住无论社会礼仪还是法律都无法阻止的坏蛋作恶。

最后,为了彻底说出自己的意见,我要承认,阴暗的和预示着不祥的基督教对于像您这样的灵魂是有强烈的和很有害的影响的,而对处于犯罪状态或轻率的人们说来只会伤及表面,对这种人的灵魂,宗教威胁只会产生最肤浅的、很快就消散的印象。在自己的种种原则方面比其他人更加始终一贯的您,过分经常、过分严肃地陷于忧郁和阴沉的思想,这些思想煽惑起您的、当时像幽灵一样使您受折磨的想象,而既不具有您的高尚品德、也不具有您的文化水平和敏锐情感的人们则迅速把这些思想忘记掉。

忠实于自己的信念的基督教徒本应生活在经常的惶恐中;他任何时候都不可能确信他是讨得上帝欢心还是不讨上帝欢心;对自尊或情欲的最小的暗示、最小的愿望都可能引起上帝的愤怒,霎时间就会毁灭多年笃信宗教的成果。毫不奇怪,有这样一些信念的人们会追求离群索居,为的是在凄凉的孤寂生活中沉浸于痛苦,避开任何犯罪的由头,并亲身经受建议用来赎偿可能招致至高无上的神明永恒惩罚的罪行的一切方法。

因此,关于来世生活的阴沉的思想不会打扰的只是过分严肃地接受这些思想的那些人;这些思想却能够使那些按其性格倾向于阴沉和忧郁的人走向绝望。神甫们灌输给我们的这么一些残酷的上帝观念,也使得许多正派人士开始完全不信宗教。如果另一些没有沉思能力的贪淫好色之徒,把宗教当做满足情欲和淫逸的障碍而厌弃,那么经过深思熟虑的分析,并且完全明白这样一些行为的原因之后拒绝宗教的人们的数目就多得多;他们既不可能同意在永恒恐惧中生活,也不可能同意在绝望中死亡;这样一些人会宣布跟只能使人惊惶不安的宗教脱离关系,并转而支持使力量得以恢复和使精神重新焕发的理性。

最大的罪行总是在极其无知的时代犯下的。这些时期的特点也是宗教得到最广泛的传播;在这些时候,人们纯粹是机械式的,不作思考就履行宗教仪式,也不去默想它的教理。随着各族人民所受的教育,重大犯罪行为的发生会越来越少,风尚会变得温和,科学会发展,开始受到严格分析的宗教的权威会明显地下降。当人们按照神甫们毫无道理的要求参与种种暴行,以期获得天堂的永恒幸福,那时不信宗教者的人数就会大大增加,而社会生活会比过去时代进行得更为平静。

宗教安慰的只是不能全面理解宗教的那些人;含混渺茫的许诺奖赏能够诱骗的只是那些没有能力思考宗教使上帝具有的丑恶的、虚伪的和残酷的性格的那些人。怎么能够信赖被说成是诱惑者、引诱者,只干了给自己弱小的创造物设下危险陷阱的上帝的诺

第五封信

言呢？怎么能够把希望寄托在任何时候你都不知道从之期待什么——恩典还是愤怒的、性情怪僻的上帝身上呢？如果被授以绝对权力的上帝这个专制者对待人们没有义务，如果在预先决定自己创造物的命运时指导上帝行为的只是它的古怪念头，有什么根据期盼它的奖赏呢？只有盲目的宗教狂信才会接受对这种上帝的信仰；只有丧失理智才会使人爱它；只有做事轻率才会把希望寄托在神学家们以上帝的名义所许诺的、无法形容的恩典上，他们许诺时同时断言，上帝有权奖赏或惩罚人们，而人不许要求上帝任何东西。

一句话，夫人，信仰冥世生活，不会给人任何慰藉，只能败坏尘世生活的一切乐趣。根据基督教经常自相矛盾地给出的那些阴郁的上帝观念，与其相信无法形容的奖赏，宁可相信令人恐怖的惩罚；上帝保佑无论谁都一切顺利，它作出自己的判决，并不依赖我们的功绩，所以最纯洁的生命还是没有给我们权利指望得到上帝的爱。老实说，难道完全消灭我们的存在不是比处在如此可怕的上帝手中的危险性更好么？难道任何明智的人不应该选择彻底的死亡和消灭，而不是作为残酷上帝的玩具的永恒存在，这个上帝能够正是因为它亲自使其具有的那种软弱性而永恒地惩罚和折磨自己软弱的创造物。如果，像人们使我们确信的一样，上帝是善良的，尽管人们认为它能够做出一切残酷的事情，难道它本来就不应该阻止经常冒险遭到永恒诅咒的存在物出生么？最后，难道这个上帝对待没有能力犯罪因此也不会受到永恒折磨的牲畜不是更宽厚得多么？

灵魂不死和冥世生活的基督教教条一点都不包含任何令人快慰的东西；相反，把这个教条创造出来是为了使信守该教条的基督徒心中经常充满不安和恐惧。夫人,回顾一下自己吧:这些高尚的观念曾使您平静过和慰藉过吗?每当想到不为人知的未来之远景时您是否曾成功地抑制住内心的战栗呢?深信过去生活的高尚品德,深信纯洁的良心,是否曾帮助您保持安宁,和在忌妒的、严酷的、任性的上帝面前不让经常出现的恐惧进入您的灵魂?任何些微的过错、任何无意的和可原谅的弱点,尽管在最忠实的笃信上帝的年代,都可能招致这个上帝对自己的永恒诅咒。

我十分清楚人们为了防止从偏见中解放出来对您所说的一切;神甫们掌握着驱散他们自己激起的惊恐不安的秘密;他们力求使被恐惧过分压抑的人们接受对上帝的信仰;于是他们平衡一个极端和另一个极端;他们经常把自己奴隶们的头脑控制在不稳定的平衡中,他们很好地意识到,多余的信任能够使奴隶们的敏感性变得迟钝,而绝望则会导致希望使自己摆脱过于繁重的压迫。对受到极端惊吓的人,他们只说到希望得到上帝的宽恕;对过分轻信的人,他们就绘声绘影地叙述严峻可怕的上帝残酷恐怖的审判。借助这种策略他们成功地吸引所有的人都来聆听他们矛盾的教导,并把他们控制在自己的枷锁下。

接着神甫对您说,人天生都有不死的感情;撕裂人的灵魂的和尘世无法满足的无限愿望无疑会得出灵魂的不死和永恒生命的要求;一句话,他们从我们希望永恒生命出发得出结论说,我们也将永远活着。这样的推论,夫人,会得出什么结果?!当生活幸福,或者如果我们以对未来的幸福抱有希望而感到自慰,我们就渴望生命的延长。然而,如果我们除了难以忍受的灾难从生命中盼望不到任何东西,我们就不可能希望悲惨的生活永远存在。如果像基督教经常反复这样说的那样,特选者的人数不多,无上的幸福都难以实现,而被判有罪者的人数巨大,谁会愿意十分明显地要冒着永远受苦的危险去永远活着呢?根本不出生岂不比不得不参加这种危险的游戏更好么?关于不存在的观念不是比关于如此轻易地遭受永恒苦难的生存的思想更加令人愉快么?请允许我,夫人,援引您本人的话;如果在出生之前您有可能在生命和不存在之间进行选择,这时预先规定,假设选择生命,您就仅仅只是十万分之一的机会可以避免遭受永恒苦难,——难道您会选择生命吗?

因此不难看出,灵魂不死和冥世生活的证据是多么的站不住脚。即使我们愿意不死这种愿望也只是建立在希望永远幸福生活的基础上的。宗教是否使人对这个愿望深信不疑呢?人们肯定地回答我们,如果我们同意履行宗教的一切规定。但是没有上帝的恩准,我们能不能够这样做呢?我们能否确信值得并得到上帝的恩准?难道人们不是不断地反复对我们说上帝亲自支配自己的恩典,并且只把恩典给予少数特选者么?难道我们没有听说,每一天给一个人赏赐永恒的幸福就必须有十亿人走向灭亡么?而如果这样,那么每一个思想健全的基督徒都会认为期盼永远活着和希望永远幸福是极不明智的,这种幸福唯一取决于性情奇诞的、玩弄自己可怜创造物命运的上帝刁钻古怪的愿望。

无论从什么观点来考察灵魂不死的教条,我们都不得不称它是最纯粹的幻想,是被自己的利益所迷惑、力图不惜任何代价都要替上帝在这个世界上不公正的行为辩护的人们虚构出来的。这个教条是自愿接受的,因为它纵容了人的种种情欲,特别是纵容了人的虚荣心,而人认为自己是创造的最高成就,它以自己对地上所有其他动物的优越地位而妄自尊大,这些动物依照他的看法是在消失和灭亡;人认为自己是上帝的特选者,尽管上帝每分钟都使他,就像对待所有其他天生具有各种感觉的生物一样,遭受各种各样尽可能的不愉快、灾难和痛苦,而且最后服从对所有存在物都是不变的规定,即招致死亡和幻灭。妄自尊大以为享有特权的和唯一讨得上帝欢心的、目空一切的创造物,甚至没有注意到,在某些方面他的存在比起其他活着的动物的存在,甚至比非活物的存在更短暂、更不结实。人不愿意理解,他既没有狮子的力量,又没有鹿的速度,既没有橡树的长寿,也没有岩石和金属的坚固;他以为自己是最受喜爱、最高贵、最卓越的创造物,而他之优越于所有其他创造物的,只是因为他有思想和推理的能力。但是这种能力是不是使他变得比起例如他认为或者失去思维能力或者赋予它少得多的思维能力的生物来还要更加不幸呢?难道思考、回忆、预见这个惹祸的能力不是使得人由于他能够回顾过去、认清现在和预测未来而感到自己是极其不幸的么?难道情欲没有使他走到其他生物所不知道的极端么?人的判断的真实性是否始终正确呢?如果这一理性的运用被禁止并被认为有害,人类大多数代表的理性又值几何呢?如果人不能摆脱毒害他的生命的种种偏见和幻想,所有这些优越性又值几何呢?而且最后,难道动物会有灌输对未来无休止的恐怖和畏惧、毒害他们最纯真的快乐、迫使他们折磨自己和同类并威吓在另一个世界受惩罚的宗教么?

老实说,夫人,如果我们权衡一下人对其他动物所有这些虚假的优越性,我们就会确信人的优势的虚幻。我们知道,大自然创造的一切都服从同一些规律;一切生物生来都要死去;它们必不可免地都要经历快乐和忧伤;它们都要产生和消失,表现为一种形式,以便过渡到另一种形式。这就是一切生存者都经历的永恒转化,在这里人也不会例外。我们的行星在变化,大海在移动,山岳在崩

第五封信

塌和夷为平地,有呼吸的东西终归都会死亡,——只有人却妄图不死!

但愿人们不要对我说,把人拿来跟没有灵魂和理性的存在物相比,意味着贬低人;主要的东西不在于人的消灭,而在于把人放在适当的位置,这个位置由于人幼稚的虚荣心被他极不恰当地拒绝。一切生物都是平等的;它们具有各种不同的形式,按照不同的方式活动;然而根据对一切存在物都不变的和不可违反的规律,一切由物质构成的东西都会解体,一切活着的东西迟早都会死亡;所有的人同样都要经历死亡,他们在死亡面前是平等的,虽然在生时由于其性格、禀赋,特别是高尚品德而完全必不可免地和完全现实地互相不同。他们死后会变成什么呢?他们将是出世前十年间的那个样子。

总之,贤明的欧仁妮,永远从您的意识中清除人们关于死亡向您大谈特谈的所有令人恐怖的话吧。对于不幸者,死亡是避开与生命攸关的苦难的可靠避难所,如果对于享受幸福的那些人说来,死亡好像是残酷,让他们忘掉死亡,并顺应死亡的必然性吧;让他们请理性来帮忙,理性会使过分激动的想象平静下来;理性会驱散宗教用来使人失去理智的乌云;它表明,人们觉得如此可怕的死亡什么也不是,同人一起死去的还有关于过去享乐和忧伤的记忆,既不留苦恼,也不留遗憾。

您会是幸福安宁的,亲爱的欧仁妮! 用心维护自己的、您周围的人如此喜爱和需要的生命吧。不要损害自己的健康,不要让忧郁的思想破坏自己的安宁。没有任何理由对未来感到不安,发挥自己高尚的美德吧,这些美德同您的灵魂的一部分是不可分的,它们使您对所有只要有幸亲近您的人是如此珍贵。请利用自己的地位、财富、威信,利用自己的才能来使人们快乐,支援受压迫的人,帮助贫穷者,劝慰生计无着的人。请利用自己的智慧从事贞洁的和无愧于您的事业。请集中自己的理性来驱散使您不安的幽灵和从童年起就灌输给您的偏见。一句话,请安静下来,请记住,像您这样整个一生都遵守高尚品德的人绝不可能招致上帝的愤怒,因为如果这个上帝准备用永恒苦难来回报公民的高尚品德,它就会是存在物中最奇怪、最残酷和最疯狂的东西。

也许您要问我,如果消除对冥世生活的信仰,人如此需要用来控制人作恶的良心责备又会做出什么事呢?我回答您,良心始终是存在的,即使人不再担心遥远的和很少可能的上帝报复。任何人如果犯下罪行,沉湎于一时激情冲动,损害自己的同类,拒绝善举,压制自己身上的同情心,他都会有清晰的理性告诉他,他将成为周围人们难以容忍的,从而不得不担心他们的敌视;人是耻于受到邻人的鄙视和仇恨的;他认识到必须经常得到他们的尊敬和帮助;经验证明,人最隐蔽的恶习首先损害他自己;他时刻不得不担忧的是,他那些可耻的恶习或隐蔽的罪行会偶然地揭露出来;所有这些想法甚至会使不相信来世生活幽灵的人们产生遗憾和良心的责备。至于思想受到坏影响被各种情欲所陶醉、沉湎于种种恶习的人们,这些人即使相信地狱苦难,他们既不会变得更少堕落,也不会变得更少凶恶。对于如此缺乏理性,以致藐视舆论、忽略礼仪、践踏法律、并注定使自己遭到邻人们的羞辱和诅咒的那种人说来,任何上帝都无济于事。任何思想健全的人都容易懂得,在这个世界上尊重和热爱周围的人是他自己的幸福所必需的,而且对于所有因为自己的恶习而损害自己并招致社会蔑视自己的人说来,生活会成为折磨人的负担。

第五封信

使别人幸福——这就是,夫人,在这个世界上成为幸福的人的最可靠的办法;做一个道德高尚的人——意味着关心自己同胞的幸福;一个人拥有这种高尚品德,就会平安地和带着安静的良心活到大自然给所有地上生物设置的期限;就您的年龄说,这个期限还只有在朦胧的远处才仿佛看到;请不要用毫无意义的可怕的东西使期限提前到来;所有知道您的人的关怀和意图,始终集中在把这个期限推得远离您本人由于充满愉快生活和满足于尘世舞台扮演的角色而不愿意安详地回到创造您的大自然怀抱的那个时刻。

余删。

第六封信

论基督教的圣礼、宗教仪式和礼仪

夫人,我在前面几封信中得出的所有论断,我觉得,足以使您摆脱宗教灌输给您的那些阴郁的和令人苦恼的观点。然而为了摧毁由于不合逻辑的和矛盾的宗教教义在您的意识中得以根深蒂固的那些观念,从而完成您提出的任务和使您彻底安静,我继续分析基督教盼咐要以最大的恭敬态度来对待的那些不可思议的秘密。这些秘密都建立在如此奇怪和违反理性的概念的基础上,以致如果我们不是从童年起就逐渐习惯了这些概念,我们都不得不为人类能够哪怕一分钟接受和信仰基督教教理感到羞耻。

基督教徒不满意充斥犹太人书籍的一堆谜语和矛盾,于是发明了许多另外的秘密;这些秘密的神秘莫测使人们产生了更强烈的颤抖;由于自己信徒们的轻信而胆大的神甫们只做一件事,就是千方百计地增加莫名其妙的教义,并要求完全服从自己和盲目信仰。

这些教义中第一个——这就是三位一体的秘密;它假定,不可分的上帝,作为无肉体的精神,由三种实在①或三身构成。被称为

---

① 实在(ипостасъ),此词出自希腊文 hypóstasis。古希腊哲学中表示本体、本质的术语,如"实在化"的意思就是赋予某种抽象概念、属性、思想(如毕达哥拉斯学派的"数"等)以独立的存在。公元前一世纪由波塞唐纽斯第一次使用。耶稣教从教父学开始,"实在"(意为显示的形式存在的方式)一词即指上帝三身的任何一身。——译者注

圣父、圣子和圣灵的三上帝组成完整的上帝①。这三身拥有同等程度的权力、智慧和完善性；不过这三位一体的第二身要如此的服从第一身，即按照第一身的意志显现为人的肉体，并且让自己为它而牺牲。这就叫做现人形的秘密。尽管没有过错，尽管完美无缺和纯洁高尚，上帝之子还是招致公正的圣父对自己的愤怒，如果圣父心爱的、跟圣父同一的并构成它本身一部分的儿子不死去，它是不能安宁的。上帝之子不满足于显现为人，虽然自己从来没有犯罪，却为了有罪人们的幸福而死亡；因此上帝更喜欢的与其说是自己心爱的、充满神性的完美无缺的儿子，不如说是不完善的和习性难改的创造物；为了使人类不受撒旦奴役，上帝之死成了必需的，否则撒旦不会释放自己的猎物，原来撒旦同万能的上帝相比有足够能力可以迫使上帝牺牲自己的儿子。这被称为赎罪的秘密。

只要简单地叙述一下所有这些观点，就会确信它们都是胡说八道；显然，如果存在一个上帝，它们就不可能是三个。自然，可以像柏拉图②还在基督教产生之前做过的那样，从三个不同的观点来看上帝，即把上帝看成是万能的、睿智的、有理性的以及最美好

---

① 公元二世纪在基督教中产生并为尼西亚会议（325年）所确认的三位一体信条，一直都是残酷的神学争论的对象。这一信条起源于包括埃及宗教在内的古代东方宗教。——俄译本注

② 柏拉图（公元前427—前347年），古希腊唯心主义哲学家。他把现实的物质世界同彼岸的理念世界对立起来，认为理念是事物的原型，对事物是第一性的。在柏拉图那里，最高理念是神性造物主、宇宙创造者理念。霍尔巴赫认为，他引用的柏拉图对上帝的观念是基督教三位一体的基础。他在《袖珍神学》中最清晰地说明了这个思想，在那里柏拉图甚至被称为教会之父［参看《袖珍神学》，商务印书馆1973年版，第21、74页］。实际上直接影响基督教的是罗马帝国崩溃时代（公元三—四世纪）的反动哲学所谓新柏拉图主义，它用宗教和神秘主义精神彻底改造了柏拉图的观念。——俄译本注

的；然而只有在谵妄中才能得出上帝这些属性的人格化，并使它们变成现实的存在物。本来可以假定上帝这些高尚本质属性统一为同一个上帝；而根据这些属性搞成三个不同的上帝——简直是愚蠢；硬说所有三个上帝组成统一的神并拯救不了这个多神教。其实这个梦呓任何时候都不曾进入犹太立法者的头脑。永恒者显现为摩西以后从来没有把自己有三种形式告诉过他；在旧约中我们找不到任何一句关于三位一体的话；同时这个如此古怪、神奇和难以猜测的观念却得到了神的启示，不但如此，它本应成为上帝的一切意愿和惦念从来都倾注其上而且看来上帝还在创造世界之前预想了的基督教基础。

无论如何，三位一体的第二身或第二个上帝具体化为肉身了；上帝的儿子变成了人。然而无肉体的精神、宇宙主宰者怎么能够生出儿子呢？这个儿子，作为纯粹精神化身之前怎么能够同物质的身体结合起来和进到身体中去呢？上帝的本性怎么能够同不完善的人类本性搀到一起呢？像自己的父亲一样无边无际、无始无终的本质怎么能够使处女怀孕呢？怎么能发生这个特选的处女怀孕出无肉体的灵魂呢？上帝之子是不是还在娘胎里就天生具有神的理性，还是像其他儿童一样在一定年龄之前都具有童年固有的理解力不强、愚笨和脆弱的特点呢？如果这样，上帝的睿智和万能这时到哪里去了呢？最后上帝怎么能受苦和死亡呢？公正的上帝怎么能允许没有任何罪过的这样的上帝遭受只为有罪者规定的惩罚呢？为什么上帝不使自己受到如此珍贵和无辜的牺牲，不断送自己，就平息不了自己的愤怒呢？您是不是认为为了满足自己的愤怒而使发动暴乱反对自己的民众惩罚自己喜爱的、没有参与民众反叛的儿子的国王是明辨是非的呢？

第六封信

我们听说，上帝做这一切都是从爱人类出发的。但是我还是觉得，原谅人类的罪过或者预先防止罪过比采取这种强烈的手段要更简单更符合最美好的上帝观念。如果相信基督教的教义，结果是，上帝只是为了牺牲自己的儿子才创造了世界。十分清楚，起来反叛的天使们的堕落乃是亚当堕落明显的预作准备；上帝让第一个人犯罪，只是为满足于表现自己的仁慈和以自己儿子死亡为代价从撒旦的奴役下救赎人类；它曾赋予撒旦这么多同等的能力，以便同他比试力量，而在牺牲儿子之后便摧毁了自己在地上的权力。

但是上帝是否成功地实现了所有这些如此深远的计划呢？人们是否从撒旦的控制下完全得到了解放呢？人们是否继续成为罪孽的奴隶或者上帝的愤怒已经不会威胁他们呢？上帝之子的鲜血是否冲洗掉了尘世所有的灾害？上帝曾用自己的鲜血来救赎的、向之现身且完全相信上帝的那些人是否继续侮辱和痛骂上帝呢？在这样的重大牺牲之后，上帝是否宽恕了人们的罪孽呢？在自己儿子死亡之后上帝是否还向人们提出任何一些要求，它是否曾使他们避免病痛、灾难和死亡呢？没有，没有，还是没有；任何类似的事情都不曾发生；洞察一切和绝顶聪明的、其意志不受阻碍的上帝还在创造世界之前就想好的一切计划都遭受到了破产；上帝之死本身对尘世原来是无益的；上帝的所有意图一碰到人的自由意志和魔鬼的势力就都落空了。人继续犯罪和死亡；魔鬼在战场上仍然是胜利者，原来上帝只是为了很少的特选者才死去和牺牲自己。

当人们对类似的虚构严肃地提出异议时，夫人，很难不感到羞耻和尴尬；如果可以谈到任何奇迹，这奇迹自然就是人的大脑能够产生所有这些荒谬的东西,而且有理性的生物能够相信它们。不过所有这些教义实际上无非是秘密;这都不需要证明;甚至宣传这些奇迹的人,也和我们自己一般同样不能理解它们。硬说他相信这些寓言的人都是明显的骗子;相信不能理解的东西是完全不可能的;为了能够相信任何一种设想,首先必需的是它可以理解。相信人不能理解的东西,意味着不假思索就同意别人的一派胡言;丧失理智的极限就是相信不理解他们所说的东西的那些人的话;盲目相信基督教的种种秘密,意味着容许甚至宣传这种教义的人们自己就困在其中的各种矛盾,他们尽管有一切愿望,却由于不假思索而且根据从或者是骗子或者是被骗者的父辈和祖辈那里接受的传统,所以不能够弄清这些胡说的本质。

如果您问我,为什么人们没有愤怒地起来反对这么大量毫无意义和不可理解的臆构,我就力图向您揭示一个巨大的秘密,这就是教会的存在本身的秘密、我们的神甫们的秘密。为此只要好好地研究一下人的本性,特别是无知的和没有思考能力的人的本性。任何一个人都具有好奇的心理;只要告诉一个人存在着对他的幸福似乎具有重要意义的种种秘密事物,他的好奇就会受到刺激;他的想象就开始工作了;群氓鄙视一切他们知道的和容易懂得的东西;为了得到群氓的信任,应该迷惑他们的理智;群氓需要奇迹、伟大的英勇行为、不寻常的事物;他们只赞赏、只服从他们的想象所屈服的东西,他们只崇拜有助于理智和想象的东西,尽管这里常常没有任何意义。喜欢高谈阔论奇迹和秘密的神甫们在普通百姓那里总是取得最大的成功;百姓们崇拜神甫,向他们缴纳的东西最多。

因为上帝的本质无法认识,是凡人的眼睛觉察不到的,于是大

第六封信

多数人就以为所有他们不了解的东西中应当有某种神圣的东西。语词"神圣的"、"秘密的"和"上帝的"成为同义词,而这些赫赫有名的语词足以使人们产生极其恭敬的颤抖。

所有基督教教派都尊重我分析的三个秘密;但是也有这样一些秘密,关于它们神学家们进行着残酷的争论。实际上我们看到人们怎样毫不动摇地容许一定数量的胡扯,突然无缘无故地停在半路上,摈弃所有其他的谬论。基督教的新教徒们正是这样行事的;他们以鄙视的态度否弃天主教教会最尊重的那些秘密。自然,要准确地规定人类不理智的界限是困难的!

至于说到我们那些比新教徒更机灵的神学家,那么他们用不寻常的灵巧手段增加着宗教的秘密;如果宗教中哪怕有任何的东西是明白的、容易了解的和自然的,他们都会感到绝望。他们发现了把一切变成秘密的办法,在这个方面甚至胜过那些埃及祭司们;某些人体运动、最无可非议的习俗、愉快的庆祝活动在他们创造奇迹的双手上都变成了神圣的和秘密的宗教仪式。在天主教教会那里,一切都是魔法,一切都是奇迹,一切都是超自然的;在所有场合,我们的神学家们都选择最不理性、最违反健全思想的路线。也正是由于这个原因,我们的神甫们原来是最富有、最有势力而且社会地位最高的人物。经常需要神甫们才会得到上帝的恩典,上帝只通过他们才给我们恩典,我们原来依赖于这些奇迹专家,他们使自己成为天国和尘世之间的中介者和经纪人。

我们所有的圣礼——这都是大型的宗教仪式。这是据说上帝以任何人都不知道的方式赋予秘密的意义和内容的种种仪式。在行圣礼洗礼时,人们把为拯救所必需的水浇在新生儿的头上,这水会洗涤他的灵魂,并把亚当早先犯下的罪孽的后果从他的灵魂那里洗刷掉。凭借这种创造奇迹的水和一些含混不清的话,这个儿童就同上帝和解了,他并不知道自己的始祖曾侮辱过上帝。根据教会的规定,每一个基督徒都要虔诚地相信类似的一大堆乱七八糟的谬论;但是,当然啰,任何一个基督徒既不能懂得按照神甫们的确信似乎能够使人复活的、创造奇迹的水的力量在什么地方;也无法理解公正的宇宙统治者怎么能够把某种罪责加在不曾犯过过错的那些人身上;也无法想象睿智的上帝怎么能够让自己的恩典取决于某个空洞无聊的仪式,这个仪式解脱不了天生的犯罪倾向,却会对儿童的健康特别在冬天成为极其危险的。

在坚信礼①这个只有在主教主持的条件下才具有某种价值的典礼或仪式中,儿童得到耳光,由于这一耳光把信仰的坚定性传给他的圣灵就保佑着他的头脑。这一圣礼,就像您本人,夫人,可以在我的例子中看到的,很遗憾,并没有发生作用;尽管按照常规我应该在青年时代举行坚信礼仪式,但是我承认,我不能夸口会忠实于祖先的信仰,甚至不能不对这种信仰感到脸红。

在圣礼忏悔中——忏悔就是我们在神甫们面前痛悔自己的罪孽——当再次看到奇迹和秘密。作为对每一个真正的基督徒都视为自己责任的恭顺的报偿,神甫——他自己同样是有大罪孽的人,不过被赋予了神权——以上帝的名义容许和宽恕了引起至高者愤怒的罪孽;上帝跟每一个同意在他的中间人面前卑躬屈节的人和

---

① 坚信礼(婴儿领洗和皇帝加冕的敷膏油仪式)是天主教的一种仪式,也是新教的一种特殊形式,它成为信教的人加入教会的标志;在童年或少年时举行。[坚信礼是天主教给7—12岁的儿童涂圣油的仪式,也是新教为入教会的男女青年举行的仪式。]霍尔巴赫指的是天主教形式的仪式。根源于原始宗教的魔法仪式的坚信礼成了宗教影响信徒的最有力的手段。——俄译本注

第六封信

解,而按照中间人的安排重新打开在犯罪者面前曾经砰的一声完全关上的天国大门。如果这个圣礼并没有答应给所有实行它的人多少重大的恩典,它至少为神甫们提供巨大优势地位,神甫们利用这种地位取得控制轻信的教民的权力,以致有时会产生整个的社会变革;而最经常的是引起家庭纠纷和使人的良心陷于慌乱。

其次在天主教徒那里有一种圣礼——圣餐礼,这是最不可理解的奇迹。我们的神学家们要求我们处在诅咒的威胁下,使我们确信,似乎圣子按照神甫的话,离开光荣的住地,以面包的形态出现在我们面前;面包变成上帝;在这个场合,这样的上帝原来跟整个地球上举行这个仪式的神甫们一样多;但是与此同时,我们到处应当看到一个同样的上帝;人们崇拜和尊敬的就是这样一个上帝,他们不管这一切,认为过去埃及人曾经把女滑头神化是极其可笑的。天主教徒并不满足于崇拜面包,还吃它,深信他们吃足了上帝的本质;新教徒拒绝相信这样的奇迹,认为举行这种仪式的人们是现代的偶像崇拜者。无论如何这种神秘的教条对我们的神甫们,自然是极有利的;由于控制了根据他们的愿望把信徒直接交由他们支配的上帝本身,他们在信徒的心目中就获得巨大的威望;可以说,每一个天主教神甫都是自己上帝的创造者。

至于圣礼涂圣油,这是给准备出发到另一世界去的病人涂油,那么人们确信,似乎这极其有助于病人肉体和精神的巩固。但是如果这个圣礼竟然有如此良好的作用,那就是最神秘、最奇异的方式,因为它的可以看到的结果主要就是使由于病痛变得衰弱的人们感到害怕,而经常则是使他们接近死亡的时刻。但是我们的神甫们如此满腔仁慈、如此关怀人的永恒幸福,以致宁愿冒险使人遭受到毁灭,而不允许人没有得到他们拯救性的涂油就死去。

按手礼①——这是圣礼的一种礼仪,上帝通过这种礼仪把自己神秘无形的天恩赐给曾选作神职人员的那些人。按照天主教的教理,上帝给神甫有自己创造上帝的权力——一种自然令人惊叹不已的特权。至于这个仪式和交给相关人士支配的有形天恩的有形结果,那么这些结果就在于通过若干话语和仪式上的手势一个普通的人就变成近乎神秘的人物,即成为在家人②;由于这种精神上的转变,一个人开始获得大量的收入,不必为此给社会带去任何利益;上天本身赐给他欺骗、迷惑和掠夺自己那些为他工作、不知情况的同胞的权利。

最后,**结婚**在我们这里也被认为是一种圣礼,因为我们通过结婚获得一种无形的天恩,对于这种天恩,我们没有任何一点概念。新教徒和不信教的人只把结婚看作民事契约,而不是一种圣礼,他们这时获得和任何善良的天主教徒同样多的、感觉得到的幸福;我们没有看到,天主教徒由于这种圣礼隐蔽的作用变成更忠实、更长久、更恩爱的夫妻;我们和您,夫人,都知道有许多人,这种仪式带给他们的天恩只是互相仇视。

我这里不打算谈论其他许多有魔法的、为某些基督教教派实行而为另一些教派否弃的礼仪,虔信者赋予这些礼仪最大的意义,坚定地相信上帝通过这些宗教仪式悄悄地施发自己的恩典。所有这些仪式和礼仪本身自然包含重大的秘密,而且它们的活动方式,其秘密自然不会更少。例如水,神甫对着它说些含混不清的话,水就获得一种无形的力量悄悄地赶走按其本性是无形的恶魔。例如

---

① 亦译"授教职礼"。——译者注
② 在家人,指与"僧"、"出家人"相对的教徒。——译者注

第六封信

油,主教对着它喃喃地念几句听不明白的公式,油就能够使人们,甚至使无生命的东西如树木、石头、金属和墙壁具有它们以前不曾拥有的无形的属性。在教会的所有仪式中归根到底向我们展示的只是一个跟一个的奇迹,而什么都不懂的群氓则以更大的欣喜感到惊讶,表示欣赏,又非常害怕;在所有这些圣礼中,群氓哪怕随便理解什么,这些圣礼也就不再引起如此热烈的崇拜。

所有民族的祭司们都是从招摇撞骗、变魔术、动人心弦和巫术开始的。我们在最落后、最野蛮的民族那里就看到这类的人;由于和自己类似的人们的无知和轻信,他们到处都存在着。这些人被看作天生具有超自然能力的最高级的生物、上帝亲自选出来担任重要职务的人,因为他们做着冒充是而且被误认为是奇迹的事情;无知的人是容易在所有现象中看到神奇的东西的。甚至在最文明的民族那里人民始终依然故我;甚至思想健全的人在宗教问题上同意民间的观念也是十分常见的;因此神甫们在普遍的赞许下继续从事着自己古老的职业。

毫不奇怪,夫人,我们的主教和所有普通的神甫当着这样一些人的面玩起魔术或变戏法,这些人对古代习俗怀有盲目的癖好,而且比起他们更少了解这些习俗的起源来,他们更加留恋这些习俗。所有神秘东西对无知的人都有不寻常的诱惑力;神奇的东西会使人迷惑;甚至最有教育的人都很难不受这种魔力的支配。因此我们也就看到,神甫们总是教会祭祀礼节和仪式狂热的捍卫者;为了简化或者取消任何一种仪式,都曾需要完整的根本变化;最无聊的宗教仪式有时曾付出流淌大量人类鲜血的代价;只要在宗教祭祀上采取任何一些新措施,各民族每一次都曾预感到自己濒临灭亡的边缘;他们每一次都曾觉得好像有人想使他们失去谁都不知道的利益和无形的恩典,他们曾把这些利益和恩典同这些或另一些身体动作或仪式不可分割地联系着。狡猾的神甫们很有远见地给宗教塞满了无数的仪式、礼节和圣礼;他们曾预感到这样便使人们更忠实地工作,激起他们的热忱,得到尊敬,而必然结果就是可以从自己的职业中取得大量收入。

夫人,您生来最少的是过分长久地受到这些神圣的花言巧语者们的欺骗;让他们向群氓展示自己机智的鬼把戏吧;最后,您要懂得,他们所有的秘密无非是他们不能给出任何哪怕一点点合理解释的荒谬和愚蠢;您要知道,任何手势和任何宗教仪式对于被称为自然界推动者的睿智的存在物说来不可能有作用。您会同意,夫人,上帝未必会对这些天真礼仪感到满意,什么都不需要的、同傲慢和虚荣格格不入的万能的世界统治者,不可能像尘世的君王们那样,需要遵守礼仪,或者依据没有任何意义的仪式来分派自己的恩典。您可以从这里得出结论说,所有这些创造奇迹的宗教仪式(神甫们确信这些仪式充满深刻的秘密,而人民则把整个宗教本质上归结为这些仪式)无非是童稚行为,思想健全的人只是为了不侮辱习俗和不使自己同胞过分迷信的头脑焦躁不安,才不得不接受它。

余删。

第七封信

论虔信的规则，论祈祷以及论禁欲

现在，夫人，您知道应该怎样对待宗教命令您以沉默和崇敬的态度向之低头的种种圣礼和仪式。这封信里我想跟您谈谈我们的神学家们确信是决定上帝的好感和恩典的那些仪式。神甫们为人民发明了非常多狂妄的习俗，这些习俗完全符合天启宗教错误的、不祥的、矛盾的和荒诞的观念。上帝总是表现为像一个充满贪欲、极其喜爱礼物和奉承、喜爱各种忠诚表示的人，或者更正确些，像一个喜怒无常、吹毛求疵的暴君，这个暴君很容易在没有给予应有的尊敬表示和由于忽视为了抚慰其虚荣心而确立的礼仪就受到侮辱。

根据这些对上帝如此不体面的观念臆造出大量可笑的、荒谬的、难堪的和常常是残酷的仪式和习俗，通过这些仪式和习俗，就认为可以得到宇宙统治者的恩典和平息它的愤怒。由此产生了所有的祈祷、捐赠和牺牲。在这里人们只是忘记了，全善全知的上帝并不需要说客；上帝这个万物创造者并不需要给它奉献它自己的产品；意识到自己威力的上帝既不需要阿谀奉承，也不需要奴颜婢膝，这些曾使它想起它的伟大、权力和权利；上帝，一切东西的主人，不可能要求把本来就属于它的东西赠给它；没有任何需要的上帝不会从这些赠物中得到任何好处；用礼物或贿赂是不可能收买它的；它不会羡慕自己的创造物拥有它曾经亲自赏赐给他们的那些财富。

和这些朴实的看法相反，全世界的宗教都设有许多最荒唐的仪式，人们通过这些仪式似乎可以按照自己的愿望博得上帝的恩典。总是冒充天主的廷臣、亲信、天主意志的中介人和执行者的神甫们曾猜到，他们从人类的错误观念中，顺带也从献给上帝的礼物中可以得到怎样的好处；因此他们为了自己的利益曾力求支持人保持其错误观念，甚至通过发明使人的命运神秘主宰者施发慈悲的一切新手段尽可能地把人弄糊涂；他们开始鼓励在种种无形的存在物面前表示虔信和尊敬，而使他们自己成为有形的代表。神甫们很快便看到了，他们为上帝工作的同时也在为自己工作，他们可以不受限制地伸手取得献给上帝的种种礼物、誓愿和供物，而上帝从来没有提出要所有这些东西。请看，夫人，神甫们是怎样确定自己的财产与上帝的财产的共同性的。他们的策略主要是鼓励和增加人类的错误观念，他们把上帝描绘成自私的、忌妒的、虚荣的国王，他不会无代价地做任何事；这个统治者似乎总是需要服从和崇拜的证据；它渴望源源不断的表示尊敬的仪式；它的恩典理应用特殊的方式请求批准，而它十二分慷慨地施发这些恩典只是在纠缠不休的求情和央告之后，为的是让请求者更好地真正了解这些恩典的价值；最后这个上帝特别爱收礼物，用这些礼物是可以讨好和收买它的，不过一定要把礼物直接交到它的中介人手上。

十分明显，全世界一切宗教所设置的一切宗教仪式、一切礼仪和礼节，都建立在从地上统治者宫廷礼仪那里借用来的；每一种宗教都力求尽可能使自己的上帝成为最强大的、可怕的、专制的和自私的统治者。被这些过分人道的和有损尊严的概念所魅惑的各个民族，不假思索就接受了神甫们想出来的一切花样，他们把这些花样当作取得上帝恩典和防止上帝愤怒的最可靠手段奉献给各族人民。神甫们总是举行了他们根据自身的利益按照自己的宗教体系设想出来的种种仪式；而无知的人则盲目地跟在他们后面接受支配。习惯使无知者同他从来不曾加以思考的那些风俗亲近起来了；他把传统变成了一代传给一代、父辈传给子女的一种义务。

小孩刚一出生，人们就强使他用特殊的方式叠起一双小手和学习祈祷；强使他用儿语嘟嘟囔囔地说些向上帝请求的、莫名其妙的言词。还抱在乳母手上的时候，就把他带进教堂，在那里他的眼睛就习惯于甚至在成年时他也根本不能理解的种种场面、礼仪、圣礼。如果当他长大时有人询问他的行为的动机，或者想知道为什么他认为履行这些或那些仪式是自己的义务，他就只能回答说，从童年起他就习惯了尊重习俗，既然他不了解这些习俗，看来它们就是神圣的。如果有人试图说服他放弃和戒除这些荒诞的习惯，他或者拒绝听从，或者对敢于驳斥从童年起就在他头脑中根深蒂固的种种观念的那些不请自来的启蒙者生气；任何一个想使他回到健全思想和将谴责荒谬的根深蒂固的习惯的人，在这个人看来似乎都是古怪的或疯狂的，而且这个人会把他当作没有良心的人和亵渎神灵的人加以摈弃，因为人们曾教育他正是这样称呼任何不遵循同一传统或者不把同样一些观念跟他没有以应有的尺度研究过的种种对象联系起来的人。

每一个笃信上帝的基督教徒都曾感到多么的恐惧，如果有人对他说，任何祈祷都是无益的！如果人们根据他的宗教的种种原则向他证明，从童年起他养成习惯的祈祷不仅不讨上帝的欢心甚至还侮辱了它，他会怎样的惊讶！的确，如果上帝知道一切，它完全不需要提醒它心爱的创造物的穷困。如果上帝是我们的、充满温情和善良的父亲,难道我们每天都要向它祈求绝对必需的面包的么? 如果这个最美好的上帝预见自己子女们的一切需要,并且知道这些需要比子女们本身知道的更好得多,它怎么能够要求人们用满足这些需要的请求来纠缠它呢? 如果上帝是不变的和英明的,它创造的东西怎么能迫令改变它的神妙的意图呢? 如果这个上帝是公正的和善良的,怎么会由于请求不要诱惑我们而使它受到侮辱呢?

您要明白,夫人,基督徒们每天念着似乎上帝亲自强令他们念的祈祷文,对于他们念的文词,他们清楚了解的是多么的少。您要明白,"我们在天之父"①包含着大量废话和完全违反基督徒对自己的上帝所应有的那些观念的荒唐的概念。如果问他,为什么他无休止地重复他从未思索过的那些毫无意义的话,他就只能回答说,父母从小曾教育他这样双手交叉,并且重复地念他任何时候都毫不理解的句子;他补充说,在整个生命过程中,神甫们都曾使他确信,仿佛这是最神圣的祈祷,借助它最容易讨得天父的欢心。

我们恰恰应该同样地判断我们的神甫们经常推荐的其他许多的祈祷。按照他们的话说,为了使上帝满意,人应当经常不断地使之接受请求和祈祷,直到上帝感到厌烦,并因此取得所希望的东西为止。如果上帝是善良的,如果它关心自己的创造物,如果它知道他们的需求,无论请求什么都是无益的;如果上帝不能改变自己的意图,希望影响它的行动计划都是没有意义的;如果上帝是英明

---

① "我们在天之父",是基督教主祷文的代称。祷文第一句话就是"我们在天之父"。据说这个祷文是耶稣口授的。——译者注

的,它就会比人们更好地知道他们需要什么;如果上帝能够受到侮辱,它就应当使人放弃会损害它的仁慈、公正和无限智慧的祈祷。

然而为什么神甫们无休止地宣传祈祷的必要性呢?因为他们利用祈祷支持社会意识中他们自己所需要的情绪和观念。他们把上帝描述成不好接近、很难被说服的统治者;他们自己则扮演它的部长、廷臣和亲信的角色;他们成为无形统治者及其尘世臣民之间的中介人;他们因自己强有力的辩护而取得报酬;他们为人民而恳求上帝,并在履行这一不太繁重的义务时为自己要求荣耀地位和酬金,好像他们给社会带来实在的利益。他们正是用祈祷的必要性来证明神甫、僧侣、修女的存在是正确的,这些人的主要责任就是高高举起闲来无事的双手,为人民祈求神恩;不如此,上帝就不会想到向自己心爱的创造物施恩,而会给他们送去一些惩罚和灾难。神甫们的祈祷被看作摆脱一切灾祸的万灵药。在所有的不幸中,各族人民都跑去找自己教会的牧师;这些牧师为了自己的利益则全力利用任何社会灾难;在这种情况下,他们在万能者面前的一切求情都是为了让自己得到百倍的报偿。人们不知道自然界及其不变的规律,把一切使他们伤心和焦躁的东西都看成上帝愤怒的结果;特别是他们用任何手段都无法医治的疾病,在他们看来都是超自然的或神灵的威力和上帝愤怒的表现;被他们称为美好的上帝,不知为什么有时喜欢使人们遭受伤害;他们觉得,在这种场合,他们的关怀人的天父在破坏一切自然规律的同时表现出自己的不仁慈;公正的上帝有时惩罚甚至不可能猜到因为什么他们曾招致上帝对自己的报复的那些人。于是人们在悲观失望中跑去找神甫们,而神甫们总是善于找出上帝愤怒的原因;他们说,上帝遭受了侮辱,它受到了轻视,它需要祈祷、捐赠、供物;为了自己的心平气和,上帝似乎希望高度注意自己的仆役、高度的顺从、更多的报酬。他们威胁人民说,否则葡萄园会冰冻,洪水会淹没田野,鼠疫、饥饿、战争和各种流行病会使大地成为废墟;而如果这些灾难真的发生,那么为了摆脱它们,神甫们重新要求无休止的祈祷。

如果恐惧和威胁没有妨碍思考,人们就会懂得,无论恶还是善,都只是自然界自然规律不可避免的结果;他们都会看到,英明的和不变的上帝只有在同它自认为是其创造者的那些规律一致的情况下才能活动。他们会发现,灾难、歉收、疾病、流行病和死亡,就像平安、富裕、健康和生命同样是必不可免的。人们会承认,战争、减产、饥饿,原来常常是人类疏忽大意的结果;他们会顺应不能避免的不幸,并力图阻止灾难发生,用人力预防灾难;人们会找到简单的和自然的方法帮助灾难中的自己,并且不会再相信超自然的手段和无益的祈祷;如果人们放弃了宗教偏见,许多世纪的经验都会向他们证明他们指望上天帮助是没有根据的和徒劳无益的。

但是这会破坏神甫们的安乐;如果人们确信祈祷是没有成效的,举行仪式是徒劳无益的,一切把人类交给神甫们控制的、徒有其表的祭祀活动都是毫无意义的,他们简直就成了多余的人。神甫们总是力求败坏所有试图揭露他们黑暗勾当的人的名誉。他们将用关于睚眦必报的上帝的吓人观念来威胁弱小的灵魂;他们禁止思考,而在把人的理性弄糊涂以后,就使人们变成自己最荒唐、最愚蠢和矛盾的命令的、顺从的执行者。但是应当相信,人们拒绝强使他们接受的祭祀,拒绝毫无意义的、多余的、甚至有害的仪式,转而执行和遵循更重要、更现实得多的义务的时刻会到来的。神甫们知道,当人遭到困难时他是不思考的;因此他们使人确信他正在灾难中;如果他感觉不到自己是不幸的,他们就会吓唬他,使他

第七封信

产生对想象中即将来临的不幸事件的恐惧。

夫人,如果您愿意没有偏见地看一看宗教加在我们身上的所谓义务,您会确信,这些义务只对神甫们才是需要的和有利的,它们对上帝和社会则是完全无益的,而对社会说来常常是后果极为严重的。一个笃信上帝的母亲在祈祷、斋戒、沉思和孤寂中度过时光,为这些空虚无聊的活动而忽视自己分内的义务。而在停止做自己这些虔诚的操练以后,给社会引进从跟神甫神秘的座谈中获得的激动和忧愁,这样的母亲会给家庭带来什么利益。难道她的丈夫、她的子女、她的仆人看到他们的命运取决于把自己全部时间耗费在祈祷和增强她吹毛求疵、容易动怒和抑郁寡欢的性格的虔诚的沉思的那个女人,会满意么?难道男女家长以应有的关怀经营产业或者从事特别是显贵们如此经常忽视的家务,而不是去听日祷赞美诗,为布道而奔走,沉思不可理解的秘密,在孤寂中离群索居,和沉湎于种种没有任何用处的虔诚的操练,不是更好吗?在您,夫人,生活的国度里,有许多欠下大量债务的虔诚信徒;他们的财产是败落的,因为他们没有时间整顿自己的事情。他们永远在翻腾自己的良心,既不教育子女,也不料理财务,又不偿还欠债。另一种人由于缺席弥撒[①]而陷于悲观失望,在那个时候,他容许在他面前有时坐着某些倒霉的、既因疏忽大意又因自己债务人的恶意而遭到破产的债主们。您会同意,夫人,注意到这一切以后就不

[①] 弥撒,天主教的主要宗教仪式。举行这种仪式就是重复耶稣在十字架上对天主的祭献。仪式的主要部分是神甫将一种无酵的面饼和葡萄酒"祝圣"后,称它们已变成耶稣的"圣体"和"圣血",并进行分食(教徒仅食面饼)。教徒参与仪式叫"望弥撒"。弥撒,是拉丁文 missa 的音译,原为该仪式前段结束时遣散尚未受洗礼者,并于最后遣散全体参与者的用语,以后成为整个仪式的名称。——译者注

能不承认,笃信上帝任何时候都不会通向善。

对于我们无数的节假日您又会说什么呢?难道它们不会对社会造成明显的损害么?难道在永恒者的心目中所有的日子不是一样的么?在天国统治者的宫廷里会有公休日么?如果任何一个工匠或商人游手好闲,不去为家庭挣面包,而开始把时间耗费在教堂,随后又把金钱挥霍在小酒馆里,这对上帝有多光荣呢?我听说,人应该有休息。当他感到疲倦时,谁会妨碍他休息呢?然而工作比在教堂闲逛,放声高唱拉丁文赞美歌,或者聆听根本不可能理解的布道要好些。另有人认为节假日工作是犯罪,同时心安理得地尽情狂饮,一个星期天花光自己一周全部的工资。然而当他们敞开自己的东西时,让所有的小店铺都关闭对神甫是有利的;就因为这个,当然必须有节假日。

可不可以设想比宗教给我们规定的斋戒和贫困,或者比宗教奉为美德的禁欲、忏悔和自我折磨更加违反和更不符合上帝无限仁慈、无限智慧的任何事情呢?对于一个叫自己子女坐在有丰盛菜肴的桌旁,条件是不得碰触任何引起他们食欲的一道菜的父亲,该说什么呢?可不可以设想,最美好的上帝曾经嫉妒自己的创造物得到最无可非议的满足于使自己的生活愉快,或者这个上帝创造了好的东西只是为了引诱人们,却禁止他们使用呢?看来基督教是罚我们受坦塔洛斯之苦[①]。如果相信大部分偏见,那么上帝原来是最怪僻、最忌妒的统治者,它以考验自己的奴隶来寻开心,喜欢刺激他们的食欲,并且嫉妒他们的一切快乐,而他们是为了这

[①] 坦塔洛斯,希腊神话中吕底亚的国王。被宙斯判决永远遭受饥渴之苦,他被罚站在长着水果的树枝下、齐脖深的水中。在饥渴中刚要喝水,水即退去,刚要吃水果,树枝便离开。由此产生术语"坦塔洛斯之苦"。——俄译本注

些快乐才被创造的。在每一个国家里都有不少狂人,他们认为自己的功劳是同自己的天性作斗争和禁止肉欲;他们认为自己有义务拒绝满足迫切的需要和折磨自己,以便讨好上帝。人们认为他们为了讨好始终渴望供物的统治者而使自己遭受残酷折磨就可以平息上帝的愤怒和预先防止上天的惩罚。

这些惨无人道、充满狂热、精神错乱的观念,特别是基督教固有的,基督教的上帝是如此残酷,竟希望自己无辜的儿子痛苦和死亡。如果没有参与任何罪行的上帝本身使自己遭受痛苦和折磨,那就毫不奇怪,有罪的人们就会认为自己的义务是以它为榜样并且想出各式各样的办法使自己成为不幸的。由于这些预示着灾难的宗教观念,从前荒凉地方的小修道院里住满了盲目迷信的人群,他们拒绝一切生活娱乐,并把自己隐居起来,希望以此得到天国的无上幸福;他们用最残酷的方式虐待自己,变成了对自己的祖国完全无益的人。由于这些把上帝变成野蛮的和疯狂的暴君的错误观念,我们中间直到现在还可以找到这样一些人——男人和女人——,他们整个一生都注定使自己寂寞、忏悔、悲痛和流泪,并且琢磨着发明和完善自我折磨的种种办法。然而神甫们的傲慢和贪财使自己甚至在这些自我折磨那里也找到滋养的物品;最严峻的僧侣们由于他们的僧团为了禁欲规定人们遭受野蛮折磨而赢得荣耀;僧侣们知道,通过所有这些鬼把戏他们就会在轻信的无知者那里得到尊敬,这些无知者以为,自愿地使自己遭受痛苦和残酷折磨的人应该成为圣徒。这样的狂信者僧侣把自己贡献给所有神甫的傲慢和虚荣作为祭品,这些神甫在生活奢侈和富足的同时,一些爱虚荣的极不理智的人却在为他们挨饿。

多少次,夫人,我看到您曾深情地回忆贫苦的修女们,她们自愿判处自己终身禁闭！这些姑娘或者出于年轻人的热情冲动,或者由于惨无人性的父母的强迫,同意终生忍受最严格管教的孤寂。她们应当毫无抗辩地服从女修道院长的个人意愿,这个修道院长在残酷的专制制度的种种表现中找到自己隐居修道的慰藉;您曾观察过这些不幸的姑娘,她们被迫永远放弃自己的意志,每分钟都得忍受残酷的专横暴虐,这种暴虐是由于某个时候曾作出决定命运的誓言她们才不得已被迫服从的。我们所有的修道士都是讨厌的一大群远离社会并把自己的生命用来令人沮丧地努力使自己成为不幸者的宗教狂;这些人结合在一起只是为了互相毒化生活;他们认为,为了能到天堂,他们还应该在尘世通过一切地狱苦难。

如果宗教没有号召所有的基督徒去取得自我完善如此高尚的功绩,那么它毕竟责成每一个信徒都有义务遭受痛苦和禁止肉欲;教会规定自己所有的平民都要贫困、节制、斋戒;虔诚的信徒们以为,如果他们准确地履行所有枯燥无味的仪式,所有无谓的和幼稚的礼节(我们的神甫臆造出这些仪式和礼节看来只是为了考验自己教民们的忍耐力和顺从性),他们就会得到上帝的欢心。实际上,人们对上帝该有多么可笑的观念,他们十分天真地认为,怎样的食物进到他们的胃里对上帝说来并不是无关痛痒的;深信上帝发现我们吃了牛肉或牛犊肉以后可能心情不好的人们,会因为我们满足于大豆和鱼而高兴！说实话,夫人,力图给我们灌输关于上帝最辉煌观念的神甫们,看来常常让自己由于把上帝贬低成完全微不足道的小人物而开心！

真正的基督徒或虔信者的生活充满无休止的众多使人为难的仪式和规矩,如果它们曾给社会带来过哪怕是微末的现实利益,也许还可以容忍。然而社会利益是最少使我们的神甫们担心的;他

第七封信

们努力做的只是把人们变成奴仆,毫无怨言地和盲目地执行他们所有冒充是睿智上帝的命令的、毫无道理的要求;他们想要的只是这些奴仆十分愚笨,并把一切仪式都当作神圣的秘密宗教礼仪,而那些准确地履行这些仪式的人则被认为是至高者特选的人。基督教徒所宣传的,例如,节制肉食,尽管其他一些教义有充分的理由认为这个规定是可笑的,会产生什么结果呢?不难看出,富人们公开藐视的这个要求,对穷人们说来是难堪的和大受损失的,因为穷人们对于有害健康的、不能恢复被劳动弄得疲惫不堪的人们的力气的食物不得不高价付出。况且,难道神甫们自己为了金钱不会使富人从履行教会规矩中摆脱出来么?他们似乎只是为此目的而增加本来就数目众多的仪式、义务和规定,以便有理由揭发我们没有履行这些仪式、义务和规定,从而重新从我们虚假的过失中获取利益。

我们越是仔细地研究宗教,就越会更加确信,宗教的唯一目的就是神甫们的富足安康。宗教的一切论点和规定似乎都有意归结为使我们确信神甫们存在和我们服从他们的古怪念头的必要性,使我们认为自己不得不为他们的荣誉而工作,并增加他们的财富。神甫们规定种种难以执行的事情,要求我们完美无缺地完成,只是为了使我们每一步都违反他们的教规和诏令;他们用这种方式在软弱的灵魂中产生良心责备和痛苦,情愿答应用一定的酬金使我们摆脱良心责备和痛苦。任何虔诚的信徒都被迫不停地检点自己;他总是不满意自己的行为和自责;他每分钟都需要神甫来赎偿被他的想象夸大的所谓过失;在这里,他认为生活中最重要的种种义务,和他为之而自责的种种过失对社会很少有什么意义。借助于整整一系列的宗教偏见,神甫们毒化和腐蚀着虔信者软弱的头脑,这些虔信者认为自己是有深重的过错的,如果不履行任何一些无益的仪式的话,同时这些虔信者不挤出眼泪就能够干出真正令人发指的非正义行为,编造或散布恶毒的诽谤,——一句话,犯卜反人类的罪行;虔诚的信徒们通常力求只讨好上帝,而很少关心给人们做善事和帮助邻人。

实际上,为数众多的祈祷、斋戒、节制和困苦,宗教赋予如此重大意义的沉思和清心寡欲的生活,对社会有怎样现实的利益呢?所有这些神秘的仪式会不会产生哪怕极少现实的财富呢?最细心地执行这些仪式能不能抑制情欲,改正缺点,使人们具有高尚品德呢?难道我们每天没有遇到这样虔诚的信徒,如果他们错过了弥撒,在星期五吃了雏鸡,或者没有去作忏悔,他们就会认为自己是有罪的人,同时会允许自己去犯数目无穷的过错,并成为不公正的和残酷的人?虔诚的信徒认为履行仪式是自己主要的义务,这些仪式通常只会排挤掉人的真正道德义务;虔诚的信徒很少具有高尚的品德:他们满足于履行种种宗教规定,很少关心自己其他的义务,并认为自己是上帝的特选者,他们不需要与邻人有良好的关系,他们也不追求得到良好的关系。虔信者的整个生命都是在准确履行上帝完全漠不关心、虔信者本人觉得为难和累赘、而对其他人则无益的种种义务中度过的;如果虔诚的信徒准确地履行了宗教确立的规矩和习俗,如果他对其中什么都了解不到的种种秘密进行了沉思,如果他把珍贵的时光消磨在思想健全的人看来完全不需要的事情上,一句话,如果他表现了根据教会的教导其中包括全部道德的、合乎福音的或基督教的高尚品德,他就以为自己是有高度美德的人。

我打算在下封信里来谈这些高尚品德,并向您证明,它们大多数都完全违反我们关于上帝的观念,它们对我们本身是无益的,而对其他人常常是危险的。

余删。

第八封信

论福音美德以及论基督教徒的进修

153　　夫人,如果相信我们的神学家们,我们就应当确信,由于道德基本原理的崇高和完美,基督教宗教既胜过哲学又胜过所有其他宗教;按照其他宗教的话说,软弱的人类理性任何时候都不可能设想较健全的道德、较坚毅顽强的高尚品德、对社会较有益的行为规则。不但如此,异教徒们公认的以及他们推行的一切美德,我们的神甫们都认为是虚假的美德;它们不仅不应受到我们的尊重,不应得到万能者的赏识,而是应予百般的蔑视;在至高者的心目中,这些美德简直是致命的罪孽。换言之,基督教的道德才是神圣的道德,它所规定的行为规则是如此的崇高,只有上帝本身才能制定出来。

　　实际上,如果我们认为人们既无法理解又无法执行的东西是神圣的,如果所谓神圣的美德是指这样一些品质,它们的效用和好处人的理智甚至不可能猜想到,如果上帝的种种完美是指同凡人们格格不入的或者甚至同他们能够为自己设想的所有观念相反的那些品质——那就真的不能不同意,基督教的道德是神圣的;在任何场合都可以深信不疑地说,基督教道德同人需要的道德没有任何共同之处,基督教的行为规则常常只会搅乱我们关于美德的所有观念。

第八封信

根据我们薄弱的理解力和健全的思想,我们把美德理解为促进我们生活于其中的人类社会幸福和利益的种种自然的品质;我们把这些美德运用到我们的邻人身上,我们因而就会促使他们反过来增进我们的福祉。在基督教中,不借助超自然的神恩就不可能具有的那些品质被称为美德;这些品质对我们本人以及对所有跟我们共同生活在这个世界上的人说来原来都是无益的和累赘的。基督教道德真正是死后世界的道德。可以拿真正的基督徒同古代一位哲学家相比,这位哲学家经常观察星星,有一次没有注意自己脚旁有口井,就掉进了井里。一切基督教道德都归结为使人离开尘世而萦注于天国;这种道德一点也不关心人在尘世的幸福;尘世对基督徒只是短暂的受磨难的地方,只是向另一个他对之没有任何观念的最美好的世界过渡的一个阶段。不但如此,基督教教义认为,通向这个神秘世界幸福生活的最好方式就是在我们已知的地上世界中的不幸、痛苦;作为达到天国最直接的道路,人应当完全放弃思考,并且像瞎子一样跟着神甫们的导盲棍走。基督教的道德就建立在这样一些原则的基础上。

现在,夫人,我们转过来分析成为基督教基础的那些美德。人们称这些美德是神圣的,并且硬要我们相信不具备这些美德的人不可能使上帝满意。

这些美德中间头一个就是信仰。按照神学家们的教理,信仰是上帝的天赋;这是超人的美德,这美德使我们坚定地信仰上帝,信仰上帝由于自己的仁慈向人们显现的一切,即使我们的理性并不理解这个。人们对我们说,信仰是以上帝的话为根据的,而上帝既不会骗人,也不会骗自己;因此信仰必须以上帝对人们所说的话为前提;然而谁来证明上帝向人们说过的话呢?圣书。谁硬要我们相信圣书中包含上帝的话呢？我们的神甫们，他们结合为一个组织，叫做教会。那么谁向我们保证，上帝不会也不愿欺骗我们呢？圣书，圣书证明教会不会犯错误，而教会则反过来证明圣书是正确的。由此十分明显地可以得出结论说，信仰无非是盲目相信神甫们，用神甫们的话说，我们应当接受我们的理解达不到的教理。的确，人们向我们谈到种种奇迹，似乎这些奇迹确认了圣书的神圣性，而这些奇迹的真理性又仍然是由同一种圣书来证实的。至于奇迹本身，我已经足够令人信服地证明了它们是不可能的。

另一方面，我觉得，夫人，我已经向您证明，要相信人的理智不能理解的东西，对人来说是完全不可能的；我们对基督徒称为圣书所作的分析，理应使您确信，睿智的、全善的、洞察一切的、正义的和万能的上帝不可能是圣书的作者。因此我们不可能有真诚的信仰，我们称之为信仰的那个东西，只是轻率的、盲目的相信神甫们臆造的种种教条，这些神甫从最早的童年起就使我们确信必须附和对他们本身有利和必需的种种意见。但是，无论神甫们多么关心他们力求使我们具有的那些信念，他们本人是否会相信他们所宣传的东西呢？自然不会。他们这些人，也像我们一样，拥有同样的感觉器官，也像我们一样，同样不可能确信其余所有人类都无法理解的东西。如果他们有任何一些附加的知觉器官，我假定，我们可以设想，他们能够理解我们不理解的东西；然而既然没有任何东西证实他们有这样的优越性，我们就有权得出结论说，他们的信仰，也像其他所有基督徒的信仰一样，无非是对他们不加批判地从前辈那里继承的种种观念的盲目的和不大理智的信任；他们无论如何也不可能坚定地相信那些不能深信不渝的东西，因为这些东西没有得到任何明显的证实，因此它们是不足信的。

第八封信

自然，人们对我们说，信仰或者相信不可思议的东西的能力是上帝的天赋，只有被赐予这种恩典的那种人才会感受到这种信仰。于是我回答说，当上帝俯允人天生具有这种我们对之没有观念的能力时，人应当耐心等待，因为无论轻信，也无论愚蠢，还是轻率，都不能认为是成为理性化身的上帝赐予的神恩。如果上帝是无限智慧的，他就不会对无知者和愚蠢的人崇拜感到满意；如果信仰是上帝的神恩，这神恩显然具有把事物看成跟它们实际所是或者上帝曾将它们创造出来的那个样子不同的另一种东西的能力；上帝所创造的世界、整个自然界原来只是不符合任何实在的幻景。为了相信圣经是上帝的作品，人应当放弃他关于上帝所形成的一切观念；为了相信一个上帝自身中包括三个上帝，而三个上帝组成一个上帝，应该无视理性的一切规律，并承认我们不可能依靠尘世中显而易见的事情。

总之，夫人，我们有权怀疑，所谓上帝的神恩或者超自然的天赋实际上只是最深厚的迷惑、不明智的轻信、奴隶般的服从他人的信念、迫使我们无批判地把神甫们的话当作信条来接受的愚蠢的无知；正是这些属性使得我们附和这样一些人的意见，他们也和我们同样很少确信他们相信的那种东西的真实性。最后，人们不断地灌输关于能够歪曲我们最简单、最明白的关于善的观念的美德的必要性的思想，我们可以不冒大风险地开始怀疑这些人存心迷惑人和明摆着的撒谎。

我们能够从我们的神甫们的行为中作出的，确实只有这样的结论：这些牧师很快就忘记自己曾使我们确信，似乎信仰是上帝的天赋，是它的神恩的表现，它随心所欲地使它喜欢的人享有这种神恩，而使倒霉的人失去神恩；他们忘记了这一点，就在上帝不曾赐予信仰的那些人身上打主意，很厉害地责骂他们，而且如果可能就竭尽全力消灭他们。因此可以得出，异教徒和不信神者要为他们不曾荣膺神恩承担责任；他们在这个世界上受到惩罚，因为上帝使他们失去了进入最好世界的手段和工具。缺乏信仰——这在神甫和虔信者心目中是最严重的罪行；正是因为缺乏信仰，极不理智和前后不一的人们才使得和自己类似的人遭受了最残酷、最惨无人性的迫害和折磨；本来您应当是知道的，夫人，在教会享有最大权威的那些国家里，没有显露出必需分量的这种美德的人都曾以最伟人的仁慈烧死在篝火上。

如果我们表示想知道如此不公正不理智的行为的原因，人们就会对我们说，信仰是最必需的美德，它对道德品质具有重大的意义，没有信仰的人是坏的和危险的。然而有还是没有信仰是否取决于人呢？人能不能成为自己思想的主人呢？难道认为我们的见解承认违反理性的那个观点是毫无意义的会取决于我们吗？难道我们有能力在童年就反对父母和老师曾经灌输给我们的那些印象、观念和思想么？最后，能夸口真正信仰或完全确信宗教奉献给我们的种种不可理解的秘密或难以置信的奇迹的人是否存在呢？

既然如此，信仰又怎样能够改善习俗呢？如果信仰只是建立在话语而不是实在的信念的基础上，神圣的美德在社会生活中又能起到什么作用呢？如果仍然假定真正的信仰是可能的，那么，在晦涩的和谁也不明白的观念，与人的理性、他的直接利益和整个社会的幸福加在每一个人身上的明显义务之间又会有怎样的联系呢？难道为了意识到自己的义务是正义的、善良的和可行的，我就如此必须相信三位一体，相信基督呈现人形和圣餐仪式，相信旧约所有的无稽之谈？难道圣经所描绘的和如此违反我对充满正义、

第八封信

智慧和仁慈的上帝应有的一切观念的种种野蛮事件，不是以更大得多的力度在我身上促使种种恶德而不是美德的发展么？而且难道因为我感觉不到我不理解的种种圣礼或者宗教规定的种种古怪的或累赘的仪式的好处和意义，我就会比那些迫害、折磨或消灭不幸有跟他们不同的看法和思想的人更不配做一个公民么？假定一个似乎拥有真正的信仰却盲目确信违反理性的东西的人，比起跟致命的偏见格格不入的人来应当是更疯狂和更凶恶，岂不更自然，也更无可争议么？难道一个沦为神甫们的奴隶，为了讨好他们而压制自己身上理性和自然的声音，准备似乎根据他们的上帝的命令去犯任何罪行的人，比一个拒绝相信上帝会需要犯罪和暴行的人，对社会更需要更有益么？

有人对我说，信仰是道德所需要的，没有信仰我们就没有足够的动机抑制犯罪和始终忠实于有时需要重大牺牲的美德。一句话，人们开始使我们确信，没有上帝（睚眦必报的和爱记仇的）存在的信念，这个世界上就没有任何东西能够迫使人们执行义务。

您自然会觉察到，夫人，硬要我们相信宗教是社会迫切需要的那些神甫臆造的这些主张的全部欺骗性。为了驳斥这些主张，只要回忆一下人的真实本性、人的自然利益、一切社会的目的就足够了。人是软弱的、每一分钟都需要帮助和支持的生物。为了自我保存，也为了成为使周围人产生好感的人，人只有取决于自己对其他人的态度才可能使其他人关心自己的存在；引起社会对他的兴趣和同情的行为称为美德的；使社会厌恶的行为称为犯罪的；损害人自身的那种行为称为有缺点的。因此，人只要看看自己本身就会懂得他的幸福取决于他对待其他人的行为，甚至他最隐蔽的缺点都会导致毁灭，他的罪行必不可免地会引起周围那些为了自己的幸福他显然必需的人对他的憎恶和蔑视。一句话,教会人履行他的义务的,与其说是宗教的虚幻观念,不如说是教育、社会舆论和法律。

所有的人都天生具有自我保存的感情;经验表明,为了得到幸福,人应当做什么和避免什么;对于人说来,遵循这个经验和避免一切可能损害他的健康或者威胁他的生命的极端行为是十分自然的;人不要让自己从事一切其后果可能使他不幸的享乐;如果为了得到比特定时刻他所牺牲的东西更现实更有价值的福利必须牺牲,他就会同意作出牺牲。因此,人不难理解自己在对待自身和对待他人方面的职责。

任何真正道德的全部原则,请看,夫人,就在这些不多的话中;这些原则建立在人的本性的基础上,建立在确实可靠的经验的基础上,建立在全人类的理性的基础上。这种道德的种种法则都是我们必须履行的,因为我们行为的结果就像没有任何障碍阻止石头运动时石头必然降落同样自然地不可避免。人们十分自然地也十分必然地会认为行善的人比作恶的人好。一切神学观念都不可能给所有思想健全的人之深信这一真理补充任何内容;思想健全的人会阻止给他人和自己造成损害;他会在自己身上找到足够的力量去行善,如果他想巩固自己的幸福和获得这样一种对待自己的态度,没有这种态度社会对他说来就不会有任何美妙可言。

您要知道,夫人,信仰无论如何都不可能促进风俗的改善;您自然懂得任何超自然的观念丝毫不会增加自然界本身托付给人的那些职责;相反,宗教观念越是含混不清和不可理解,这些观念就越会使我离开自然界和健全思想,而健全思想的声音任何时候都不会欺骗我们,如果我们愿意倾听它的话。如果我们没有偏见地

第八封信

寻找使社会遭受痛苦的无穷罪恶的原因,我们就会看到这些罪恶的根源乃是种种惹祸的宗教观念,这些观念把人的头脑弄糊涂以后,便将人引进神魂颠倒、宗教狂暴、梦呓谵妄的状态,使他变成盲目地、轻率地反对自己和他人的人。暴虐的、偏私的和残酷的上帝绝不可能使自己的信徒成为善良的和公正的人。禁止我们以理性为指导的神甫们只会使我们变成情愿为神甫们突然要使我们产生的任何情欲所煽动的、狂妄的生物。

他们的目的就是使我们成为这样的人。他们希望我们为他们牺牲自己的理性,因为这个理性能够奋起破坏他们的宏伟计划。信仰只对神甫们才是有益的,因为它培养的是行为愚钝的奴隶,他们可以把这些奴隶全都变成他们所希望的人,变成他们情欲的工具。于是就产生这样的信仰热忱、这样激情的信仰宣传;这便是神甫们仇视科学,仇视一切拒绝服从他们权力的人的原因;这便是为什么到处只要可能,神甫们都用火和剑——这永远是人们最好的论据——来建立信仰的专制权力即建立自己的权力的道理。

这一切都应当会向您证明,夫人,社会从这个超自然的信仰即我们神甫们的第一美德中得到的利益是多么的少。这信仰对上帝也是无益的,对上帝说来,为了说服人们,只要有这个愿望就完全足够了。这信仰是有失睿智的上帝的体面,上帝的话应该符合它曾使人天生具有的理性。这信仰有失公正的上帝的体面,上帝不可能要求人们确信他们不能理解的东西;这信仰要求我们的东西完全违反我们关于上帝的种种观念,这样它就消灭了上帝的存在本身。

至于说到道德,无论就其本身还是同人类本性相联系,它都是如此神圣和必要,以致任何信仰都不可能给它补充什么;同时,信仰对社会是无益甚至有害的，在要求信仰的借口下社会中常常发生最深刻的震荡，甚至最现实的罪行。最后，信仰违反自己本身的种种原则，因为它强使人接受跟我们从信仰本身那里得到的那些观念不相符合的、不可理解的东西，正如我们在分析圣书时曾确信这一点的那样。

究竟谁需要信仰呢？只有利用信仰来奴役人类的为数不多的人才需要信仰；这些人需要信仰是为了强迫各族人民为他们的伟大、他们的权力、他们的富足安康而不停地劳作。这些人民是否由于他们拥有信仰或者盲目相信自己的神甫们就幸福了呢？自然不是；在这些人们中间我们既看不到比较高尚的德行和美德，看不到科学的发展，也看不到幸福；相反，我们观察到的是，在教会享有最大权力的国度里，人民始终既是更加堕落，又更加不幸。

希望——基督教的第二个美德——在信仰造成的种种痛苦中安慰我们；希望要求我们坚信，一切有信仰的人，即一切服从神甫的人都将在来世享受妙不可言的幸福生活作为对这个的奖赏。由此可见，希望是建立在信仰的基础上的，而信仰又以希望为基础。信仰要我们指望它自己答应给我们的东西。那么我们究竟应该指望什么呢？原来这就是妙不可言的幸福生活，即不可能用任何语词来说明的那种东西。因此我们无论如何也不可能知道我们指望什么；不过这样一来，我们就要问：怎么能够指望，或者即使是想望，语言不能表达的东西呢？怎么能够不停地向我们谈论这样一些事情，同时又宣布这些事情不可理解和不可言说呢？

我们看到，希望也像信仰，同样很少根据；破灭了信仰，我们必然就消除了希望。但是人们从希望中会得到什么利益呢？人们对我们说，希望鼓励美德，有助于忍受命运的波折，安慰在悲伤和痛

第八封信

苦中的信教者。然而凭借着那么些不清楚的、晦涩的、不提供任何可靠观念的概念怎么能起鼓舞、支持和安慰的作用呢？无论如何很明显,每当神甫们在上帝不公正地和残酷地对待自己的特选者而不得不替上帝辩护时,为了摆脱困境,希望仍然是神甫们所需要的。同时,尽管有一切美妙的教义,神甫们意识到不可能使各族人民得到在信仰上帝的条件下他们不停地向各族人民许诺的幸福,他们也懂得宗教错误的观念和教会的纷争带给各族人民的只是不幸和痛苦,——神甫们硬说,人不是为这个世界而创造的,人的祖国在天上,而且正是在那里人才体验到暂时没有任何观念的幸福。最后,也像力图分散他们曾用自己的药剂损害其健康的病人的注意力的江湖庸医一样,神甫们不可能给予真正有效的帮助,而是从出卖希望和许诺中获得不少的利益。神甫们也像许多医生一样,一开始就损害我们的健康,使我们产生恐惧和惊慌,然后用价值千金出卖的种种希望来安慰我们。任何宗教体系都可归结为这种买卖。

第三个神圣的美德是爱;爱要求我们应当爱高于一切的上帝,然后像爱自己一样爱我们的邻人。但是,要鼓吹爱上帝,宗教就应该使上帝值得人爱。确实,夫人,我们有权问,基督教的上帝是否值得我们爱。除了对偏私的、任性的、残酷的、爱复仇的、嫉妒的和嗜血的暴君的憎恶,能够感受到任何东西吗？能不能真诚地去爱我们知道的一切存在物中最可怕的存在物呢？怎么去爱这个活着的、能够判处自己的创造物永远受折磨的上帝呢,这个创造物一想到可能落到上帝手上就只会吓得直哆嗦？我们的神学家们在称呼对上帝的恐惧是儿子的恐惧,即由爱引起和控制的感情时是否懂得他们所说的话？一个父亲的不公正延伸得如此广阔,以致仅仅为了对上帝说不需花费任何代价便可以阻止去吃的那个苹果他就能够惩罚全体没有任何过错的人类,对于这个野蛮的父亲,难道我们不应该痛恨、诅咒么?不用说,夫人,要爱圣经中将其性格描绘成只会产生恐惧的那个高于一切的上帝,是不可能的。如果像冉森教徒认为的那样,为了获得幸福生活,必须首先爱上帝,那么我们就不应对不会赏予这种幸福生活的特选者的人数少感到惊讶。相反,应该认为,很少有人能克服自身中对这种上帝的仇恨;但是,如果相信耶稣教徒,这一点也就完全足够了。爱上帝的能力(宗教把上帝变成了最可恨的存在物),应当认为是一切美德中最超自然的,即最违反自然的!要爱一个你不了解的人是很困难的;要爱一个你害怕的人就更加困难;要爱一个用最令人可恶、最令人讨厌的情调向我们描绘的存在物,简直是不可能的。

因此我们就应当承认,有健全理智的基督徒由于不具有门外汉对之没有丝毫概念的、不可理解的、谁都不知道的神恩,便不可能爱自己的上帝;夸耀这种幸福的虔信者们自然就会受欺骗。要知道他们的行为就像下贱的献媚者,这些献媚者希望使丑恶的暴君满意,或者展现自己的驯服,从而缓和上帝的愤怒,或者当大家的面佯装表示自己始终不渝的爱,尽管内心深处憎恨它;有时他们好像充满激情的幻想家,给自己灌输某种神话般的上帝观念,而不想看到上帝那些尽管有种种关于上帝的善良和公正的毫无根据的武断却说明它是最凶恶的存在物的特点。最忠诚的虔信者就像熊熊燃烧着对情夫不可遏止的情欲的女人,对于这个情夫,另一些不爱他的女人则认为简直不值得依恋。德・塞维涅夫人[①]说过,她

[①] 塞维涅,玛丽・德(1626—1696),侯爵夫人,以其致女儿的信著名。这些信生动而且机智,包含着描写十七世纪法国贵族日常生活和路易十四时代宫廷生活的大量报道。——俄译本注

第八封信

爱上帝是作为一个高尚的人,这样的人她还不曾见过。然而基督教的上帝是否高尚呢?如果德·塞维涅夫人只要稍微想想圣经和神学家们给我们提供的那幅肖像,她未必会去爱这个原型。

至于说到对邻人的爱,那么为了意识到我们的义务是友善待人和从人的天性本身出发去爱自己的同类,难道我们需要宗教么?要知道,只要使他人感到自己的好意,我们就可以在他们身上激起我们想要的那些他们对我们抱有的感情。为了指望得到其他任何没有丧失人道感情的人以及并非乖戾的人的真诚亲切的态度,做一个朴实的人就完全足够了。有谁比您,夫人,更好地懂得这份感情呢?难道您具有同情心的灵魂不是经常从减轻他人痛苦中感到满足?您未必能够不管宗教的任何规定漠不关心地对待您的邻人的眼泪和穷困。给人们带去幸福——不是意味着控制他们的灵魂么?那样的话,就请享受这种控制吧,请继续十二分慷慨地在自己周围施舍善行和快乐吧;您会得到自我的满足,并对自己的善行感到满意;您的邻人们会赞扬您,并使您得到应有的、所有善良的灵魂有权得到的热爱。

基督教并不满足于鼓吹爱邻人,还规定要爱敌人;这个发明被认为属于圣子本人;正是由于这一戒条,神学家们就把基督教的道德置于古希腊罗马智者们的一切伦理体系之上。但是重要的是确定这一戒条在生活中是否适用;有卓越的、高尚的灵魂的人自然会使自己超越于一切侮辱性的言行;而且很富于感情的人,由于气度高贵地忘记受到的欺侮,自然以德报怨,从而使欺侮者感到脸红;然而要亲身体验到对力图损害我们的人的真正的温情,则是不可能的;爱敌人这一戒条——基督教以发明了这一戒条而如此自豪——是基督徒本身时常违反的。况且能不能真正去爱使我们遭受痛苦的人呢？我们能不能使人屈从于对自己的痛苦感到高兴,高兴地受人侮辱,热爱残酷地对待我们的人呢？自然不能。我们能够坚强地和平静地忍受痛苦和不愉快的事；我们能够用对天国报偿的希望来安慰自己；然而我们无论如何不可能在期待这些奖赏时对于被认为这时使我们遭受痛苦折磨的恶人体验到真诚的爱；万不得已时我们就会避开这些人,但这无论如何不能称为爱。

即使基督教表面上规定爱邻人,爱敌人,宽恕侮辱,我们不能不看到,所有这些戒条时时都被鼓吹和颂扬它们的那些人所破坏和违反。无论如何特别是神甫们不能夸耀自己严格地执行了这些卓越的规定。的确,对于任何不同意他们观点的人,他们就既不承认是邻人,甚至根本不承认是人。因此,自然,他们就诋毁,就迫害,而且只要可能就消灭所有他们不喜欢的人；我们看不到他们原谅过自己的敌人,——除非在他们根本不可能报复的那些场合。诚然,他们消灭的并不是自己的敌人,他们报复不是为了自己所受的侮辱,而是因为上帝遭受的欺负,而上帝没有他们的帮助看来是不可能保卫自己的；此外大家知道,神甫们的敌人,很奇怪,原来始终都是上帝的敌人；在上帝那里,始终都有跟自己在地上的部长们共同的利益；而且如果出于怯懦的宽厚,自己的仆人们开始同上帝一起原谅所招致的欺负与侮辱,上帝自然就会谴责他们。要知道,神甫们始终只是由于宗教狂热才表现出残酷、爱报复和惨无人性；如果不担心他们仁慈的上帝由于过分的宽厚而追究他们,他们自然不会错过原谅自己敌人的机会。

应当爱高于一切的上帝,因此应当更喜欢上帝,而不是自己的邻人。我们总是非常关切涉及我们所爱的人的一切,因此每一个真正的基督徒都不会不表现出宗教狂热,如果这是必需的,甚至不

第八封信

会不消灭自己的邻人,当这些邻人由于自己的事情或想法侮辱上帝时。在这些情况下无动于衷被认为是犯罪;如果一个人真诚地爱上帝,他就应当以全部热情捍卫上帝的利益,而且在这些事情上未必能够给这种热情设定任何界限。

正是这些荒唐的观点,曾证明一切时代由于宗教狂热而在大地上出现的一切罪行、一切极端和狂妄的行为都是正确的。被神甫们搞迷糊的狂妄的盲目迷信者们互相敌视,迫害,摧残;他们认为自己的义务是为万能的上帝复仇;他们认为,对于全善的和仁慈的上帝说来,观看自相残杀是一种享受;由于自己缺乏理智,他们曾相信,捍卫神甫们的利益就是保卫上帝本身的事业。换言之,根据与宗教本身关于上帝对我们所说的一切相反的种种教条,一切时代的神甫们都曾鼓动各族人民暴动,并驱使他们迫害和消灭教会的敌人。在为万能者复仇的借口下,神甫们发明了一种为自己复仇的方式,既不会遭到憎恨,也不会受羞辱,并且偿补了他们的残酷和惨无人性。以上帝这个自然界统治者的名义,他们淹没了人身上自然的声音;以全善的上帝的名义,他们使人们产生凶狠和仇恨;以仁慈的上帝名义,他们永远禁止了宽恕。

由此可见,夫人,宗教狂热、从爱上帝中必然产生的虔信,自古以来就是大地上最可怕的动荡的根源。基督教的上帝正像罗马人的雅努斯①一样,有两副面孔:时而向我们展示它的善良,时而它喷发出复仇、残酷和凶狠的火光。这样的两面性会产生什么结果

---

① 雅努斯,古罗马司出入的门神,也是一切开端和一般时间之神。西历一年的头一个月就是献给它的。雅努斯被说成有两副面孔——年轻人的面孔和老年人的面孔〔即一副向着未来,一副向着过去〕,可以从相反的方面看事物。由此产生术语"两副面孔的雅努斯",意即两面性、双重性。——俄译本注

呢？基督教徒更多的是用自己上帝可怕的形象吓唬人，而很少指靠它的仁慈；他们担心它的任性，认为它能够背叛，觉得向上帝证明自己强烈愿望最可靠的方法，这就是为上帝复仇；他们确信，当仆人们像凶恶的主一样行动时，它不可能不心满意足，而且在对待胆敢侮辱他们主人的那些人方面无论他们把自己的复仇行动推进到怎样的极端，它任何时候都不会惩罚他们。

从说过的一切中，夫人，您可以得出爱上帝以及从中产生的虔信可能引起的那些致命的后果。如果这样的爱也可以称为美德，那么它自然只对神甫们本身才是有利的，才会带来好处，只有他们才有权向各族人民宣布上帝的愤怒；只有他们才享受献给上帝的供物和表示恭敬的仪式；只有他们才能判断什么东西上帝喜欢，什么东西上帝不喜欢；只有他们才知道上帝要求于人的是什么，在哪些场合应当为使上帝遭受的欺负复仇。只有神甫们才热衷于灌输对上帝及其残酷性的恐惧，才热衷于奴役人们；只有他们才发现了使自己的复仇心理和以下种种情欲得到满足的方式：描绘爱复仇的和残酷的上帝的情欲，根除人们身上任何一种人性和宽容精神的情欲，给人们灌输狂妄的凶狠和仇恨的情欲，推动人们进行迫害和犯罪的情欲，这些迫害和犯罪在一切时代都曾使基督教各国导致最难以置信的动乱。

根据自己宗教种种阴暗的教义，基督教徒们有义务憎恨和迫害所有被指认是天主仇敌的人；只要他们对严厉的、为任何小事就立刻生气的甚至人的一些不由自主的和无意识的想法和见解都会使之受到侮辱的统治者充满高于一切的爱，他们就会认为自己有义务表现出强烈的愿望，掀起争论和互相仇视，为自己的统治者复仇，正像应当为上帝复仇一样，即表现出无限的残酷。这样的行为

第八封信

乃是神甫们给我们灌输的关于上帝的那些可恶的观念的必然结果。因此真正的基督教徒必然会是对一切有不同思想的人都不容异见的人。诚然,在理论上基督教宣传宽厚、容让、亲睦与和平;然而在实践上基督徒们只有在没有足够的权力可以放纵自己破坏性的情欲的时候,才会表现出这些美德。实际上基督徒们只有在对待和自己有同样思想的人、在对待同一信仰的人时,才会显现一切人天生固有的种种感情,而对所有不盲目接受神甫们的神学议论的人则表示或多或少的憎恶。我们观察到,甚至最和善最正直的人是怎样惨无人性地对待任何一个属于另一宗派的人的;占统治地位的宗教(即国王宣传的那个宗教或者得到政权庇护的那个宗教)到处或者消灭一切其他的宗派,或者在最好场合是使这些教派感受到自己的优越地位,为此采取种种极端限制性的、侮辱性的和令人愤慨的措施。国王们为了讨好教会经常使自己最忠实的臣民起来反对自己,并招致对自己的仇视,这种敌视本来应当指向根据其唆使政府才行动的神甫们。

一句话,夫人,我们在任何地方都看不到真诚的宽容;各个教派的神职人员们从童年起就向自己的信徒们灌输互相敌视,并在任何人任何时候都不理解的神学问题的基础上燃起纠纷。您在任何地方都不会看到,有影响的教会宣传过宽容;对于所有试着提及宽容的人,它都指摘是对它的事业漠不关心,怀疑不信神,是暗藏的仇敌,会背信弃义。十六世纪,索邦①曾认定所有断言不应当烧

---

① 索邦,十八世纪末以前巴黎的神学学校。1253 年由罗贝尔·德·索邦创立。许多世纪都是天主教反动思想体系的发源地,支持了中世纪控诉巫术的诉讼程序,支持了对异教徒和自由思想者的摧残,迫害过伏尔泰和百科全书派。作为神学学校,索邦在法国资产阶级革命时期,即 1792 年,被撤销。现在它是巴黎大学的一部分。——俄译本注

死异教徒的人都是异教徒。如果凶残的圣奥古斯丁①有时也鼓吹过宽容,我们知道,这位教父只有在更深入地洞察教会政治的秘密的时候才改变了自己的信念,对于教会政治说来宽容是很少中用的。迫害才真正是神甫们需要的,因为迫害掩盖着贪婪、虚荣、傲慢和固执。教会渴望扩展自己的权力,增加自己的奴隶;它力图败坏所有不屈服于它,在它的不得上诉的决定面前不感到应有的颤抖的人的名声。

这就是为什么我们的神学家们赋予同时被他们提升到美德水平的顺从如此重大意义的缘故。自然,不能否定和善、谦虚、恭敬乃是对社会极其可敬极其有益的品质;目空一切、放肆无礼的人们很少招人喜欢,也不会得到社会的同情;他们会引起我们的反感,他们必不可免地会侮辱不得不与之打交道的人们的自尊;但是保证朋友和熟人对待我们良好态度的谦虚和客气跟基督教的顺从毫无共同之处。基督教的顺从是指一个人对自身的轻视,对邻人意见的藐视;人应当放弃自己的理性,盲目服从自己神父们不容争议的智慧;为他们牺牲对他的理性说来是明显的和令人信服的真理。

然而这个所谓的美德又会得出什么结果呢?一个正直的和有理性的人能否有理由轻视自身呢?藐视社会舆论的人通常会有什

---

① 奥古斯丁,奥勒留(354—430),北非希波主教、"得福者"、"教父"之一。极端的宗教狂,鼓吹宗教不宽容和教会权力对世俗权力的统治地位;捍卫了私人所有制和社会不平等。其主要著作是《上帝之城》(De civitate Dei)。他和托马斯·阿奎那一样,都是天主教会最杰出的思想家,受到教会的过分颂扬。十八世纪法国的无神论者,特别是霍尔巴赫,不止一次地批判过奥古斯丁的反动观点。〔奥古斯丁是基督教历史哲学的创始人,在《上帝之城》中以神秘莫测的"上帝之城"(教会)对抗"世人之城"(国家),发挥并捍卫了天赐与前定论。作者自传体《忏悔录》叙述个性的形成,具有深刻的心理分析的特点。十三世纪前,奥古斯丁的基督教新柏拉图主义在西欧哲学和天主教神学中一直占据统治地位。〕——俄译本注

么结局呢？如果不是希望扬名增光,得到自己同胞的称赞和承认,会有哪些更高尚和更强大的动因可以促使人去为祖国服务呢？如果我们是那么的不公正和不高尚,以致拒绝给予他们有权应得的东西,如果我们斥责他们自我满意和满足的感情,不让他们为自己的英勇而自豪,对他们的奖励又会是什么呢？根据什么权利我们可以要求一个正直的、高尚的、有天赋的、受过很高教育的人,要他同意承认自己比鼓吹谎言和幻想的、自私的神甫和无知的宗教狂更加愚蠢呢？

神甫们不停地硬说,骄傲会导致不信神,宗教是谦恭的和顺从的人所需要的。然而,老实说,为了教会迫使我们相信的种种十分明显的谬论而牺牲自己的信念和知识,难道不是极端的愚蠢吗？一个思想深刻的神学家有什么脸面敢于建议我恭顺地相信他自己显然根本不了解的种种秘密和教条？难道可以称这样的人是过于自信的么:这种人认为自己比其学说只是一堆混乱不清的矛盾、谬论、错误概念,并借助自己的学说愚弄人类,有时更使人类的生命牺牲于这一学说的那些人更有教养？如果您拒绝同意因种种丑闻和阴谋而声名狼藉的××女士的判断,难道可以指责您自高自大和目空一切吗？

基督教的顺从是僧侣们的美德;这种美德对社会不可能是有益的,而只能使人的灵魂疲惫不堪;这种美德只对神甫们有利,他们要人们顺从,是想实际上使他们变成下贱的胆小鬼,并扼杀他们身上任何对知识的追求、任何勇敢精神,从而使他们成为宗教的奴隶,换言之,成为自己的奴隶。请同意我,夫人,基督教的一切美德都是虚幻的,对上帝是无益的,对人们是无益的,而且常常是危险的,只对神甫们才是有利的。请同意,不强奸自己的信念,不夸耀无用的美德，不屈从于神甫们当作获得幸福生活唯一必须东西加以规定的所有那些行为规则，才能成为有道德和有美德的人。最后请同意，不爱神甫才能认清美德的价值和热爱美德，而且，不具备基督教的种种美德，才能有社会真正需要的那一切品质。

对此进行更详细的分析以后，我们也许会得出这样的信念：真正的道德（即无论对个别的人还是对社会都是真正有益的和必需的那种道德），跟基督教，也像跟任何其他天启宗教一样，是不相容的。如果我们假定偏私的、凶恶的、爱报复的、背信弃义的、会受到自己创造物的思想、言语、工作侮辱的上帝的存在，我们必不可免地就要承认，所有认为自己是上帝的特选者的人都应当仇恨其他的人和藐视他们，都应当傲慢地和残酷地对待他们，用野蛮的残暴态度行事，只要有人对他们说，他们的邻人们引起了上帝对自己的愤怒。相信他们的上帝是怪僻的、暴躁的、愤怒时不讲情面的暴君的、丧失理智的人们必不可免地要成为沮丧的和忐忑不安的奴隶，他们始终准备着去迫害所有因为自己的行为、信念或言论而会使天主怒气冲冲的人。无知者糊里糊涂地相信他们的神甫们是上帝的永远不会犯错误的工具，于是根据自己牧师们的教唆去从事任何犯罪，如果这是使上帝发慈悲所必需的话。疏忽大意地遵循这些在自己的信念方面如此前后不一而在信仰问题上如此互不相容的牧师的伦理律条的人们，在道德上未必会是坚定的，如果神甫们开始提示他们的行为的话。一句话，真正的道德不可能建立在关于不公正的、任性的、背信弃义的、宗教命令我们崇拜和效法的上帝的种种观念的基础上。

因此，夫人，请信守自己原有的道德原则；对于您在尘世的幸福说来这就完全足够了；您的这些原则值得所有亲身感到它们良好影响的人对您的恭敬、爱戴和尊重;并且这些原则在任何场合都会使您有权感到自尊,——而这种感情,当你意识到你是在为全人类的幸福服务时,始终是合法的。

余删。

第九封信

论政府在宗教中能够得到的好处

172　　我已经向您指出，夫人，宗教给人类的道德品质带来的利益是多么的少，现在我想分析一下宗教对有治国才能的政治家有益到什么程度；宗教是否真的为政府所必需，就像人们力求让我们确信的那样？如果我们闭眼不看明显的现象，而听信我们的神甫们，那么我们就应当承认宗教教义对社会安宁和国家秩序是必需的；我们就应当相信，在国家的治理中，在旨在促使国家繁荣发达的工作中国王们没有神甫和教会是对付不了的；最后神甫们使国王相信必须按照他毫无道理的要求行事；他们要求所有的人都屈服于他们神圣的枷锁；他们认为国王们应该干预和参与他们种种重要的争论和纠纷；而且的确，他们十分经常成功地使地上统治者深信教会的敌人就是任何政权的敌人，深信破坏宗教的基础他们也就必不可免地动摇国君的王位。

　　但是，只要睁开眼睛，仔细地追踪人类的历史，就会看清这些贪求的全部虚伪和毫无根据，和懂得基督教神甫们自古以来给予国王们的那些重要的帮忙的真正价值。从最早的基督教起，在所有接受这一教理的国家里我们都看到经常是两个政权并存的局面。教会成了国中之国。在那里，教会，即神甫们，处在经常反对最高政权的位置，似乎履行着上天加在教会身上的使命，并力图迫

第九封信

使政府接受自己的戒条。我们看到,神甫们以擅自攫取的权利自豪,试图躲开对国君的顺从,贪求如果不侮辱上帝本身就不能动手去拿的那些虚幻的和极其危险的好处和特权;我们看到他们中间某些被神化的臣民只承认自己的权力,而拒绝服从世俗政权;他们宁愿听命于神职人员的意志,这些人自命为基督的全权代理人,同他们的祖国没有任何关系。罗马教皇,作为基督在地上的全权代理人,认为自己的义务是控制国王们;教皇们依靠自己的代理人,滥用人民的信任,常常成功地得到对自己古怪要求的承认,他们要求强迫国王们去干最丢脸的事,在他们国内散播纠纷和骚乱,捣毁他们政权的基础,最后迫使他们卑躬屈膝地请求宽恕。①

宗教千百次地给予国王们的那些重大的帮忙就是如此。受迷信蒙骗的各族人民在上帝和地上君主之间选择时不可能犹豫不决;神甫们——这是无形的神权有形的工具——对抱有偏见的社会意识有巨大的影响;由于极度的无知,无论是各族人民还是他们的国王们都处在完全依赖神甫们的状态中。神甫们总是力求把各民族拖进自己无穷无尽的纠纷之中;已经是许多世纪了,国王们的全部关心都集中在对抗神甫们危险的行动计划上;他们寻求出一切措施来保卫国家摆脱教会的专横,抑制顽固地制造纠纷的人,这些人自认为是上帝派来降示的神;国王们几乎任何时候都没有成功地迫使诡诈的阴谋家和发疯的宗教狂沉默和驯服,后者或者极

---

① 指中世纪,特别是罗马教皇权力最强大的时期(十一——十三世纪),教会权力与世俗权力之间的斗争。霍尔巴赫大概指德意志国王和神圣罗马帝国皇帝亨利四世(1056—1106年)在自己同教皇格列高利七世多年斗争进程中曾一度被迫到卡诺萨城堡去请求教皇宽恕(1077年)。由此产生术语"到卡诺萨去",意即屈辱投降,请求对手宽恕。——俄译本注

度热衷于挑起各民族的纠纷,或者真诚地认为鼓动人民叛乱和造反是合乎上帝需要的事业。

由于教会要求国王们经常注意自己的事业,国王们也就不能以应有的方式关心自己臣民的福祉;而经常站在神甫方面的人民则让自己摆脱国王们的关怀。统治者们原来常常过于软弱,不能抵抗这些缺乏理性的意向;他们向教会让步了,并且和它缔结了同盟。在企图采取违背教会的行动的那些场合,他们或者碰到公开的反抗,或者碰到秘密的阴谋和陷阱。如果统治者们屈服于神甫的意志,他们就不得不怯懦地把自己臣民的幸福和安宁作为供物献给神甫。号召叛乱的弑君者的手多么经常地从自高自大、睚眦必报的神甫手上得到了反对最可尊敬的国王的武器!在为上帝本身复仇的借口下,神甫们把自己的狂怒倾泻在君主们本人身上,如果他们没有表示决心屈服于神甫的桎梏。一句话,我们看到,一切国家一切时代的神甫们都突出地表现了最放肆的独断独行。我们时常看到,多亏了神甫们,整个帝国怎样分裂成了两个敌对阵营,怎样推翻了王位,杀死了君主,各族人们举行了起义;而且如果我们仅仅希望更深入地了解事情的本质,我们就会看出,所有这些动乱的根源和动因始终都是神甫们的追求功名、贪婪和向慕虚荣。总之,宗教常常导致无政府状态,并且给它自认为是其支柱的帝国造成了动乱。

国王们只有在可耻地拜倒在神甫们面前,屈从于他们毫无道理的要求,而且在他们面前卑躬屈节,让他们去治理国家的时候,才会得到安宁与和平。那时世俗政权就整个地屈从于教会了,而国王就只会是教会的第一名仆役;教会常常责成国王扮演刽子手的卑鄙角色;它使国王变成了自己极残忍的判决的执行者;它迫使

第九封信

国王双手沾满了自己那些被教会判处死刑的臣民的鲜血；它使国王变成了实现自己的复仇、自己的恐怖手段、自己的种种恶德的赤裸裸的工具。① 国王不去为自己人民的幸福工作，而是殷勤于使自己诚实的公民遭受折磨、迫害和残暴惩罚他们，并鼓动本应成为庇护者的那些人的仇恨来反对自己；而这一切的完成都是为了满足一些始终同人民格格不入的神甫过度的虚荣心理和没有止境的贪财欲望，人民喂养了神甫们，神甫们承认自己的祖国只是为了奴役她，不受惩罚地折磨、掠夺和蚕食她。

夫人，您不必多加思考就会确信我丝毫没有夸大。不久以前的种种事件证明，在我们这个文明时代，各国都没有自卫能力来反对按照神甫们的意志各民族遭受过的那些动乱。您几百次地看到悲惨的疯狂行为时都愤怒地对待人们根据最幼稚的理由干出的这些行为。您在看到不值得有理性的生物注意的最可笑的学术辩论可怕的后果时曾颤抖过。您对陶醉在盲目的迷信时（对于盲目迷信说来没有任何神圣的东西）犯下的可怕暴行曾跟所有善良同胞一起战栗过。最后您看到了世俗政权同反叛者不断的斗争，这些反叛者认为良心或宗教利益迫使他们起来反对最合理最公正的法律。

我们的祖先们——比我们更笃信上帝更少教养的人——曾是还更可怕的事件的目击者；他们经历了种种内战、阴谋和教会为反

---

① 指宗教裁判所，天主教教会为了同自由思想和反封建运动作斗争于十三世纪创立的法庭。宗教裁判所存在到十九世纪；牺牲于宗教裁判所的人数是巨大的；仅在西班牙一国即达到了35万。宗教裁判所的死刑判决是由世俗政权执行的；当霍尔巴赫说"教会迫使国王双手沾满了自己那些被教会判处死刑的臣民的鲜血"时就是暗指这件事。在一系列国家中，世俗政权为了自己的利益也利用了宗教裁判所，例如在十五世纪和十六世纪的西班牙。——俄译本注

对国王们所组织的公开的联盟;他们看见过我们的、被鲜血淹没的首都①;两个国王按照暴怒的在全国扇起叛乱的火焰的神甫们的意志互相厮杀②。我们的祖先们看到了国王们同自己臣民们战斗;他们看到了一位著名的统治者由于非法迫害臣民而败坏自己的名声和荣誉,这些臣民如果拥有自由的良心,本来可以平静地生活和为祖国的幸福而工作;最后他们见证了那同一位受错误政策愚弄、指使不容异见的国王怎样跟新教徒一起从自己的国家里驱逐了技艺和工场手工业,迫使最优秀的人才到我们的敌人那里去寻找藏身之地。③

我们看到,在欧洲宗教总是给世俗事务以影响;教会控制着国王;它肢解信奉基督教的各民族和唆使他们互相迫害,只是因为这些民族的教会牧师们在这个或另一个教条上没有谈妥。德国分解为两个不断互相敌对的阵营。新教徒们历来都是天主教的敌人;他们以最大的不信任和担忧对待天主教徒,而天主教徒们跟在自己的神甫后面敌视所有不同意他们的欺骗性的和盲从的教理的人。

这就是,夫人,宗教带给各民族的那些福利。有人自然立即要对我们说,在所有可怕的事件中有过错的是人的情欲,而不是基督

---

① 指"圣巴托罗缪之夜"(1572年8月24日前夜)。亦称圣巴托罗缪惨案。巴黎天主教徒在1572年8月24日(圣巴托罗缪节)前夜大规模屠杀胡格诺教徒。这次屠杀是由卡特琳·美第奇皇后和吉斯家族组织的。——俄译本注
② 指两位法国国王:被多明我会僧侣雅克·克莱芒所杀的亨利三世(1574—1589年)和他的继位人被耶稣会教徒秘密派遣的宗教狂人弗朗索瓦·拉瓦里雅克杀死的亨利四世(1589—1610年)。——俄译本注
③ 指法国国王路易十四(1643—1715年)。他在位时曾废除南特敕令,加强了对胡格诺教徒的迫害,完成了把他们驱逐出法国的工作。——俄译本注

第九封信

教,基督教宣扬的是仁慈、协商、宽容与和平。然而只要我们想一想基督教的种种原则,我们立即就会发现这些原则跟只有在基督教神甫们没有能力迫害自己的敌人并以自己狂暴的全部力量攻击他们的那些场合才会实现的所有这些漂亮话并不相容。忌妒的、爱报复的、嗜血的上帝的崇拜者——犹太人的和基督徒的上帝显然就是这样的上帝——既不可能是稳妥持重的,又不可能是宽宏大量的,也不可能是讲求仁慈的。能够受到自己软弱的、被判处永远受苦、要歼灭所有鼓吹另一种教理的创造物的思想和信念侮辱的上帝的崇拜者,恰恰同样必不可免地应该是不宽容的、残酷的和爱记仇的。崇拜不想用自己的创造物能懂的语言说话、为了把这些创造物弄糊涂使他们产生彻底的信心动摇和永远的怀疑,而只向自己的特选者们显灵的上帝的人们,在解释这个上帝的意志时,任何时候都不可能达成一致的思想;相反,他们之间必不可免地要就看来只是为了使人类理性遭受最残酷的折磨,造成只有暴力才会制止的争执和纠纷而虚构的种种模棱两可的预言、不可理解的秘密、超自然的规定产生不停的争论。

因此不必惊奇,从基督教一产生开始就没有一天我们的神甫们没有争论过。可以认为,上帝曾把自己的儿子派到地上只是为了使信条对教会本身和一切信徒成为纷争的根源。答应把自己的帮助和圣灵的神恩给予教会的基督亲自创立的教会的神职人员们,任何时候都不可能达成完全一致的思想。我们看到,在某些时代我们永远不会犯错误的教会几乎整个地曾陷于谬误和异端。您知道,夫人,在四世纪,根据神甫们本人的承认,差不多教会所有的神父几乎都陷入了——不多不少——否定耶稣基督神圣本质的阿里乌教派①。必须承认,圣灵是很有理由摈弃自己的教会的,如果教会的神职人员在关于基督教最主要的教条上的意见发生了分歧的话。

尽管不停地进行辩论和争吵,教会仍然认为自己有权为所有信教的基督徒确立真正的教理;它仍然坚持认为自己不会犯错误;而且如果新教的神学家们拒绝这一荒谬的和傲慢的主张,这并不妨碍这些神甫要求自己的追随者完全服从种种冒充是神明训诫的规定。神甫们经常在争论,时时互相咒骂,革出教门,开除出教会;每一个教派都顽固地坚持自己的立场,并认为一切有不同思想的人都是异教徒;只有实力才能结束教会中的所有争吵,停止辩论和确立共同接受的教理。神甫们中间那些成功地把国王们吸引到自己方面的人自认为是正统的,即冒充自己是真正信仰的唯一代表;那时由于享有已经取得的权威,他们就以野蛮的残酷行为迫害和消灭自己的敌人。

无论我们的神学家说过什么,我们都无须花费很大力气就可以懂得,基督教的教理归根结底始终是由皇帝们和国王们的政权建立的;似乎最为上帝喜欢的神学教条,在每个国家都是通过武装力量传授给民众的;国王鼓吹过的那种信仰始终是真的;那些拥有足够的权力和实力可以歼灭被宣布为上帝本身的仇敌的人始终被

---

① 阿里乌教派,基督教中产生于四世纪初的早期异教运动之一。阿里乌教派的首领是亚历山德里亚地区的阿里乌神甫(256—336年)。他的学说就是"圣子"基督虽为"圣父"所创造,但跟"圣父"不是平等的。阿里乌教派反映了信仰基督教的基层群众对教会统治集团的反对立场,这个集团已经同基督教变成了国教的那个时期占统治地位的上层社会有紧密的联系。阿里乌教派在公元325年尼西亚会议上被判决为异端。阿里乌教派不接受正统基督教会关于圣父圣子(耶稣)同体这一基本教义,认为耶稣为圣父所创造,其地位低于圣父。——俄译本注

第九封信

认为是正统的。换言之，真正不会犯错误的是国王们；我们应当认为正是他们才是信仰真正的建立者；正是他们在一切时代决定了应当接受怎样的宗教教理，应当摈弃怎样的宗教教理；而且最后，只有他们才决定他们的臣民接受怎样的宗教。

从某些国家接受了基督教的那个时候开始，它们的国王们的注意力几乎整个地被宗教事务占住了。在一些场合，因迷信而丧失理性的执法者们屈从于神甫；在另一些场合，国王们不得不小心谨慎地尊重变成了群氓首领的神甫们，在这些群氓身上没有任何比上帝的仆役们更神圣更伟大的东西。无论在第一种场合和第二种场合，任何人都不曾考虑到健全的、合乎理性的政治的种种原则；似乎为了国家本身的利益才不得不怯懦地忽视这种政治。我们看到，正是由于国王们本身的偏见和迷信，教会才在无知时代攫取了大量的财富；人们认为，送礼买通神甫们，他们就会使这个曾宣布自己是财富敌人的穷人们的上帝本身富裕起来。野蛮的和道德败坏的将领们由于希望赎偿自己的罪行，建立了修道院，并把大量财产分给誓愿贫穷的人。犒赏游手好闲的懒汉被认为是对万能的上帝的最高功勋，而无所事事被看作是最大的幸福，因为闲暇让人可以把时间消磨在似乎对人民如此必要的祈祷上面。因此，由于国王、贵族和民众的迷信，神甫们获得了财富和权力；僧侣生活被尊为舍己忘身的高行，而最无用最危险的人们得到了最高的和最丰富的奖赏，获得了最大的荣誉；人们给他们许多的恩典、特权、优惠；他们拥有了完全的独立地位；这一切都使他们在国内掌握了巨大的权力；国王们如此过分地笃信上帝，把神甫们捧得如此之高，以致他们起来反对同一些国王，迫使接受自己的戒条，和不受惩罚地在国内散播骚乱和纷争。

143

取得了这样的威力和浩大声势以后,教会就成了国王们危险的敌人;他们不得不或者屈从于教会的桎梏,或者同教会作斗争。在国君向教会做了让步的那些场合,他就成了教会的奴仆,成了教会阴谋的工具,成了教会权力胆怯的执行者;当国王拒绝服从教会,那时神甫们就使国王遭受了最残酷的考验;他们把国王革出教门,以上帝的名义鼓动民众暴乱反对他;国家分裂成了两个阵营,一个阵营为天上的王而斗争,另一个则为地上的王而斗争;地上的统治者花费了很大的力气才维持住受到动摇的王位,否则按照神甫们的意志就崩溃了。曾经有个时候,欧洲一个国王的权力和国家的安宁整个地掌握在代表教会利益的一位人士手里,而且只取决于他随心所欲的要求;在这个对教会如此有利的无知骚乱和宗教狂热的时代,软弱的和贫穷的、周围都是同样贫穷和可怜的民众的国王曾经完全屈服于罗马教皇跟前,这个教皇随时都可以处置国王的命运,发动臣民反对他,和注定使他灭亡。

应当说,夫人,在宗教强大的那些国家,国王照例完全屈服于神甫:只有出于教会的恩典,国王才能享有自己的权力;一旦僧侣们不再喜欢和满意国王,根本不用发动民众叛乱反对他,国王就会丧失任何权力;忠实于宗教原则的民众在上帝和国王之间作选择时不敢动摇;不过上帝始终总是站在神甫一边;神甫们支持的无知和愚蠢,不让民众弄清楚神甫们对上帝命令的解释正确到什么程度以及他们的训诫在何种程度上是虚假的和正确的。

请同意我,夫人,世俗执政者的利益同基督教神甫们的利益绝不可能是一致的;在一切时代神甫们都是最不安分最不可靠的臣民,他们常常甚至谋害国王们本人的生命。所以,让人们不要对我们硬说,基督教是王位最牢固的支柱,它认为国王是上帝的受过登

第九封信

极涂油仪式的君主,按照它的学说,任何权力都来自上帝。① 所有这些话都是为了麻痹国王们的警惕性说的,都是为了奉承国王中间那些教会可以依靠的人说的;但是只要国王们胆敢不是十分匆忙地听从他们最阴险毒辣的行动计划和拒绝盲目地执行教会的政策,这些奉承者很快就会改变论调;啊,那时国王原来是无神论者,是异教徒,不仅可以而且应当背叛他;况且他成了应当处死的暴君,而大地摆脱天主凶恶敌人获得解放成了值得称赞和应予奖励的事业。

您知道,夫人,神甫们成千次地鼓吹了这些十分恶劣的原则,每当试图不管用什么方式限制一下神甫们的权力,他们都会大声喊叫,说国王企图谋害教堂,服从上帝比服从人好。神甫们只有在国王盲目地屈从于他们的时候才支持国王。当国王们流露出不服从教会的态度时,神甫们就会公开地号召弑君。同时,不管这些原则多么令人厌恶和非常可怕,它们都用无论什么样的危险威胁了世俗政权和人民的安宁,它们毕竟是从犹太教理和基督教理中完全必不可免地得出来的。在圣经旧约中毫不含糊地赞成和鼓励弑

---

① 霍尔巴赫指使徒保罗致罗马人书中以下的文字(第13章):"在上有权柄的,人人当顺服他;因为没有权柄不是出于神的,凡掌权的都是神所命的。"[参看《圣经·新约》,"罗马书"第13章第1节,中国基督教三自爱国运动委员会、中国基督教协会,2006年版《新约》,第180页。]这一教言同出现在基督教已从被压迫者的宗教变成了剥削者的宗教的二世纪的另一些教言一起——"你们作仆人的,要惧怕战兢,用诚实的心听从你们肉身的主人……"("保罗致以弗所人书"第6章[参看上引书《新约》,第219页]),"凡在轭下作仆人的,当以自己主人配受十分的恭敬……"("保罗致提摩太前书"第6章[参看上引书《新约》,第237页]),"恺撒的物当归给恺撒,神的物当归给神"(《路加福音》第20章[参看上引书《新约》,第96页])等等,被教会利用来神圣化剥削制度和对劳动者的奴役。世俗统治者的利益照例是同教会的布道一致的,对此,具有不依赖教会的"开明君主"的理想的霍尔巴赫不曾理解。——俄译本注

君、暴动和背叛。只要产生这样的疑惑,说人们由于自己的意念使得上帝大怒,只要产生这样的推测,说这些或那些异教徒不为上帝所喜欢,十分自然地就会得出结论,臣民们可以有完全合法的理由起来反对自己的国王,如果他原来是异教徒或不信神者,即如果他不服从捍卫信仰的神甫们,而且如果这个国王反对永远不会犯错误的教会的种种决定;而这似乎可能导致大多数民众的灭亡和叛教,对于民众说来,按照教会的意见,宗教应当比一切更重要和比生命本身更珍贵。承认这些原则的热心的基督教徒认为,他惩罚自己的敌人,就是讨好上帝,他使民众摆脱能够阻止自己臣民获得永恒幸福生活的国王而解放,对自己的国家就是立下最伟大的功勋。

您会看出,夫人,耶稣会教徒——这些鼓吹弑君的人——是根据基督教的原则行事的,虽然他们的布道很少有助于国王权力和民众安宁的巩固。同时由于这些原则,任何信仰基督教的国王的生命完全取决于教皇或任一位主教毫无道理的要求,教皇或主教一旦宣布国王是异教徒并开除出教会,立即就会使他变成暴君,并且号召随便遇到的、失去理智的、追求大苦大难的圆满结局的宗教狂信者愤怒地对他迎头痛击。如果同一些耶稣会教徒谄媚过国王,并为拥护专制政权斗争过,这样做只是因为他们本身是自己那些盲目屈从于他们愿望的国王们的良心的无限主宰者;如果国王们没有表现出所需要的恭顺,耶稣会教徒就会立即转为暴动和反叛。

教会屈从于国王总是有条件的;神甫们只有在国王们执行教会的规定,不妨碍教会的行动计划,不侵占教会财富,不企图改变神职人员将自己的荣耀和福祉都建立于其上的种种教条,以及最后,要求国王承认他们那些如此明显地违反最高政权的利益和十

第九封信

分显然地动摇王位的巩固的神圣权利的那种条件下,才会服从自己的国王,才会开始在国王面前奴颜婢膝和支持他的权力和威信。

只要用不带偏见的眼光去看待事物,就会确信,神甫们是极其危险的人物。他们的目的是控制人的头脑,这样才有可能夺取钱财。这就是为什么人类的这些敌人总是到处向科学和理性宣战的原因;他们的整个体系十分明显地都是为了奴役各族民众而设立的,在这些民众中他们力图支持无知和愚钝。神甫们为了享有财富和权力,注定要使自己的同胞陷于无知、贫穷和不幸;他们通过什一税[①]、代役租和种种敲诈勒索使农村劳动者疲惫不堪;他们压制思想感情的强烈表现、迫害有天赋有才能的人,似乎合乎他们需要的只是控制无告的和不幸的人。欧洲一些最美丽的国家,同自己笃信上帝的君主一起恭顺地承认神甫们的权力,使区域内荒无人烟和凋零衰败。让教会有权自行处理信仰事务和迫害自己敌人的宗教裁判所,保持了虔诚的教义在意大利、西班牙和葡萄牙的不可侵犯性;然而同一个宗教裁判所却未必促进了这些国家的繁荣。在这些上天亲自祝福的地方,只有神甫们和僧侣们才过着富裕的生活;这些国家的君主们是软弱无力和毫不光彩的,他们的臣民在赤贫和奴役中过着极可怜的生活。这些臣民甚至没有勇气摆脱可怕的穷困;他们不再工作,而是在某个高级僧侣或富裕神甫的门口讨饭或乞讨施舍;他们放弃所拥有的为数不多的东西以便取得在上帝面前替自己辩护的机会;在最肆无忌惮和最不道德的人们那

[①] 什一税,是西欧天主教会按照劳动居民收成和日常的任何收入的十分之一的规模征收的赋税。从十三世纪开始出名的什一税是教会封建剥削制度的主要形式之一,是上层神甫们发财致富的泉源。在法国它被 1789 年的法国革命所废除。——俄译本注

里,他们买下自己罪行的赦免[①]。而且最后,他们总是准备好起来反对自己的国王,只要任何一个谋反的僧侣告诉他们,世俗政权在所有灾难中都是有罪的,而这些灾难的真正罪魁祸首最经常的原来乃是教会。

神甫们不断地硬说,他们的活动是很有益的。他们不仅赞扬民众这么多世纪来曾获得其成果的祈祷,而且强调自己在民众教育、社会培训、道德基础的讲授和维护中的作用。哎呀,夫人,如果我们试图衡量神甫们这些所谓的功绩,我们会看到,功绩归结为零;我们确信,他们没有带来任何利益,而是对各族人民有害的和致人死命的。

对我们那些不幸完全受神甫们支配的青年的培养和教育的实际情况怎样呢?神甫们是否力求从我们中间成长出勇敢的、有理性的和有高尚品德的公民呢?一点也没有。他们使我们变成整个生命都为想象中的恐怖所折磨的胆小鬼;他们使我们成为仅仅习惯于僧侣美德的迷信的人,成为恭顺地追随自己导师遗训的人,而且竟然是彻头彻尾毫无益处的社会成员;他们使我们成为不容异见的、决心敌视和迫害任何与我们思想不同的人的虔诚信徒;他们使我们成为宗教狂人,决心随时起来反对自己的国王,只要人们使我们相信这个国王是教会的敌人。神甫们向受自己培养的人教导什么呢?他们迫使这些人把宝贵的时间耗费在读祈祷文、机械地牢记信条上,这种信条甚至在更成熟的年龄也不可能弄清楚;他们

[①] 指赎罪券,即以罗马教皇的名义实行"免罪"的文书。肆无忌惮地买卖赎罪券给天主教会带来了巨大的收益。借助于按照特殊的规定价格支付的这些文书,任何甚至最严重的罪行都得到了宽恕。赎罪券的买卖在天主教会中至今仍然存在。——俄译本注

教这些人死去的语言,这些语言在现代社会是没有用处的,充其量也只能用来消遣。而且最后,这种模范教育的结尾就是哲学教育,这一哲学在神甫们手中变成空洞无聊的东西,变成某种失去任何意义的东西,它应该为学生们接受被称为神学的不可理解的科学作准备。这个神学对各族人民有没有任何好处呢?人们丝毫不能理解的无休止的形而上学争论,他们是否感兴趣呢?巴黎和全法国的居民从我们的神学家们关于应当怎样理解神恩的种种争论中是否有很多收获呢?

至于神甫们不断向我们讲授的种种教导和规则,那么确实需要具有强烈的信仰才会在其中看出任何一种好处。这些大受吹捧的教导就是向我们传授非语言说得清的秘密、不可理解的教条、荒唐可笑的寓言和童话、骇人听闻的故事、阴森残酷的预言、使人惊恐不安的威胁,以及首先和基本的是甚至布道者本人也无法弄清楚的最深刻的宗教真理和体系。老实说,夫人,尽管我十分愿意,也无法在这一切中看出任何有益的东西:能不能认为各族民众有无穷的义务把人们思考全人类同样理解不了的种种秘密变成一种职业呢?您会同意我,我们的神学家们令人难受地和锱铢必较地研究建立和保持教理的纯洁性,是在白白地浪费时间。各族民众在任何场合都不可能享用他们伟大劳动的成果。教会的讲台常常成为神的传教士们互相诽谤、把自己的情欲传染给教民们和唆使他们攻击教会敌人的论坛,成为偏执、恐怖和反叛的喉舌。如果神甫们宣传道德,那么这种道德就是超自然的,对人很少有益。如果他们颂扬美德,那么这些美德就根本不适应人类社会,正像我们上面对此已经判明的一样。如果某个神甫在自己的布道中偶然无意中说到真正是人的和社会的美德,那么您自己知道,夫人,这个不谨慎的布道者就会立即成为自己同行们批判和敌视的对象；虔诚的信徒们会藐视他，因为他们只心爱他们不理解的福音美德；对他们说来更重要的是种种莫名其妙的仪式，在这些仪式中一切道德都归结为笃信上帝。

　　这就是这么多世纪以来教会和神甫们给予各族民众的那些重要功绩所不会超越的范围！老实说，他们不值民众必须为这些功绩支付的那种过高的价钱；相反，如果按照神甫们真实的价值来评价他们，人们也许不得不得出结论说，神甫们不应得到比在十字街头和草药广场大肆吹嘘的任何一个江湖庸医更多一文钱，这些草药比他们似乎预定要去医治的疾病更加危险。

　　如果剥夺神甫们由于人类的轻信所获得的大量地产中哪怕一部分，如果限制或者甚至完全消灭他们对国家政权的影响，如果取消他们的一切优惠和特权、一切虚幻的和危险的权利，最后如果驱使教会的神职人员哪怕只是简单地成为安静的和听话的臣民，——国王们随便什么时候都可能帮助民众，使人们恢复勇气，重新唤起他们的毅力，在生活中激发才能、理性，从而得到可靠的和忠实的公民。在国家内部仍然存在双重政权的时候，两种权力必不可免地将处在无休止的战争状态；神明支持的那个政权自然总是控制着人类的权力。如果无论这个或者那个政权开始以神的起源自居，各个民族就会彻底地道德败坏，臣民们就会分裂成两个阵营；从而更可怕的将是内战，甚至国王本人的首级在同教会邪恶势力的斗争中未必会保持在双肩上。亚伦的蛇归根到底会吞食法老术士们的蛇。①

---

　　① 指圣经中关于埃及术士们同摩西和亚伦之间创造奇迹比赛的神话情节之一。《出埃及记》，第7章第11—12节］["耶和华晓谕摩西、亚伦说：'法老若对你们说：你

第九封信

您问我，夫人，开明君主有什么办法可以约制不顺从的神甫们，他们从古以来就控制着民众的头脑，而且善于不受惩罚地整治国王本人。我回答您，尽管教会专心致志的关怀和竭尽一切可能的努力，各民族仍然坚定不移地追求启蒙；人们感到自己要摆脱不堪重负的枷锁很疲劳，他们如此长久地忍受这枷锁只是因为他们真诚地相信这个枷锁是上帝放在他们身上的，它是他们的幸福所必需的。错误不可能永远继续；随着真理的到来，错误就会消失。我们的神甫们很清楚地了解这一点，他们无休止地高谈阔论，反对所有追求人类启蒙的人，这便是害怕和担心他们的行动计划迟早被揭穿的无可辩驳的证据。他们害怕哲学的慧眼，他们担心理性的王国，这理性既不容许无政府状态，也不容许反叛。因此国王们不应当分担这些害怕，并使自己变成教会复仇的工具；国王们由于支持谋反的对手，就损害着自己，这些对手在一切时代都是世俗政权真正的敌人和社会安宁的破坏者；当国王们把自己的利益同神甫们的利益结合在一起，并且阻碍各族人民从他们的错误认识中解放出来时，他们就跟自己的敌人结成同盟。

各民族的执政者们比其他任何人都更关心人类理性的进步和谎言的消灭，谎言的牺牲者首先始终是他们自己。如果人们没有逐渐变得更加开明，国王们还像过去一样就仍然处在罗马教皇的控制之下，教皇可以按照自己毫无道理的要求在国内掀起叛乱，鼓动居民反对国王，甚至也许剥夺他的王位和生命。如果人的理性

们行件奇事吧。你们就盼咐亚伦说，把杖丢在法老面前，使杖变作蛇。'摩西、亚伦进去见法老，就照耶和华所盼咐的行，亚伦把杖丢在法老和臣仆面前。杖就变作蛇。于是法老召了博士和术士来，他们是埃及行法术的，他们也用邪术照样而行。他们各人丢下自己的杖，杖就变作蛇，但亚伦的杖吞了他们的杖。"参看前引书《旧约》，第58页。]——俄译本注

虽然不知不觉然而毕竟始终不渝地不行使自己的权利,国王们今天就仍然管理着大喊大叫毫无秩序的一大群无知的和笃信上帝的臣民,这些臣民只要任何一个狂热的神甫或残忍的僧侣发出第一个信号就会决心奋起暴动。

您要知道,夫人,自己有思想并且教会他人思想的人,比起理性的扼杀者和自由思想的刽子手对国王们说来有益到什么程度;您要知道,国家政权真正的朋友乃是那些促进民众启蒙的人。您会明白,赶走理性,迫害哲学,政府就是为了迎合叛乱的神甫们的心愿而牺牲自己最珍贵的利益,而神甫们的虚荣和贪婪是没有止境的,他们的骄傲自大不容许他们服从世俗政权,按照他们的意见,世俗政权应该匍匐在教会权力面前。

没有任何一个神甫不曾认为自己高于国王。教会不止一次地宣布过如此徒务虚名的奢望:当人们希望神甫们服从世俗政权时神甫们总是会进入疯狂状态;当人们希望神甫设身处地为自己想想时,神甫们就认为国王是门外汉,并且谴责为暴君统治;一切时代的每一个神甫都认为自己这个人物是神圣的,是上天赋予了种种权利的;如果不作出亵渎神明的行为,不侮辱上帝本身,任何人都不敢侵占神甫们的财产、特权、优惠条件,这些东西都是出于民众的无知和轻信才为他们攫取的。每当世俗政权试图用神圣不可侵犯的权力来限制这些仍然处在神甫们手中的权力时,群众性的骚乱就开始了;教会曾试图发动民众反对国王;神甫们宣布国王为暴君,因为他胆敢提醒神甫们注意法律,根除教会的舞弊行为,消除教会损害国家的可能性。在神甫们看来,政府只有在它消灭神甫们的敌人时才是合法的,一旦政府的行为符合理性和民众利益,他们就认为它是无法容忍的。

第九封信

神甫们本质上是最坏的人和最不可靠的臣民；需要发生奇迹才会使他们变成另一种人；在一切国家里他们都像家庭中被溺爱的孩子。他们目空一切，因为他们认为自己是上帝本人的使者和传教士。他们忘恩负义，因为他们确信，国王和民众给予他们所有那么多的幸福安康似乎只应感谢上帝。他们粗鲁无礼，因为他们许多世纪都享有完全不受制裁的权利。他们号召叛乱和阴险狡猾，因为他们总想扮演主要角色。他们是喜欢争论和煽动暴乱的人，因为他们任何时候都没有就如何解释他们教给人们的那些所谓的真理达成谅解。他们多疑、不相信人和残酷无情，因为他们十分清楚地意识到他们有一切理由担心他们的罪行迟早将被揭露。他们是真理自古以来的敌人，因为他们预感到真理会粉碎他们的一切奢望。他们在复仇上是铁面无情的，因为宽恕力求动摇他们教理的人们对他们说来是危险的，而这些教理的毫无根据他们是十分清楚的。他们口是心非，因为他们大多数人都聪明过头，以致相信他们向人们鼓吹的种种莫名其妙的东西。他们顽固坚持自己的错误认识，因为他们是空虚的，而且放弃他们硬说是上帝创作的学说对他们会是危险的。我们常常遇到放肆专横不讲道理的神甫，因为游手好闲、娇生惯养和奢侈阔绰使他们腐化。不过有时我们在神甫们中间也见到过着要求严格的生活的苦行僧，当他们认为这种方式最好，可以取得威信和达到自己徒务虚名的目的。如果他们背信弃义而且奸诈狡猾——他们就很危险；如果他们愚蠢而且充满宗教狂热——他们就更可怕。而最后，他们几乎始终是暴动分子和叛乱者，因为他们体现着神的权力，是不会降尊屈服于人的权力。

这就是，夫人，强大组织的正确形象，为了这一组织，政府自古以来牺牲了其他所有的人。这就是从迷信取得最丰厚利润的公民,就是尘世的国王们当着民众的面匍匐在其跟前的那些人;这就是国王们所相信的、当成自己政权支柱的、认为是自己国家的幸福和巩固所必需的人。请您评断一下完全类似的情况;您比其他任何人都更有可能观察到神甫们的阴谋和他们的行为,听他们的布道;而最后,您会同意我,他们经常的目的就是勾引国王,以便奴役民众和控制民众。

为了讨好这些危险的人,国王们认为必须干预神学争论,并且站在这样一些神甫一边,这些神甫善于讨好国王,迫害不顺从的人,对理性保卫者作出残酷的判决,取消启蒙,使自己的权力遭受最惨重的损失。因此当国王们试图干预神甫的事务,力图使神甫服从合乎理性的法律时,神甫们就大喊大叫亵渎神明;因此当国王们拒绝同教会敌人作斗争并且对教会的争论表现出彻头彻尾的和理所当然的漠不关心时,神甫们就辱骂国王,称他们是没有良心的人。

当国王们拒绝偏见,最后希望成为自己国家真正的主人时,他们就不再听取自私自利的以及常常是极其残暴的神父们的建议,这些神父到处谋求利益,希望为他们牺牲掉一切社会阶层的幸福、安宁和财富。让国王们任何时候都不要牵扯进教会的争论,因为无论站在这一方面还是另一方面,他们都会从而极度加深这些纠纷的危险性;让国王们不要为双方同样荒谬同样毫无根据的宗教信条进行迫害;所有这些争论任何时候都不会给国家提供任何利益,如果国王本人没有表现出怯懦,没有让其中一方把自己吸引过去的话。让国王们使自己的臣民享有思想自由,然而借助贤明的法律来控制臣民的行动;让国王们准许每一个人都可以随心所欲地想望和幻想,只要人的行为符合道德律令和国家法律。让国王们哪怕是不妨碍启蒙也好,只要能够拯救民众摆脱无知、偏见和野蛮,而信仰基督教的国王们本人常常就是后三者的第一个牺牲品;让执政者们确信,受过教育的和文化程度很高的臣民比愚蠢的、无知的和轻率的奴隶既可靠又好使,这些奴隶在任何一个宗教狂人的唆使下总是决心献身于任何情欲。

让国王们把最严肃认真的注意力放在自己臣民的启蒙上;不能允许把民众教育事业整个交给神甫们,他们对于自己培养的人从童年起就维护毫无意义的神秘的概念和情绪,使他们养成迷信的习俗,并使他们成为宗教狂热分子。如果国王没有能力及时防止狂妄教理的传播,就让他关心关心矫正的方法,进行理性的、符合国家利益促进公民福祉的社会伦理体系的教育;这种道德教导人对自己、对邻人、对社会以及对政府的责任。具有这种道德的人不会敌视自己那些没有这些信念的同胞;这种道德既不会使人们变成危险的热心人,也不会使他们变成盲目服从神甫的虔信者;受这种道德教育的人们会成为合法政权稳健的、理性的臣民;一句话,这样的道德培养出品德高尚的人和优秀的爱国者。真正的、合乎理性的道德是反对迷信和宗教狂热的最可靠的手段。

由于这一切,教会权力逐渐受到限制;国王在自己国内已经不再有竞争对手;他将独立治理自己有健全思想的臣民;教会的财富逐渐回归社会,这就有可能提高民众的公共福利。无益的设施可以利用来谋取社会和国家的利益;教会财富的一部分一开始本来是要给贫苦人的,后来为贪婪的神甫非法占用,现在归于穷人们,归于自己合法的主人。应当依靠善于理解和评价提供给民众的福祉和好处的民众,国王们毋须担心宗教狂人的大喊大叫,因为已经没有任何人追随他们了。不关心国家未来,缠住与自己志趣不同的民众不放以博取欢心的神甫、无所事事的僧侣、惴惴不安的童男的人数逐渐悄悄地在减少。国王变得更加富裕强大以后,就不会限制自己的善行;他将满怀信心地治理国家,并且懂得,敌视教会的人绝不是自己国王的王位、荣耀和真正伟大的敌人。

这就是,夫人,任何认识到自己真正利益的政府应当给自己提出的那些目标。我希望我的计划既不会使您觉得是不可能,也不会使您觉得是不切实际的;通向实现这些计划的道路已经为越来越广泛传播的启蒙活动准备好了;让这些计划促进理性的进步,即或是不妨碍这一进步,而且您会看到,国王们和各民族怎样没有动乱没有纷争逐渐摆脱这么多年压在他们身上的桎梏。

我们祖先笃信宗教的种种纪念物凭什么能够有益于社会呢?我们看到这些纪念物中间有预定为无所事事的宗教狂建造的修道院;有各民族贫苦民众为满足神甫们爱虚荣的贪欲修建和装饰的珍贵的教堂,为神甫还盖起了祭坛和宫殿。从基督教产生开始,一切似乎都是以各民族民众和王朝的破产为代价扩大教会名声而服务的。宗教控制了人们的头脑;人们忘记了他们生活在地球上,而且只关心无人知晓的极乐世界中自己即将来临的幸福生活。是结束教会权威的时候了;是人类从事自己绝对必需的事务的时候了,这些事务与掌握着把人类引入迷途的权利的神甫们的利益将始终不能相容。您越是更多地研究基督教教理,您就越会更明显地看到,这一教理对那些自行担负起领导丧失理智的人类的不重的劳动的人说来是有利的。

余删。

第十封信

论宗教给宣传宗教者带来的好处

我感到自慰的是，夫人，抱有希望曾经能够清楚地向您表明，基督教不仅不能成为国家政权的支柱，反而是国家政权最实在的敌人；我希望曾使您完全确信教会的神职人员按其本性是国王的竞争对手和世俗政权最危险的敌人。而且最后，我已向您证明社会没有神甫们的效力或者至少拒绝为这些效力支付过分高昂的报酬也完全可以过得去。

现在我们考察一下这个宗教给个人，给对它最深信不疑、驯服地履行它一切规定的追随者提供怎样的福祉和好处。我们看看在什么程度上它能够使自己信徒成为心满意足的、幸福的和品德高尚的人。

为了回答这个问题，对我们说来，考察和研究一下宗教怎样影响真正深刻洞察宗教所谓真理的人们的头脑就足够了。通常我们看到，最真诚地信仰基督教教理和最准确地奉行它的戒条的人们都陷入忧郁，陷入灰心丧气的情绪，这种情绪最少证明得到了幸福；在他们身上我们看不出人们不断地反复向我们申说而且任何时候事实上都不可能展示的那种内心的平静和安宁。当一个人对自己感到满意时，这不可能不表现在他所有的行为上；虔诚的信徒们如此细心地躲开旁人的眼睛把自己内心的满意藏匿起来，却难以相信他们真正体验了这种满意心情。纯洁的良心产生的内心平静在他们那里最经常地表现在不能不使周围人们感到痛苦的易动肝火的暴躁性格上。如果我们偶然遇到任何一个虔信者有愉快、宽厚的好心情，那只是因为种种阴暗的观念还未能彻底损害他善良随和的性格；或许是这样，人还不够深刻地体验宗教体系的精神，如果深入地研究这个体系，必不可免地会使人们遭受最难以抑制的惊慌和最无止境的忧愁。

凡是以十分严肃的精神深入思考基督教徒崇拜的专制任性的上帝观念，同时力求设想《圣经》所描绘的这个上帝的一切暴虐行为的人；凡是认真考虑关于少数人任意作出的和不应接受的选择和大多数人预先注定灭亡的令人不快的教条的人；凡是懂得他任何时候都不可能确信他是否应该得到恩典或者遭受愤怒，懂得得到和值得万能者赏识不取决于他的人；凡是得出结论认为一分钟的软弱会立即使献给美德的整个一生的功绩化为乌有的人；凡是，重说一遍，让自己头脑中塞满所有这些导致毁灭和令人惊恐不安的东西的人，都不可能——如果他没有丧失理智——尽情欢乐，也不可能表现出真诚的无忧无虑和开心愉快。您能不能相信，夫人，我们那位认为自己对待姊妹的柔情是一种罪过，常常由于笃信宗教而粗鲁地残酷地对待她的虔诚信徒巴斯噶在社会生活中是欢乐和愉快的人呢？

在基督教中，一切都必然引起沮丧和悲伤；它只谈论昏暗的东西。它宣传的上帝嫉妒我们心灵的每一次活动，嫉妒每一种甚至最自然的天赋；这个上帝禁止最正当的快乐，它渴望我们的呻吟、我们的眼泪和苦难，它喜欢使我们遭受折磨，它要求我们自杀，拒绝一切我们希望和喜欢的东西；它规定我们要敌视一切尘世的东

第十封信

西;一句话,向我们提出的种种要求都是根本上违反我们的自然禀赋的。这样的上帝自然未必能够产生愉快的、平静的心情。不怜恤亲生的儿子而且为在他面前犯下的一些最微不足道的无意识的过失而无限制地进行报复的上帝,——这样的上帝只能使任何一个不幸信仰它的人的心灵陷入绝望。而且最后,因为随时都会面临已经预先决定其命运的残酷无情的审判而应当害怕死亡的基督教徒,不能不亲身感受经常的恐惧。我们会怎样看待一个愉快地或者哪怕只是平静地等待自己死亡判决的人呢?

总之,夫人,不必引证我们神甫们自相矛盾的夸夸其谈;他们被自己种种可怕的教条吓得要死,力图用朦胧的希望鼓励鼓励我们,并且呼吁信仰他们曾经使我们反对过的上帝;让他们不要对我们说基督的负担是轻松的;相反,对于任何懂得这负担是什么的人说来它都是无法忍受的;只有对不假思索就扛着它的人或者对把它转到别人肩上的人说来才是轻松的。

请允许我,夫人,谈谈您。当有人告诉我关于已经开始逐渐致命地控制着您的头脑而我现在正竭力驱散的迷信在您心中产生的那些隐秘的焦躁不安时,您是否很幸福、很满足、很愉快呢?难道您不觉得您的灵魂正陷进绝望最阴暗的无底洞么,尽管您有清醒的头脑,有健全的判断?您没有打算过最严肃认真地放弃幸福么?您没有准备过为讨好宗教离开尘世,忘掉自己的一切社会责任么?这一切都曾使我忧伤过,但并没有使我惊异:因为基督教认为自己的义务就是破坏人的幸福和安宁;宗教总是在灵魂中引起不安、恐惧;接受这种宗教,只有不深入思考它的教条才可能是幸福的;对您说来宗教意味着无穷无尽的不幸;您始终一贯的理智必不可免地力求整个地把握宗教的全部原则;您的敏感的想象会把您引向对您自己危险而对您的邻人和朋友则十分难受的绝境。像您这样的灵魂任何时候既不会有安宁也不会有平静；宗教的威吓十分令人信服，而宗教自相矛盾的安慰又太不确定，也不可能使人产生相信自己的感觉，产生这样一种平静心情，没有这种心情既不可能建立自己的幸福生活，又不可能为他人的幸福而工作。

我已经对您说过，我认为如果一个人自己是不幸的，他就不可能关心他人的幸福。一个虔诚的信徒，自己拒绝一切，怀疑一切，不停地指责自己，用祈祷、斋戒和离群索居来激起宗教性的神魂颠倒，就必然要对所有不认为必需迫使自己作同样折磨人的牺牲的人发火和生气；这样的虔信者不能不大发脾气，也不能不谴责轻视按照他的意见是上帝本人加在人们身上的种种责任的门外汉们。对虔信者说来，社会中只有用他同样的眼光看待一切的人才是好的；他避开而最后则开始敌视所有其余的人；同时他认为必须到处展示自己的信念、自己的虔诚，甚至冒着成为笑柄的危险。而且如果这样的虔诚信徒显得故作宽容，他就不得不担心被人当作所有辱骂他的上帝的那些人的同谋；他应当揭发所有违反教规的人，而且他这样做自然是不顾情面的和艰难的，因为他内心并不轻松；他应当对他们生气，所以当他十分热心地履行自己虔诚的义务时他就转而采取令人们厌恶和不能忍受的态度；如果他表现出宽厚、随和与容让，——这就意味着他犯了反对宗教的罪行。

虔信上帝在我们身上产生种种坏的感情，这些感情迟早要表现在我们的行为上，并使我们疏远周围的人。虔诚的信徒们感觉自己是卓越的；平静对他们是难以忍受的，他们也忍受不了如果每个人都追求宗教规定的种种高尚的和可望而不可即的种种美德就不可能存在的平静。基督教同世俗世界是无法结合的；上帝要求我们全

第十封信

心全意,对于我们卑微渺小的同人我们无权隐瞒任何东西;一旦开始笃信上帝,我们甚至认为有义务折磨自己的邻人,为的是劝导他们走上高尚品德的道路,似乎他们未来的得救就取决于这些品德。

奇怪的宗教,不是这样吗?要知道如果每一个人都准确地和无条件地履行它的一切规定,这就会导致社会完全崩溃!真诚的信徒们给自己提出和人的本性格格不入的、可望不可即的理想;同时,尽管自己尽了一切努力,人还是不可能达到这些理想,他始终对自己不满意;他认为自己是上帝愤怒的牺牲,他在一切事情上都责备自己,为了允许自己得到的一切快乐,他经受着良心责备;他由于担心每一步都可能使他走向毁灭而颤抖;他得出结论,避开社会是更正确更可靠的,这个社会每时每刻都可能使他摆脱种种虚假的义务,推向犯罪,使他成为道德败坏的目击者或同谋犯;而且最后,如果这个人很虔信上帝,他就不可能不避开或不鄙视按照阴郁的宗教观念只会做出使上帝生气或愤怒的事情的人们。

另一方面,您知道,夫人,通常正是悲哀和痛苦促使人走向宗教;当现今的尘世把我们抛弃或者不再为我们所喜欢时,我们照例会转向天国;爱好虚荣的人们正是在教会的怀抱里找到对自己的挫折和对追求功名的计划的破产的慰藉;当矫揉造作和荒淫无度的妇女们看到世界不再关心她们时就会成为虔诚的信徒;那时她们就会把自己疲惫不堪的心灵和这个世界上已经没有任何人可能被俘虏的、枯萎的美色交付给上帝;她们内心充满苦闷,受到忧伤的折磨,于是疯狂地反对社会,在这里已经不指望扮演任何角色了,在她们由于种种恶德和疯狂行为在世界上弄得声名狼藉以后就沉湎于宗教性的疯狂;她们暗自拼命地把目光朝向上帝,老实说,上帝已经不是那么慷慨地为失去了的魅力而奖赏她们。一句话,人们大多数都是在情绪不好、不幸、失事的影响下转向上帝的;我们为大大的失望和某些强烈希望的破产所促使,通常落到神甫们的手中;天命注定也就表现在这里;上帝给予我们痛苦,为的是拯救我们。

因此,如果在我们看来笃信上帝的人通常是忧郁阴暗和严酷无情的,丝毫不必惊讶。而且这种情绪不断地得到宗教的支持和培育,宗教只会越来越大地使落入其影响下的灵魂变得更加残酷。但是同神甫谈话乃是对失去情人的效力不大的安慰;对来世生活的希望不可能为我们顶替今世的现实快乐;而且一切毫无用处毫无意义的宗教仪式未必能够占住整个心灵,这个心灵某个时候曾经既未充满阴谋诡计,也未充满尘世生活的享乐。

总之,我们看到,夫人,人们对宗教这些令人震惊的诉求的结果对我们凡人没有任何价值,这些结果应该以其整个大集合使万能者高兴。如果由于上帝的仁慈在人身上发生的这些改变没有使人终于变得更幸福更愉快,那么从所有见证和目击这些改变的人的这些诉求那里得到的快乐和利益就更少。真的,无论什么人都向上帝求诉,这对社会有什么好处呢?受到上天表彰的这些人不会变得更好;他们对自己邻人没有做过任何实实在在的善事。任何一个傲慢的和位高权重的朝臣会不会变得谦虚和善良呢?一个残酷的人是否会纠正他曾干下的那一切恶行呢?盗窃国库的人是否会归还他从社会那里窃取的一切东西呢?一个矫揉造作的上流社会妇女用自己的宗教热忱会抵消她的放荡性格和优哉游哉的生活给家庭造成的那一切恶行么?不,当然不会,这些亲身体验接触上帝指示的改宗教徒大都受到以下事情的制约:祈祷、斋戒、慈善行为和离群索居、参观教会、崇拜神甫、对这个或那个教会党派有

第十封信

利的阴谋和诽谤、对所有不同意他们神甫的人的污蔑,以及对他们丝毫不了解的事业的可笑的和夸大的尽心竭力的展示;这一切就完全包括他们对上帝的义务;无论人们还是社会都不会在他们神奇的急剧变化中赢得任何东西;相反,笃信宗教常常只会加深和更加扩展不好的品性,这些品性始终是我们新入教者的特点;不过现在这些品性和情欲获得另一种应用,而宗教总是替为了自己利益准许采取的极端行为辩护。比如,一个贪图功名的人变成爱好虚荣的和令人不安的宗教狂热者,并且找到替自己笃信宗教的激情辩护的理由;失宠被贬的朝臣以上帝的名义开始搞起反对自己敌人的阴谋诡计;凶恶的和爱报复的人在为上帝复仇的借口下为自己的委屈寻找报复的方式;失去美色而转向上帝的妇女认为自己有权毒害丈夫的生命;她拿其他女人无可非议的娱乐为借口十分虔诚地开始诽谤她们;她为了要展示自己笃信上帝,暴露的只是坏的情绪、嫉妒、猜忌、阴险狡猾;她十分关切上帝的利益,表现出自己全部的无知、自己全部近乎病态的幻想和轻信。

是否值得,夫人,如此长久地谈论这一切呢?您生活在有太多虔诚信徒和太少真正具有高尚品德的人的国度里。只要愿意您无须花力气就会确信,在这些深深信仰上帝、确信宗教的崇高使命和很高效益、不停地断定宗教赐予的安慰和它灌输的美德的人们中间,您未必会找到真正幸福的人;要找到宗教使之变得优秀的人们就还会更少。如果他们深深浸透了阴郁的和令人惊恐不安的宗教观念,他们就会向您显出尖酸刻薄、令人讨厌、落落寡合的态度;如果他们更轻率更肤浅地对待自己灵魂的拯救,他们就会对您产生较少可憎的印象。宫廷里宣传的宗教,如您所知,乃是交替进行的虔信宗教的种种仪式和娱乐活动的混合:弥撒、喜庆活动、几分钟用来祈祷,——然后重新娱乐;在这里,基督的宗教轻易地同为魔鬼服务结合在一起。我们在这里看到奢华、虚荣、贪图功名、阴谋、复仇、嫉妒、轻率,这些很容易同宗教的禁欲主义要求相协调。连连称这个世界伟大的诡辩家很容易替这种混合辩护,并创建一种适应人们的环境、情欲和缺点的新宗教;过分严峻和虔诚的神学家们对于同意在不受任何限制的条件下宣传宗教的人是不满意的,并且感到气愤。这就是力求恢复最初几个世纪禁欲主义基督教的冉森教派不可能在宫廷流行的原因。达到极端的基督教原则和教理,只有类似它的创立者的人们才办得到;这些原则和教理的创立只是为了那些尖酸刻薄的、严峻的、不满的、备受命运压迫的人们,这种命运按其起源跟奢华、权力、荣耀地位是格格不入的,这些人必然成为一切不许他们幻想的尘世幸福的敌人。虔信者们很机智很狡猾地善于把厌恶或鄙视他们无法理解的东西当作自己的功绩。

但是,思想一贯的基督教徒不应当妄想得到任何东西;他不应当欲望任何东西;他应当避开尘世和尘世的一切豪华,应当压制自己的情欲。这就是真正的斯多葛主义者①,他的悲伤的哲学是由

---

① 斯多葛主义者,是斯多葛主义的拥护者。斯多葛主义是公元前四世纪产生于希腊、由季蒂昂的芝诺(约公元前336—前264)创立并存在到公元六世纪初的一个哲学学派。古希腊的斯多葛派具有唯物主义的倾向。后来斯多葛主义退化为同宗教紧密联系的唯心主义学说。古罗马最著名的斯多葛主义者是赛涅卡、爱比克泰德、马可·奥勒留。霍尔巴赫指的正是罗马的斯多葛主义,它的注意力主要集中在道德上。罗马的斯多葛派反对伟大的希腊唯物主义者和无神论者伊壁鸠鲁(公元前341—前270)及其罗马继承者卢克莱修(公元前99—前55)的伦理学。他们教导说,世界上存在宿命的必然性,并且号召人们道德上自我完善,似乎通过顺从命运、绝对消极无为、拒绝"此岸"世界的快乐,就可以达到这种自我完善。斯多葛派的伦理学对公元一世纪所形成的基督教给予了强有力的影响,而基督教正如恩格斯指出的,是"从普遍化了的东方神学、特别是犹太神学和庸俗化了的希腊神学,特别是斯多葛派哲学的混合中"产生的[《马克思恩格斯全集》,中文第1版,第21卷,第349页]。霍尔巴赫这里暗指基督教道德与斯多葛主义之间的相似。——俄译本注

第十封信

宗教的盲目迷信产生的。他追求的不可达到的完善产生不断的内心斗争,这一斗争归根结底会使他成为不幸的人;他应当经常保持警惕以对待一切尘世的东西,因为一切尘世的东西可能是诱惑和犯罪的引线。真正的基督徒是自己和整个人类的敌人;为自身的安全他应当像猫头鹰一样的生活,不要让任何人看见。宗教使他成为反社会的、对自己和他人都同样无益和讨厌的生物。一个不停地忐忑不安的、感受痛苦的、沉醉在祈祷和沉思中的人,对社会有什么意义呢?虔诚的信徒应该躲开不道德的世界,应该敌视能够使他毁灭的荣耀地位和财富,他禁止自己引起上帝愤怒和嫉妒的享乐,在这样的虔信者面前能够提出怎样的生活目的呢?

这种以幻想为基础的道德会有什么结果呢?可以拿这种道德跟大家都承认可是谁都不遵守的那些过分严峻的法律相比。我们知道某些哲学家曾经讨论纯粹无神论社会存在的可能性[①];我觉得,仅仅由真正信仰基督教的人组成的社会是否能够长久地存在这个问题要更加合理的多。[②] 一个国家的居民为了追求完善,在直观、沉思、懊悔和祈祷中度过全部时间,避开财富、荣耀、高级地

---

① 霍尔巴赫首先是指法国思想家比埃尔·培尔(1647—1706)。他不仅热情地捍卫了宗教信仰的自由,而且捍卫了一个人成为无神论者的权利。培尔驳斥了教会对不信神的诽谤,高度评价无神论者的道德面貌和人格。用马克思的话说,他"证明,由清一色的无神论者组成的社会是可能存在的,无神论者能够成为可敬的人,玷辱人的尊严的不是无神论,而是迷信和偶像崇拜,并从而宣告了……无神论社会的来临"[《马克思恩格斯全集》,中文第1版,第2卷,第162页]。——俄译本注

② 比较培尔在《关于彗星的不同见解续》(Continuation des pensées diverses sur la comètes)第4卷第124、125篇中,日内瓦的卢梭先生在他的《社会契约论》第4卷第8章中关于这点所说的话。另参看《蒙田书信集》(Lettres ecrites de la montagne),第一封信,第45—54页。作者讨论同一问题,并用会使读者产生巨大兴趣的新议论来加强自己见解的分量。——出版者注

位,在这样的国家里会发生什么情况呢?一个国家的居民不考虑明天,只是全神贯注在神的事务上,完全鄙视涉及易逝的尘世苦难生活的一切,在这里每个人都把不结婚当作自己的功劳,在这里所有的人都极度忙于宗教的作业和仪式,以致没有留下时间来帮助自己的同胞,在这样的国家里会发生什么呢?显然,这样的社会只有在菲瓦依达①才可能存在,而且很快会土崩瓦解。如果我们在某些修道院里看到教徒们这种结合的例子,那么要知道,对于在这些合乎神意的地方生活的宗教狂人有社会在操心。然而如果整个民族忘记了尘世的一切需求,只为天国而奔忙,谁来操心整个民族呢?

不能不承认,基督教确实不是为这个世界创造的;它既不能保障社会的幸福,也不能保障个人的幸福;它的上帝的戒条和教导都是无法实行的,与其说它会使人成为幸福的、精力充沛的和品德高尚的,不如说会把人引向绝望和消沉,使人失去对自己和自身力量的信心。如果基督教徒想留在社会中,他就必须准许对宗教的所有要求作一定的削减;一旦他开始追求自己的幸福,他就不再是真正的基督教徒;一旦他想关心自己的同胞们的幸福,他就会藐视天国的幸福生活;一旦只注意自己的愿望,允许自己生活快乐,并且进入自己同胞们的社会(这些同胞能够以自己种种情欲和毛病感染他),他就有冒侮辱上帝的危险;一句话,真正的基督教徒是不属于这个世界的人。

因此,只要基督徒想起他是人,他就不得不立即放弃自己超自

---

① 菲瓦依达,埃及南部的一个小地方,公元三—四世纪基督教僧侣们曾在那里定居。——俄译本注

第十封信

然的和神圣的原则。强烈地控制着普通凡人的种种情欲,在基督徒身上只是受到压制,而不是被消灭;最经常的是这些情欲获得还要更大的力量,并且能够很是危害社会。被虚假的克制所隐蔽、掩盖的这些情欲一旦挣脱在外,通常都会导致巨大的震荡。这时虚荣、复仇、残酷、凶狠、刻薄、嫉妒、假象掩盖的虔诚,就会引起最可怕的结果;这些情欲由于自己的放纵已经不知道止境。宗教不会消灭虔信者内心中的情欲;它又一次甚至替这些情欲辩护。经验常常告诉我们,最虔诚的基督徒丝毫不比所有其他的人更好,也不更坏,他们没有任何权利指责不信神的人的缺点和毛病,似乎这些缺点和毛病是从无神论信念中产生的。

确实,作为调解人的神甫以及他们虔诚信徒们的仁慈一点不妨碍他们指责和诋毁自己的敌对者,号召社会的愤怒和鄙视给他们迎头痛击;对上帝荣誉的关怀允许他们使用任何武器;尖酸刻薄和造谣诽谤对他们从来都有特别珍贵的帮助。如果听信神甫们的话,就可能以为不信神明只能是道德败坏的结果;人们之拒绝宗教只是为了放纵自己的情欲和毛病;按照他们的话说,不信神明的必要前提始终是作风淫逸、风俗放荡,极端骄纵。换言之,他们认为每一个拒绝相信他们的臆造和拒绝遵守他们非自然的道德律令的人都不可能有任何为善的动机,而表现突出的是不可遏止的作恶意向。

于是我们仁慈的神学家们就把自己权力的敌人变成危险的暴徒,社会为了自己的利益似乎应该驱逐和消灭他们。由此得出,凡是接受理性和拒绝迷信的人,——这是最轻率的人;凡是为宗教的一切罪行,为它造成的那一切罪恶而谴责宗教的人,都是坏公民;凡是指控神甫搞叛乱和群众性骚动的人本身就是社会安定的危险的破坏者；凡是面对爱虚荣的和阴险的神甫们挑起的惨无人性的迫害就胆战心惊的人，对公正性都没有任何概念，他应当窒息自己心中任何人道感情。由此还得出，凡是不承认为了促使人们成为品德高尚的、公正的和善良的人而在彼岸世界找出的那些骗人的虚假的动因的人，已经没有任何现实的、有促进作用的理由为了自己在尘世的幸福生活而在自己身上发展这些美德。而最后，由此得出，所有希望推翻教会暴虐统治和揭露无论对执政者还是对各族民众都如此致命的最大骗局的人，原来是应当受到法律追究的国家罪犯。

我想，夫人，现在您会确信，人类和国王真正的朋友不可能是宗教和神甫的合谋者。无论曾经把人引向不信神明的那些原因或情感是什么，无论从他不信神明中产生的那些原则是什么，——它们都不可能像如此荒唐残酷的宗教如基督教中直接而且必然地产生的那些原则一样如此极为有害，如此有破坏作用。不信神明不会给自己凭空捏造上帝的起源；它不会追求统治地位，追求控制人的良心；它不会提出使人的理智服从自己的目的；它没有任何理由为了他的信念而仇恨人，如果这些信念对任何人都不会带来损害的话。换言之，不信教的人既没有特殊动机，也没有贪财心理去为害和作恶，热衷于捍卫宗教的人总是会找到这么多为害和作恶的借口。掌权的不信宗教的人，比认定自己有义务迫害自己宗教方面的敌人的虔诚信徒既不会表现出更不公正，也不会表现出更凶狠。

有思想的不信宗教的人很好地懂得，今世的他有足够最迫切最现实的动机去做善事；他意识到，保存生命和避开一切可能给他造成损害的东西对他多么重要；在自己的自然需要方面，他感到自

第十封信

己同其他人是有联系的,他也知道,如果他暴露出任何一些恶德引起其他人们的憎恨,而且如果他在威胁权利和美德的行为上原来有罪过,他就会受到其他人的鄙视;他知道,如果犯下罪行和不服从法律,就会受惩罚。礼仪规则和社会责任、受到同胞赞许的愿望、对于给自己招致耻辱和惩罚的恐惧,对于约束任何思想健全的人说来都是十分强大的动因。如果一个人失去理智,世界上任何教理都不可能控制他不走极端;如果他拥有足够的权力,今世不怕任何东西,也不尊重人们的意见,对上帝愤怒的恐惧未必会比他随时在跟前看得见的法官的判决更有力地影响这种人。

我们听说,对爱报复的上帝的恐惧在任何场合都会预防如果人们的宗教不去阻止他们就会犯下的许许多多隐秘的罪行。可是难道宗教本身会及时防止隐秘的犯罪么?难道基督教国家不是充满着秘密企图使自己同胞破产和灭亡的一切种类的预谋犯么?难道外表看来最虔诚最善良的人们不是沉湎于各式各样的恶行么?如果这些恶行偶然被揭露,都会使他们感到羞耻。一个最深刻地确信上帝看见它的一切事务和意愿的人,经常不会脸红就偷偷干出如有另一个哪怕最渺小的人在场便不允许自己去做的这样一些行为。

宗教用来控制人的情欲的那种强大绳索究竟是什么呢?如果我们听信我们神甫们的话,原来在人们接受神甫布道并遵循他们的布道的国家里,既不会犯任何明显的罪行,也不会犯任何隐秘的罪行;原来神甫们本人都是真正的天使,而任何信教者都不知道自己身上有任何缺点。但同时,一旦我们被某种强烈的情欲、根深蒂固的习惯吸引住,或者我们被自己利益的种种考虑所迷惑,我们就会忘记自己宗教的全部理论和论断;在这样一些场合我们便不再思考。这么说来使我们成为品德高尚或有恶习的是性格和习惯。不信教的人可以表现出有很强烈的情欲；他可以很清醒地谈论宗教，同时一旦事情涉及他自己的行为，就会失去任何健全的思想。准备相信一切的那种人，是不好的思想家；而如果他的行为也坏，那他同时便是既愚蠢又凶狠的人。

诚然，我们的神甫们不会承认不信教的人有能力思想；他们认为如果一个人宁要理性，不要他们的权威，这个人就不会合理地思考。不过在这个事情上他们是过分偏私的裁判，而这个问题应该由较少利害关系的人们来解决。暂时神甫们本人不是过分信赖自己的论断，为了加强自己的论据，他们总是把实力吸引来；他们用鞭子把人们赶进天堂；他们借宗教裁判所篝火的火光使人们皈依正教；他们用武力灌输信仰；他们有卑劣的手段挑起不能公开出来反对他们的人们进行争论。这种行为同关于深深确信自己论据力量的人们的观念是不一致的。如果我们的神学家确实拥有真诚的信仰，难道他们会害怕自由的和公开的辩论么？如果驳斥任何论据只会巩固他们的学说（假使这学说是正确的），难道他们对这种论据不会感到高兴么？那时我们的神学家们把墨西哥传教士的策略应用于自己的敌人，这些传教士强迫把同他们战斗的奴隶们捆在一起，并且杀死了他们，而不是在诚实的搏斗中同他们比力气。

无论如何完全可能的是，不信宗教的人可能行为不端，在这方面他当然不会跟任何虔诚信徒有任何区别。最狂热的宗教信徒不能不同意，在他们的同志们中间只有为数极少的特选者由于宗教才获得高尚的美德；神甫们有什么理由要求不依靠任何超自然的力量的无神论产生据他们自己承认连宗教也不能夸口会产生的成

第十封信

果呢？如果所有信教者都是品德高尚的人，宗教在自己同无神论的争论中自然会是胜利者，特别是如果所有不信宗教的人都是不讲道德的和行为不端的人的话。然而无论神甫们说过什么，我们在不信宗教的人们中间比在虔信者中间都会遇到多得多的品德高尚的人。良好的性格、合理的教育、对平静生活的追求、不愿受到羞辱和敌视、有益的习惯，对于一个人控制恶习和追求美德说来，原来都是十分充分的和比宗教更强大更实在得多的动因。而且跟虔诚信徒不同，不信宗教的人为了辩护和宽恕任何过失不使用无休止的诡计和无穷尽的论据。要知道信教的人总是能够赎偿自己的罪行；他总是能够找到同上帝和解与平静自己良心的方式。不信宗教的人干了坏事以后既不可能同他侮辱了的社会和解，也不可能同自己和解，如果他受到良心折磨的话。他不希望在来世得到奖赏，而更关心于受到所有文明国家里品德高尚、诚实正派的人都享有的尊崇和敬重；不信宗教的人尤其力图避免社会的谴责和社会使威胁社会安宁和福祉的人们注定遭受的所有不愉快事情。

看来十分明显，任何遵循理性法则的人比只相信自己想象力的人更能明辨是非。同样十分明显，凡是尊重人的本性和周围人们的人，必然要比只根据某个神秘莫测的上帝神谕的指示行事的人，有更实在的善恶、公正不公正、荣誉不荣誉的观念，这个上帝的仆役们是凶恶的、不公正的、背信弃义的、经常自相矛盾的，并且时常核准根本违反道德和我们关于美德的一切观念的、不合乎行为准则的举止。显然，在自己的行为中以宗教道德为指导的人，只会讨好神甫们毫无道理的要求和刁钻古怪的愿望，而且原来他们确实是危险的和不道德的人，尽管这时他完全确信自己品德高尚。而最后，同样明显的是，一个人如果根据宗教的戒条和规定行事，

171

就可能多么符合笃信上帝者的需要,却既不是优秀的人,也不是品德高尚的人。经验表明,可以盲目地支持神甫们鼓吹的最不可理解的教条,最细心地执行他们规定的一切仪式,口头上赞扬基督教的一切美德,实际上则丧失为获得自己的幸福和促进周围人的幸福所必需的一切品质。甚至向我们提议作为典范的圣徒们本身在很高程度上对社会是无益的;我们总是看到他们中间的宗教狂人,或者愁眉苦脸,把自己牺牲给阴暗的宗教教理,或者精力充沛,在为宗教服务的借口下不断搅乱各族民众的安宁,最后或者是幻想家,虚构出能够使他们的信徒们头脑糊涂,神志不清的整套体系。凡是具有安静沉着性格的圣徒始终只关心自己,在自己虔诚的修士生活中只追求自己的福祉;而天生就有精力充沛、待人热情的气质的圣徒出现在社会面前时便鼓吹危害极大的幻想,他要求满足教会的种种奢望,他把这些奢望跟上帝的利益等同起来。

一句话,夫人,我任何时候都会不倦地重申,一切宗教体系都只是为了神甫们的利益而虚构出来的;基督教的道德始终只追求教会的利益;基督教鼓吹的一切美德,除了教会及其仆役的利益以外仍然没有任何别的目的;这些仆役总是力求奴役民众,以便从他们的劳动和轻信中捞到好处。无疑,既可以有合乎道德要求的人,也可以有品德高尚的人不曾参与所有这些行动计划;如果神甫们指责反驳他们的那些人,并且怀疑任何否定他们无益甚至极为有害的种种美德的思想家的正直无私,那么需要真正人性的和实在的美德的社会在任何场合都不应当干预他们的无谓争吵,借用公然团结起来反对这个社会的人们的情绪。如果宗教的仆役们为了巩固自己非法攫取的权力需要种种教条、圣礼、美德,那么政府为了实现它的合法权利则要求合乎理性的美德、人道的而首先是为社会安宁服务的道德。最后,组成任何社会的人们都需要这样的道德,它能够在这里即在地上保障他们的幸福,这些人不愿拿考虑到他们在某个臆造的、虚幻的、他们只是从神甫们的话语中才知道的世界里的幸福生活的种种道德律令来为难自己。这些神甫很轻易地就把自己的宗教体系同道德结合起来了,以便更加巩固凭借不可理解的和神秘的宗教教条取得的、自己的权威;因此他们成功地使人们相信,没有宗教,任何道德、任何高尚品德,都是不可能的。我希望,夫人,我已经成功地彻底摧毁了这一偏见,也十分清楚地向所有愿意思考的人证明,宗教自古以来宣传的所有这些观念都是远离现实的、模糊不清的和虚假的;然而,甚至一些哲学家也竟然常常感染上了这些观念,他们阻碍真正道德的发展,并使最可靠的、明白的和任何善于独立思考的人都能理解的科学变成令人怀疑的、不可理解的、为种种触目惊心的矛盾所苦恼的科学。

余删。

第十一封信

论人类的或自然的道德

夫人,如果您仔细思考过我此刻以前给您写过的一切,您就不能不确信,在狂热的、含混的、神秘的、矛盾的宗教的基础上根本不可能建立牢固的和始终如一的道德体系,宗教的追随者们本人关于宗教教理任何时候都不可能达成完全一致的观点。您会懂得,以同自己的信徒们捉迷藏为乐的上帝,偏心的和背信弃义的、其戒条完全互相矛盾的上帝,不可能成为道德的基础,道德在一切时代对一切人都应当是始终如一的。真的,根据对不公正的和阴险的上帝的信仰,怎么能建立公正和善良的概念呢?这个上帝使它为之创造了世界的人遭到诱惑只是为了因易受这种诱惑的影响而惩罚这个人。怎么信赖一边说"戒杀"同时又纵容消灭一整批民族的上帝的意志呢?对于有嗜血的摩西作为自己神意代言人,选择暴动分子、杀人犯和贪淫好色之徒大卫作为自己心爱者的上帝迫使接受的道德,能够形成怎样的观念呢?根据对其尘世的宠儿是最惨无人性的迫害者和凶残的恶魔的上帝的信仰能够建立人类的权利和义务的神圣法典么?我们怎么能够在崇拜创世主上帝同时到处散播叛乱,而一旦有人试图侵犯神甫们的特权便号召屠杀和复仇的这些神甫们的布道和教诲中汲取我们的道德义务观念呢?我们可不可以仿效或者表现自己是无益的热心者,或者表现自己是

第十一封信

愤怒不安的宗教狂,最后或者表现自己是顽固执拗借口捍卫神的事业在地球上搞成可怕的一片废墟的叛乱者的圣徒呢?健全的道德能不能建立在无法实行的和超自然的、其结果常常是有害的和危险的而且它们对我们本身以及对和我们一起生活的人都显然无益的种种戒条和美德的基础上呢?我们是否认为只向我们灌输不可理解的概念,和要求举行幼稚空洞的仪式的(为了这些仪式他们迫使我们轻视我们最迫切最现实的义务)那些神甫是我们道德的维护者?而最后,我们是否同意让这样一些人来支配我们:他们摇摆不定的道德只符合自己的利益;他们的布道时而要求我们行善、仁慈和宽厚,时而似乎根据上天的命令促使我们不公正、阴险、背叛和残忍?

您会懂得,夫人,根据如此动摇不定的、违反我们最自然的美德观念的种种原则是不可能建立无论什么样的伦理体系的;要知道我们应当把美德理解为一个人促进邻人幸福而行动的一种天赋;而宗教所理解的美德则指能够使我们博得某个神秘的上帝欢心的种种品质,这个上帝施予自己的恩典取决于既对我们本身也对周围的人都极为有害和十分不利的种种仪式、信念以及行为。基督徒的道德是神秘主义的道德,它像他们的宗教教条那样阴暗、不可理解和动摇不定,那样取决于这些或另一些神甫对它所作的解释;在基督徒那里谈论不可动摇的道德是不可能的,因为道德从属于宗教,宗教的原则是依据任性专制的上帝的意志,或者更正确些说,是依据它的神甫们的意志而不断改变的,而神甫们的利益和毫无道理的要求是极其各式各样的,因此互相之间任何时候都不可能达成一致。对于基督教徒说来成为他们道德来源的《圣经》不仅神秘莫测,含混不清,需要神甫们经常解释,而且自相矛盾。在一个地方它宣传真正有益的美德,而在另一个地方它却赞同或规定跟我们关于道德的观念完全对立的行为。要我们善良、公正、仁慈,不准因为受侮辱而进行报复,自命宽厚仁爱的同一个上帝,表现出铁面无情的残酷,并且宣布它带来的不是和平,而是刀兵[①];这个上帝对我们说,它来是对人们作出区分;最后它要求为耻辱复仇;它核准抢劫、背叛、篡位、屠杀。一句话,圣经中不可能找到多少确定的和明白的道德原则。您在那里除了一些有益的合乎理性的建议还会发现种种最荒谬最有害的、威胁任何人类社会的完整和福祉的教理。

在《旧约》中上帝似乎把整个犹太人的道德仅仅归结为应当非常准确地执行它那些迂腐空洞的规定;它要求以色列民众实行和遵守一切礼节、礼仪和仪式;为了奖励精密地仔细地履行这些所谓义务,它准许干出最骇人听闻的罪行。圣子在《新约》中训示的种种美德,确实不同于圣父当时曾赋予如此巨大意义的那些美德;新约的上帝同旧约中犹太人的上帝是矛盾的:圣子宣称,它既不需要供物,不需要礼物,也不需要仪式;它用这些超自然的美德来取代它们,这些美德之无益、之无法实行以及跟生活在同类者社会中的人的福祉之不能相容,我已经向您证明过了。同时圣子跟自己的矛盾并不少于跟他父亲的矛盾;他时常取消自己刚刚规定了的一切;后来教父们又取消了福音书中的许多原则。要知道神甫们只

---

① "我来并不是叫地上太平,乃是叫地上动刀兵"(《马太福音》第 10 章第 34 节)[参看《圣经》《新约》,中国基督教三自爱国运动委员会、中国基督教协会 2002 年版,第 12 页]。在同一福音书的另一个地方(第 5 章第 9 节)说道:"使人和睦的人有福了"[参看上书第 4 页]。霍尔巴赫指出的《新约》一书中道德教训的矛盾性,可以用最初以宗教形式表现被压迫群众对奴隶主的敌视的基督教很快失去了革命民主主义精神,开始宣传对压迫者不反抗和驯服的思想来说明。——俄译本注

第十一封信

有在上帝的戒律符合他们利益的时候才会毫无抗辩地听从自己的上帝。在特定时刻迫害对他们有利,他们就会觉得,上帝要他们消灭渎神者,并用实力把被邀者赶去赴宴,即赶进正统教会的怀抱。他们自己受到迫害,——那时他们的上帝就会立即禁止一切可能的暴力。在他们看来,宗教仪式是有利可图的,而且尽管耶稣基督明白地说过不赞成任何的祭祀、礼节和礼仪,他们还是迫使民众实行这些礼节和礼仪,想出许多新的仪式,并强迫人为此轻视对社会最迫切的义务。耶稣曾禁止为他复仇,神甫们则认为圣父要求替自己的儿子进行残酷的报复。耶稣曾宣称,他的王国不脱离这个世界,并且鼓吹过放弃财富,而他的神甫们在《旧约》中寻找到一切可能的借口和辩护理由,以便征服世界,争夺国王们的权力,僭窃这个世界中最无限暴虐、最放肆专横的权力。一句话,如果我们在圣经中也找得到若干健康有益的道德劝告,那么与此同时同一圣经则为种种最惨无人性的残酷行为辩护。

由此可见,在基督教中道德整个地取决于神甫们的专横、情欲和利益;道德的种种原则任何时候都不可能是多少稳定不变的,它们任何时候都取决于各种情况;神甫们认为自己是其代表和解释者的上帝,只规定在特定时刻对他们较有利较合适而且绝不和他们发生矛盾的东西;根据神甫们刁钻古怪的愿望它时时改变自己的决定;同一些行为,这个上帝时而赞成时而指责;同一个举止时而奖励时而惩罚;今天在它眼中是犯罪,明天则是美德,今天是美德的明天则是恶行。

从这一切中会得出什么呢? 就是:基督教徒任何时候都不确信自己的道德原则;这些原则适应神甫们的政策而不断改变;控制着人类良心的神甫们借助威吓和恐怖迫使人们对一切矛盾都闭上

眼睛,而且一旦事情涉及宗教,就会使最正直的人牵连进令人发指的暴行;由此可见,信仰鼓吹爱邻人的上帝的同时,基督徒们从童年开始就逐渐习惯于用敌视态度对待异教徒,并决心千方百计地损害他,只因为他不服从他们教会牧师的意志。因此,信仰号召爱敌人和宽恕侮辱的上帝的同时,基督徒们憎恨和迫害自己神甫们的敌人,绰绰有余地报复似乎使这些神甫遭受的一切委屈。因此,信仰正义的上帝,不断颂扬它的仁慈的同时,基督徒们按照自己教父们的第一个手势做出不公正的和残酷的行为,并且引为自豪的是他们能够压制自己身上自然和理性的声音以及践踏人道主义的法律。

一句话,在每一个基督徒的头脑中必不可免地混淆和歪曲关于正义和暴力、关于善和恶、关于仁慈和残酷的一切观念。独断专行的神甫以上帝的名义处理人的本性自身。在上帝威严声音影响下,理性哑然无语,而真理则不得不隐藏起来;然后人的想象畅通无阻地开足马力,他完全沉湎于盲目迷信和丧失理智的状态,似乎这种状态是上天赐予他的。在失去理智中他轻视自己最神圣的义务,并且认为自己是品德高尚的人,可以蹂躏自己灵魂中一切最好的禀赋。这时人是否感到受良心的谴责呢?如果感到,那么神甫就盼咐做些负担一点也不重的,应当使他赢得神恩的仪式,于是很快便会使他同良心和解。他是否感到抢劫和盗窃自己的邻人是不正义的呢?不过要知道,他可以通过向教会捐献劫得的财物或者慷慨分发施舍物和礼品以奖励教会仆役们的无所事事和为免除他的罪过所作的祈祷,来抵偿所有这些过失。神甫任何时候都不会对为了教会的利益和为了教会仆役们的幸福生活而干出不公正、残酷的行为以及种种罪行而谴责一个人;最不可原谅的过失原来

第十一封信

始终是给神甫们的利益造成损害的那些行为。表现出不信宗教和不听神甫们的话,乃是最可怕的罪行,称为反圣灵之罪,这种罪行无论今世或来世都是难赎之罪。对于根据神甫们的利益应当尊重和景仰之物的疏忽大意被视为咒骂神灵和亵渎神明。这些夸夸其谈和含混不清的话自然能给无知的群氓造成恐惧。"亵渎神明"这个可怕的字眼意味着对神甫们的人身、财产和神圣权力的任何侵犯。对任何毫无意义的仪式的鄙视都被夸大为比对人类最有害的过失更严重的真正的罪行。由于对宗教崇拜的忠诚,神甫们轻易地原谅自己恭顺的奴隶任何恶习、任何贪淫好色、任何甚至最令人发指的罪行。

您要明白,夫人,基督教的道德除了神甫们的幸福没有别的目的。因此,如果神甫们在这个问题上想成为唯一的评判者和主宰者,如果他们认为不符合他们神圣教理的一切美德都是错误的和不道德的,我们不必惊讶。基督教道德,十分明显,其目的只在于蒙骗人们,使他们的理性昏迷,使他们成为怯懦的胆小鬼,使他们失去尊严、勇敢精神,逼迫他们敌视和鄙视自己,使他们脱离他们赖以生存的尘世而转向天国。借助于这种道德,神甫们成为这个世界中最强大的统治者;他们发明了种种对他们自己有利的美德和宗教仪式,而且损毁了和消灭了一切真正符合社会利益的东西;他们使自己的圣门弟子成了认为盲目服从他们一切毫无道理的要求是自己的功绩和美德,决心参与他们不成体统的无谓争吵以及对真正的道德和美德任何时候都没有丝毫观念的奴仆。

为了巩固真正道德的基础,消灭神甫们向我们灌输的种种偏见是完全必要的;需要从恢复人们被虚幻的恐惧动摇了的和压抑的精神力量、英勇气概开始;需要使人们放弃在他们身上窒息了大自然的声音和曾经逼迫理性向权力低头的种种超自然的观念和观点；需要说服人们丢掉贬低人类尊严的非常有害的教理；需要让人不再感到自己要对上天的愤怒作出牺牲，让他不认为自己的天性是有缺陷的，而自己的理性是他不应听从其劝告的、不可靠的指导者；让他懂得，如果用捆住的眼睛去找幸福，任何幸福都不可能得到。应当把人从敌视自己中、从为尘世的幸福而劳动的禁令中解放出来；需要说服他不再相信在这个世界上可能有某种更值得和更需要的、在真正美德的道路上所取得的幸福生活。最后，应当教人热爱自己；应该教人尊重自己，他应该用自己的行为取得这一生与之有联系的所有人的好感、友谊和尊重。

可以认为，宗教的道德只是为了摧毁社会，使人们变成原始野蛮人而设想出来的。基督教的美德十分明显地导致人的孤立，导致使人跟他的同胞结合起来的那些联系的断裂，导致使他完全由神甫们支配；基督教的道德希望人不再关心自己的尽可能更结实更可靠的幸福生活，而完全成为对他对周围人都有害的种种妄想的俘虏。而事实上我们生活在社会中正是为了更容易获得如果我们孤独地生活我们绝对不会得到的那些享受、那种帮助和那些快乐。如果责成我们使自己成为这个世界上不幸的人，敌视自己，藐视他人的尊重，为自己设想出各式各样的折磨和痛苦，对任何人都没有眷恋，——难道这不是意味着摧毁社会，把人从所有其他人类那里孤立起来，并使他变成跟自己的同胞格格不入的野蛮人么？

同时如果接受上帝真正创造了人，那么这个上帝曾把人创造成社会的生物，希望人为了自己的幸福生活在跟自己同类者的圈子中间。如果上帝是善良的，它就不可能要求人不接受社会；如果上帝是理性的创造者，它就会希望人也是有理性的，并利用理性来

第十一封信

寻找获得根据自己的天性他竭力追求的那种幸福生活的手段。如果上帝在随便什么东西上都表现了自己,那么自然正是在他使所有的人都天生具有的那些禀赋上;这也是他存在的最明显最清晰的证明,而不是跟向我们灌输的上帝观念明显矛盾的某些神秘的启示。因此,如果真要把上帝拉来解释联系人和自己同胞的种种责任,那就必须说,这个上帝十分明显地表现出自己是始终不渝地追求人类所有代表都固有的幸福和平安。而因为在寻找使我们通向幸福生活的手段时我们只能以理性为指导,所以上帝也希望我们利用这个理性来达到目的。由此可见,十分明显,在把人看作上帝的创作时,我们应当认为,正是上帝自己希望人顺从自己的理性,这理性能够使他得到比宗教鼓吹的一切奇迹以及不可理解的和危险的美德更牢固更实在的幸福。

因此无论我们对上帝的判断怎么样,用理性的道德取代宗教的道德都要更简单些。我们用对地球上所有居民都同样必要同样容易理解、其原则为人类的天性本身固有的道德,取代预先为人数不多的特选者设定的以及建立在极端不平等和不公正基础上的道德。我们将研究人的这个天性、天性的种种需求、欲望;我们要研究满足这些需要和追求的方式;我们认为,为此我们力求生活在社会中;我们发现,引起人的同情的东西,即人按其本性体验尊重的东西,就是他力求给谁以帮助的东西;而另一方面,我们对引起人们憎恶、鄙视、谴责的那些行为也要周密地思索一番;我们把思想集中到我们的经验上面;我们让理性为我们指引能够给人提供最实在最牢固最长久的福祉的行为;我们不要做我们觉得其后果并不光彩的事情;但愿暂时的、转瞬即逝的快乐不使我们牺牲长远的福祉;我们要谨防为了瞬间的享受放弃牢靠的和长期的幸福;我们将关心自己,力求发展早已为我们具有的幸福安康的各种有利条件;我们将勇敢地同一切罪恶和痛苦作斗争;如果它们无法排除,我们就力求减轻之;我们要在自身和我们邻人中寻找能够使我们的生活轻松起来的种种办法;我们力求在我们同胞那里赢得对自己命运的同情;我们值得他们同情是因为我们对他们做了善事。

这种行为奠定着自然的、理性的和牢固的道德基础,这种道德对所有的人都是有益的,它比教会仆役们强使我们接受的那种神秘的、动摇的和恶劣的道德能够更多地促进整个社会及其全体成员的幸福生活。在我们的理性里,在我们自己的天性里,我们找到比教会强迫其接受自己的行为以及总是根据自己的利益转述其语言的上帝更加可靠得多的指导者。理性建立起简单明了始终如一的道德,这种道德只要地球上还存在人类就不会失去真理性。这种道德的种种规定都建立在事物自身本性的基础上;如果破坏这些规定,每个人都必然要受到惩罚,而遵守这些规定,每个人都将得到同等的奖赏。任何一个公正的、有益的和善良的人都会得到自己同胞们的爱;而不公正的、无用的和凶狠的人则使自己受到他们的憎恨;每一个正直的和有理性的人都有权体验到自我满足;任何一个不道德的和腐化的人都不得不憎恨自己,在灵魂深处感到害怕和羞愧,而且经常担心旁人的眼光会揭露他真正的、隐藏的本质。

总之,夫人,如果问我用什么取代宗教,我就说是合乎理性的道德、正确的教育、良好的习俗、清楚确定的原则、控制心怀恶念的人以及奖赏和鼓励品德高尚的人的贤明的法律。我们当代的教育系统十分明显地使人们成为迷信的奴仆;它填鸭式地给青年灌输的美德都是宗教狂人的美德,这些美德使人的头脑准备着接受后

第十一封信

来神甫们让他整个一生都套在身上的枷锁；这些美德建立在种种虚构和主观幻想的基础上；在朦胧的未来预先为我们准备的奖赏和惩罚或者软弱无力地影响着人的行为，或者使人成为毫无用处的空想家或危险的狂热分子。宗教道德的原则是动摇的和不牢固的；而建立在理性基础上的道德原则却是不可动摇的和任何时候都不会遭到破坏的。只要人仍然是天生具有自我保存的感情和追求幸福的有理性的生物，他就始终会献身美德，会把认为应当的东西贡献给幸福的一切美好成果，并且为了自身的安全开始避免放荡行为和恶习。他将保持美德，因为他追求幸福生活。他将憎恨罪行，因为他的天性本来就要避免痛苦。当存在人类社会的时候，这个社会将需要美德，需要合乎理性的法律，需要能够为同胞们服务和捍卫他们的利益的、精力充沛的人。这些法律将是合乎理性的，如果它们开始鼓励人们关心他们构成其成员的那个组织的福祉的话。这些法律会是公正的，如果根据人对社会所做的那个善行和恶行进行奖励和惩罚的话。建立在有形的现实政权基础上、以真实需要为根据的这些法律，比建立在动摇的、模糊的和虚幻的基础上的宗教戒条（这些戒条，正如经验表明的，任何时候都未能控制人，它们力图把人的理性当作最危险最有害的品质加以压制），自然会拥有更强大的力量。

如果人们不是压制理性，而是学会使理性完善起来，如果不是填鸭式地给我们灌输谎言，而是传授真理，如果向我们宣传的不是超自然的道德，而是建立在现实经验基础上的合乎人性的道德，为了使我们感到和承认美德的全部必要性，就不会需要任何虚构的动因，任何吓人的寓言。每个人都会轻易地确信，他自己的幸福完全取决于他的行为，取决于遵守一切道德律令。如果他结了婚，他就会懂得,为了自己的幸福,应该是关怀备至的,应该用爱恋和温柔对待命运使之结合在一起的、自己生活的伴侣,以便分享一切快乐和忧愁;他的女伴根据自己的切身利益便会懂得,她应当禁止自己做可能损害她丈夫和失去或动摇他的尊敬、他的信任、他对她的感情的一切事情。父母亲们都懂得,他们的子女后来要成为他们的安慰者和他们老年的支柱,因此他们的切身利益就在于从小时候起便给子女灌输这样一些感情,这些感情的有良好作用的种种结果正是他们自己希望享受的。而子女们一旦学会思考便会懂得,得到双亲的爱恋对他们多么重要,他们后来将有权从自己后辈那里期待的那一切感谢的表现对他们原来多么重要。主人懂得自己对待仆役们的义务;他深知,为了让他们忠诚地为他服务,他应当是关切的、善良的和宽厚的;仆役们也不能不承认,对他们有利害关系的是自己主人的平安、兴旺,他们的直接利益是得到他们所依靠的主人的好感。人都懂得,对他说来多么需要朋友的好心,而且为了自己的幸福他力图激起和发展对自己的友好态度。任何家庭成员都认为必须保持天性本身造成的相互联系,以便一致对抗灾难和用共同的努力追求幸福生活。任何团体成员如果知道团体的目标,都会懂得,为了这个目标应当诚实正派、认真地履行相互的义务。每一个人根据自己合理的动机都会看出,他的命运是同整个民族的命运联系着的,他必须参与它的兴旺和分担它的不幸。因此,每个人都懂得在何种程度上他的利益在于按照自己的力量和才能在这一领域或那一领域忠诚地为自己的国家服务;他懂得,任何给他的国家造成损害的人都是危险的人,而国家的敌人也必然会是每个臣民的敌人。

简单些说,每个人如果想要认真地考虑自己,就不得不承认,

第十一封信

美德对他自己的幸福是必要的。他会看到,公正应当成为任何社会的基础,美德必然会激起同情和爱恋,而且凡是不敌视自己的人都会力求得到同情和爱恋;人会懂得,他需要自己同胞们的尊重;他应该热忱地对待自己的名誉;随时都警惕着危险和不幸的、软弱的人为了自己的利益应该表现出对自己邻人的同情和人道精神,应该给他们以帮助,这种帮助是软弱者本身随时都会感到需要的。

只要我们想一想人的情欲会带来怎样的后果,我们就会感到完全有必要压制这些情欲,以便使自己避免另一次已经无益的懊悔,避免良心责备以及这些情欲必然的痛苦的结果。为了意识到人的凶狠可能产生的一切危险,复仇、诽谤和言语刻薄的一切致命的后果,一分钟的思考就足够了。每个人都不难看出,只要自己愿意,他必然会变成社会的敌人;在这种场合法律就要制止任何不顾自己理性的控制,不考虑自己内心动机是应当阻止他去干坏事的人。

我听说,如果人在自己的行为中是不自由的,那么他就不可能制止自己的情欲,因此法律就无权惩罚他。我回答说,如果人必然要行恶,那么他周围的人们就会十分必然地因为他给他们造成的罪恶而痛恨他,而且社会为了自我保存和自己的福祉有一切权利除掉必然给社会造成损害的人。人的不可避免的过失必然引起所有感受到这些过失的后果的人的憎恨。

如果极其现实和重要的原因促使尊重自己理性的人对他人行善不作恶,那么他就会有同样强大的动因抗阻自己走向淫逸放荡的种种爱好。经验不会不告诉他,迟早他自己会成为自己过失的牺牲品;本身不包括自己的报复的过失是没有的。而如果是这样,那么出于自我保存的感情,出于小心谨慎,任何思想健全的人绝不会放任自己行为不端的习惯;他会懂得在享乐中控制自己是完全必要的；他理解冷静和纯洁的价值；任何拒绝承认这些真理的人都必然会损害健康和招致社会的鄙视，而且只有死亡才会使他避免这种情况。

夫人，为了意识到这种道德完全不容争辩的真理性，难道需要某种特殊的、神圣的启示么？难道需要急急忙忙跑到九霄云外的未来那里去为我们在这个世界应当遵循的那种行为寻找动摇的、虚假的基础么？为了认为自己有义务利用如果没有就不可能达到幸福和自我保存这个对一切有理性的生物都共同的目的的那些手段，简单地祈望幸福和自我保存不是足够了吗？任何奔向灭亡和注定使自己过苦难生活的人，任何为瞬间的享乐而牺牲自己真正的和长久的幸福的人，都是极不理智的人或轻佻的人，他没有花力气想一想自己的切身利益。

如果这个人类道德如此明白自然的原则至今没有被承认，那么这里过错仍然只在宗教。宗教的观念——阴暗的、神秘的、矛盾的——使最清晰的和可以证明的道德成为不可理解的、隐秘的、动摇的和谁也不需要的道德。在我们神甫们手里，道德变成了无法解答的谜语。他们不是从人的天性本身中得出我们的义务，而是让这些义务取决于人的理智无法理解的幸福；他们试图在天国为地上建造的大厦寻找支柱；他们希望根据模棱两可的、毫无用处的、自相矛盾的、使我们陷入痛苦和不幸的启示来控制我们的德行。神甫们决定，他们的道德体系将更加牢固更加不可动摇，如果他们把对不遵守或不履行这一道德体系的种种规定的遥远的惩罚和奖励托付给上帝本身的话。他们的疯狂发展到了硬说，人似乎不应当爱自己，相反他应当恨自己，为了自己未来的幸福他应当放弃尘世的一切幸福。他们不是使人的情欲用来为社会造福，不是

第十一封信

推动人去促进共同的幸福,而是要求压制和消灭人的天性固有的情欲,而没有这些情欲,我们就不会是人,社会也不可能存在。最后他们扼杀了一切生活享受,因为一个完善的人似乎应该是完全没有感情的。

我们不必惊讶,这种超自然的、或者不如说违反了天性的道德原来始终是毫无用处的。既不可能跟天性作斗争,也不可能消灭天性;天性比想象的一切幽灵更强大。不管一切没有根据的、神秘主义的理论,人们总是要追求幸福,总是要避免痛苦。在人身上情欲总是生气勃勃的;然而当人学会控制自己的情欲时,当他把情欲用来创造共同的幸福时,这些情欲就是完全合法的和适当的,而它们所指挥的行动则只应受到普遍的赞扬;当人放纵自己的情欲,而且这些情欲对社会原来是有害的和危险的,对他本人也是致命的时候,他就会受到应有的惩罚,和引起亲身感受到他那导致毁灭的情欲的作用的同胞们的憎恨。人总是要寻找享乐,因为他天生热爱一切美化生活和使生活变得愉快的东西;强迫人去爱困窘难堪和不幸福永远不会得逞。基督教的道德好像是故意为了束缚人的天性和征服这天性的臆造的幽灵才虚构出来的,因此它对大多数人都不曾有任何影响。它只是为了困扰、折磨某些软弱而轻信的灵魂,却不能抑制任何一个醉心于强烈情欲或由于习惯而变得根深蒂固的人。当人们受到纵容,而这种道德也适合于他们的秉性和情欲的时候,它就十分明显地破坏了不容置疑的教理的种种主要原则;如果以十分严格的态度来应用,这种道德原来是无法实行的;这种道德只有为数不多的宗教狂热者才信守不渝,这些人压制了自己身上心灵的声音、自然的声音,对社会说来变成了更无法容忍的人。为大多数虔诚信徒所接受的基督教道德,并没有根除他们的习惯或自然禀赋，只是使他们陷于永远的自相矛盾；这些虔诚信徒的整个生命都变成了一个接一个不断的过失和良心的责备、罪孽和忏悔、罪行及其赎偿、他们没有任何理由对之进行自我谴责的享乐和完全无益的懊悔。换句话说，宗教道德在人的灵魂中，在家庭中，在整个民族的生活中都造成了骚乱和纷争；它培养了狂热的盲目迷信者、学究式的虔诚者；它产生了许多丧失理智的和不幸福的人；它却不能使任何人成为优秀者；只有自然、教育和习惯使之成为优秀者的那些人才始终是好的。

人的行为整个地取决于他的气质；从早年起就接受的良好习惯、当之无愧的榜样、合理的信念、控制情欲的本领，都会使我们走向品德高尚，使我们能够得到幸福。性格急躁暴烈、受奔放的情欲控制的人，是很难成为品德高尚和幸福的人的。对自己满意和听从理性，需要一定的宁静心情。大自然使我们具有生动活泼的情欲或充满激情的想象，却给我们糟糕的效劳：我们常常处在使自己难堪的状态，成为对我们的邻人有害的人，我们没有能力根据自己真正的利益行事，也不能克制我们的爱好。然而理性不能控制的情欲，宗教的幽灵也无法克制住。我们徒然试图利用宗教来获取幸福，如果按其本性不能得到幸福，不能在自身中发展由于喜怒无常的性格而达不到的高尚品德。宗教不可能改变人；人始终是天性或习惯曾经把他创造成的那个样子，而如果宗教毕竟使得人发生某些改变，那么我已经证明，这些改变并不符合他的利益。

总之，夫人，您可以祝贺自己，您出生在世界上就具有如此优秀的禀赋，您接受的是健全的原则，这些原则让您对自己的命运感到心满意足，让您无论按照习惯还是按照自己的爱好都追求高尚品德。和以前一样，您将是您的、崇拜您尊敬您的家庭的快乐和幸福的源泉。您继续造福于您周围的人吧！您继续自己的、如此公正地博得所有您的邻人和朋友对您的热爱和敬重的活动吧！热爱自己吧！尊重自己吧！这些合法的和高尚的感情不可能受到人们的指责。为自己的幸福劳动吧！要关心所有的、命运将您与之联系在一起的人的幸福；请不要忘记把您珍贵友谊的某一部分分给我；请允许我祝贺自己，我已经成功地从您的灵魂中驱散了使您心情忧郁的乌云；根据我的建议，您把心思集中到了在同您的过分敏感的想象的斗争中给予您如此珍贵的效劳的理性身上。永远摒弃能够带来的只是不幸的迷信吧；让自然的道德成为您唯一的宗教；让幸福成为您始终不渝的目的，而理性成为您的指导者，而且帮助您达到这个崇高目的的是美德；让这种美德成为您唯一的上帝。热爱美德和生活在美德之中——这就是崇拜上帝的唯一方式。如果确实有关怀自己创造物的上帝，公正的、善良的和睿智的上帝，它是不会因为求诉于理性而对您生气的；如果有另一种生活，这个上帝是不会惩罚您，也不会陷于不幸，既然它把这个世界上如此多的人的幸福交到了您的手上。

余删。

第十二封信

论对人们不同观点的宽容

请允许我,夫人,祝贺您有了您通知我的那个幸运的转变。您终于懂得了从某些时候开始妨碍您安静地享受生活的所有那些观念是多么地没有根据;最简单的思考便使您确信了这一点,但是,您一个人是很难由于折磨您的灵魂的焦躁不安就有这些思考的;您现在承认似乎会给人们带来帮助和安慰的宗教是毫无用处的;您意识到至今为止仅仅有利于使人们反对他们自己的幸福和他们邻人的幸福的那个体系会带来明显的损害和无数的危险。我愉快地确信,理性的道理对您依然没有失去效力,为了使您立即跟着真理,只要把真理告诉您就足够了。您可以为自己的、证明您的判断有充分根据的健全思想而自豪。拜倒在理性面前和能够经受住真理耀眼的光芒,只会令人尊敬。迷信极力唆使人们反对真理,结果大部分人类竟然不顾自己的判断,顽固地抗拒最无可争辩的证据。我们知道,长期逗留在黑暗中的人们是难以经受住白天的阳光的;他们只要稍微睁开一下眼睛,他们的眼皮就会不由自主地关闭;对于大多数人说来,最明显最令人惊愕的真理无非是鲜明耀眼的、引起他们力求避免的不愉快的刺激,随后重新陷入昏暗的星火。

无论对于您还在经历的那些动摇或者对于违反意志迫使您有时仍然参与同理性的矛盾的某些观念的那种爱好,我都一点不惊

第十二封信

讶。凭一次打击就消灭掉根深蒂固的习惯，并不是那么容易的；当一个人突然失去成为他支撑点的思想和观念时，他会觉得他悬挂在空中；他会感到自己处在他不知道其规律的新的世界中。对任何观点体系的热衷都无非是习惯的结果；对于理智说来，同样难以放弃习惯了的思维方式和接受新的观念，就像对于身体说来，不利用他固有的种种能力和器官，是难以活动和生活的。试着根据吸烟有害健康劝人戒掉香烟吧；这个人或者干脆不听您的话，或者只是极其艰难地才会放弃已经变成真实需要的习惯；即使他服从您，他还会长期无意识地把手伸向纸烟——每当别人在他跟前这样做的时候；他将体验回到遗留下来的习惯的愿望；他只是很慢很慢而不是迅速地才会完全摆脱掉已经认识其危害的习惯。

对于我们各式各样的偏见，情况同样如此；对我们的灵魂具有特别强大控制力的是各种宗教偏见。我们从童年时起对它们就习以为常了；由于习惯，这些偏见便成为一种需要；我们的思维方式对我们就成了必需的；我们的理智没有经常使他全神贯注的那些观念已经无法对付了，而当灵魂失去它赖以为生的对奇迹和幽灵的信仰时，灵魂就会感到张皇失措和精神空虚；我们的灵魂已经习惯于这些有时甚至令人讨厌的妄想；这些妄想已经成为我们灵魂喜爱的和需要的东西，正如我们的眼睛逐渐习惯于最讨厌最可恶的东西的伪善一样。

加之，宗教由于自己教理的前后不一和荒唐给予我们理智经常的工作；而当我们的理智突然失去自己习惯的事务时，他就感到自己注定要遭受令人痛苦的无所事事。理智的这种工作比生动的想象更加必要。这就是为什么人们总是需要用新的狂妄代替旧的狂妄的原因。人们在沉重的失望以后就急忙投向宗教，想在那里忘记体会过的情欲的真正原因之一也在这里;对他们说来,笃信上帝常常取代强烈的情欲、享受,甚至世俗的娱乐。借助无穷的秘密和奇迹,宗教完全占领着我们的理智,催促它活动;习惯使我们同一切宗教观念亲近起来,并使它们成为必要的;甚至恐惧和威吓对我们说来也终于获得某种魅力。往往有一些精力充沛和焦躁不安、需要不断工作和骚动的、有头脑的人;往往有一些企望安静与忧虑不断变换的灵魂。许多人不能忍受产生理性和真理的坚定信念和安静。很多人一旦坚定地双足站立,就渴望幽灵,渴望不稳定的、动摇的基础和感到自己没信心。

这些议论向您说明很多人特别在宗教关系上所体验的、不停的动摇。他们像风向标一样变幻莫测;他们惊慌不安的想象任何时候都不会停止在任何确定的东西上;时而您看到这些人处在最忧郁的偏见控制下,时而您觉得他们终于摆脱了迷信。时而他们重新在神甫们脚旁颤抖,时而仿佛甩掉了自己身上宗教的枷锁。甚至最聪明的人常常都没有摆脱这些动摇,因为他们的信念处在自己炽烈的、经常使他们心绪不宁的想象过分强大的影响下。同时我们时常会遇到一些人,拥有强大的理智和羞怯的、胆小的灵魂。

的确!人不可能始终是同样的。在他身上经常发生各种各样的动荡和转变;他的思想和他的灵魂的状况必然要随着他的身体遭受的那些变化而改变。当人病了,当他的身体由于疾病变得衰弱时,他的灵魂通常不可能感到高兴或者表现出强烈的活动性。神经疾病照例会完全伤害精神能力,并且使我们的神学家们如此轻易地把它同身体分隔开来的灵魂感到沮丧;肝火旺盛或抑郁寡欢性格的人一般说来不会感到高兴;任何愉快的情绪都会使他们

第十二封信

失去平静；别人的喜悦使他们厌倦。深思得出神的这些人喜欢把精力集中于宗教提供给他们的大量忧郁的观念上。应当像戒除狂饮一样戒除笃信上帝；迷信是接受治疗的慢性病。诚然，任何时候都不能确信这种病不会复发；具有阴沉忧郁性格特点的人容易陷入沮丧的心情，这种心情重新把他们引向旧有的偏见。要鼓起怯懦者、胆小鬼的勇气不那么容易；要治疗这样一种人的偏见几乎不可能，他们由于自己的性格以及由于难以克服的习惯对一切都害怕，对一切都感到战抖。教会和神甫们如此固执地力求永远保存人的谬见；他们费了这么多的努力，为了妨碍我们摆脱这些谬见，常常可以遇到偶尔也背弃理性的人。只有正确的教育才能根本上治好人的理性。

我想，夫人，上述一切足以向您说明我们常常在人们的信念中观察到的那些动摇的原因，以及违反把他们交给似乎彻底克制他们理智的迷信控制的人的意志的那种神秘爱好的原因。现在您更加会感到我们应该怎样对待这些神秘的、不自觉的，被我们的神甫们冒充上天授意、冒充上帝注定、冒充特殊恩典的爱好，虽然这些神秘的动因无非是我们——时而健康、时而被疾病折磨得疲惫不堪，时而强壮有力，时而衰弱无力的——机体经历的变化的结果；而我们的思维方式以及我们对待事物的态度，正是必然要取决于身体的这种或那种状况。

所有这些论述也会向您表明，人们临终时对待宗教的态度赋予多么小的意义。神甫们喜欢吹嘘他们对理性的这样一些"胜利"，也不放过机会毒化生命临终前的几分钟。正是在这个时候他们认为窥伺人是自己的义务；按照他们的意见，正是在临终前的时刻人开始在他们的真理之光中看事物，并且在准备同生命告别时必然会承认自己的错误。只有没有良心的撒谎者才会以类似的议论为依据,而且这些议论只会使傻瓜相信某种东西。可不可以断言,在沮丧、虚弱和谵妄的状态下人能够健全地思考呢?经历着致命的垂死挣扎,无论灵魂或身体都筋疲力尽,而且还受到神甫们惊吓的人,自然既不能思考,又不可能提出论证,也不可能驳斥诡辩。[①]只有在完全丧失一切身体能力和精神能力条件下才会感觉到其力量的宗教真理是个好东西,那还用说!

人只有在他完全健康时,在他的灵魂不因恐惧而焦躁不安,不受疾病的折磨,不被情欲弄得乱七八糟的时候才能正确地思考。快死的人的判断不应有任何意义;只有骗子才会引用他的意见。真理只对健全身体中的健全灵魂才显现自己。任何一个不被疯狂控制的人都不会对他的身体、他的机体出了毛病时他头脑中产生的那些思想承担责任;只有惨无人道的神甫们才认为自己有权利用虚弱和疾病使人更加焦躁不安,也只有骗子随后才能利用成功地从病人或没有自制能力的人的嘴里逼取的那些不健全的思想提出论证。人的思想必然随着他的机体的活动而改变;快死的人只有作为其身体和理智处于灭亡边缘的人才能思考。

因此,夫人,如果您有时感到偏见重新开始提出对您的、曾经一度控制了偏见的理性的权利,请不要绝望,也不要惊讶;请把这些动摇归咎于您的身体的某些故障、身体活动的某些毁坏,这些故障和毁坏暂时使您丧失健全思考的可能性。请想一想,世界上总

[①] 诡辩,在争论中为了证明不正确的命题或者驳斥正确命题使用的不正确的、虚假的论据、狡猾手段。为了试图同荒唐的、自相矛盾的、跟逻辑和健全思想不相容的宗教教理和教条一致起来,神学家们常常使用种种诡辩。在霍尔巴赫的著作中包含着对神学家们诡辩的种种巧招的毁灭性的批判。——俄译本注

第十二封信

是沉着稳重、始终不渝的人、总是用同样眼光看待事物的人,是多么的少。因为我们的身体遭受不断的变化,我们的思维方式完全必然地也在改变;当我们疲倦了,当我们病了的时候,我们的思想就是怯懦的和鄙俗的;当我们的身体健康即当这身体的所有器官都准确地履行它们固有的功能时我们就会正确地思想。我们心情不好的时候所体验的一切怀疑,在健康的和正常的状态下我们应当重新查看和检查一遍。因为我们只有在自我感觉很好的时候才能正确地思考。

无论如何,为了消解有时仍然还在使您激动的怀疑,稍微想一想您立即就会承认,您的思想方式对您说来,任何时候都不可能有任何致命的后果。真的,为什么我们认为可能是善良公正、合乎理性的上帝会因为人们总是无意中的和自然对万能者无害的思想而开始对他们生气呢?难道人能够哪怕一瞬间主宰自己的、每分钟由于无论如何都不取决于人的对象和现象对人的影响而在人身上产生的思想么?圣奥古斯丁本人就承认过这一真理:"任何一个人,——他说过,——都控制不了他头脑中产生的东西"。我们难道不应当由此得出:在上帝的创造物的头脑中的思想(这些创造物从而也就不可能侮辱上帝)对上帝说来是完全无关痛痒的?

如果我们的神学家们妄想得到自己种种原则的始终一贯性,他们就应当承认这一真理。他们不得不同意,正义的上帝不可能受到它亲自创造的人的头脑中发生的那些物质运动的侮辱。他们会感觉到,如果这个上帝真的是睿智的,它就无权对可能在上帝创造物的头脑中产生、具有极其有限的认识潜力的错误思想生气;他们会看到,如果上帝真的是万能的,无论对它的荣誉还是对它的强大说来都不用担心弱小凡人的观念和判断,而且他们自己对上帝本身所形成的所有那些思想绝对不可能贬低上帝的伟大,贬低它的权力。而最后,如果这些神学家没有把放弃理性的责任归于自己,没有强迫自己经常违反自己的天性,他们就不能不承认,上帝是最不公正的、最不理性和最残酷的、为了亲自创造的生物不会正确思考而惩罚他们的暴君。

不需要很多智慧就可以理解,神学家们力图使自己的上帝成为喜怒无常、失去理智和残酷的统治者,它要求自己创造的人具有他们不可能拥有的能力。关于这个神秘不解的存在物的观念,神学家们总是从我们关于有巨大影响的、热衷于把持自己的权力、要求属下崇拜和忠诚、惩罚由于自己的行为或言论对他们没有表现出应有的尊重的人物的概念中借用来的。您要明白,夫人,上帝是按照求全责备和疑心重重的、对于人们关于它的意见近乎病态地敏感的专制君主的形象创造的;人们总是把上帝比作为了巩固自己的统治地位残酷地惩罚其上帝观念没有满足它的虚荣心理,也没有颂扬它的伟大的那些人的统治者。

十分明显,基督教整个最荒唐的体系就建立在神学家们给我们灌输的关于上帝的这些如此可笑和自相矛盾的观念基础之上;基督徒们使自己确信,上帝对人们关于它怎样想是极其敏感的,人们的思想可能会深深侮辱它,它可以为了关于它的任何错误见解,为了任何损害它的荣誉的议论而无情地惩罚他们。对人类说来没有任何东西比推翻给我们灌输的关于上帝是公正的、善良的、睿智的、万能的存在物,关于它的创造物不可能贬低其荣誉和无限威力这样的上帝的观念这种悲惨的癖好更为有害了。由于这样一些大胆的假定,人们总是害怕关于自己神秘的、无形的、他们认为自己所依靠的统治者哪怕很少不应有的概念;人的理智给自己提出了

第十二封信

猜测上帝不可理解的本性的、折磨人的任务,但是由于担心上帝不表示好感,人们就慷慨地把人类各式各样的品质赋予自己的上帝,却没有理会到他们事实上不是颂扬而是诋毁上帝;使上帝具有不能并存的品质,他们简直就是使上帝的存在成为不可能。这样,几乎所有的宗教在力图向人们揭示上帝并说明它的天意时却败坏了它的名誉,并使它成为更加不可认识的;由此可见,种种宗教都必不可免地导致了合乎理性的无神论,它事实上否定和消灭这些宗教打算让凡人了解的存在物。

人们对上帝进行思考和幻想时越来越多地陷于无知的昏暗中,并且必然失去了任何健全的思想;他们不可能正确判断这个对象,因为他们对它只有种种模糊的和错误的观念;他们任何时候都不可能达成一致的观点,因为它们始终建立在荒唐的宗旨和原则基础上;怀疑使每个人灵魂深处都四分五裂,因为他清楚地认识到他的判断是没有根据的;因此人们总是想象他们可能为自己的每一个错误付出残酷的代价就感到恐惧和战抖;他们经常互相争论,因为不可能对完全不知道的以及有不同理解和解释的东西取得一致。而且最后,人们只做了一件事,就是为了这些或另一些同样狂妄的信念而残酷地互相折磨,因为他们认为这些信念具有最伟大的意义,因为虚荣心不允许他们中间任何一个人让步或者赞同另一个人的古怪念头。

这就是为什么上帝对人们说来成了不幸、争吵和分裂的根源的缘故;这就是为什么上帝的名字本身开始使人们产生恐惧的缘故;这就是为什么宗教原来是这么多战争的罪魁祸首和引发者的缘故,以及对惊慌不安的、就他们并没有真实观念的事物进行残酷争论的凡人说来成了纷争最真实的起因的缘故。虽然人们也认为自己有责任经常思考和议论上帝,他们任何时候都不善于用应有的方式着手做这件事,因为他们只有对他们的感官捕捉到的东西才能形成正确的观念。由于不能独立地理解上帝,人们转而求助于狡猾的骗子,这些骗子使他们确信自己同上帝很亲近,并且冒充自己是上帝和人们之间拥有其余的凡人似乎放弃了的特殊知识的中介人。这些奸猾的人曾经向各族民众鼓吹过的无非是自己的、综合为这些或那些体系的妄想;他们自然没有提供关于他们似乎力求使人们与之结识的那个无形的存在物的任何多少清晰的观念;他们使上帝具有最符合他们自己利益的种种品质;他们使上帝成为对听从他们意志指挥的人仁慈而对所有的拒绝盲目服从的人残酷的君主。

您要明白,夫人,人们自己创造了宗教通告的、不可思议的上帝,是为了这个虚构作为神圣的天启被接受;就是这些人认为这个上帝有能力被与他们自己的意见不相符合的任何意见深深侮辱。在摩西的书中上帝自称只不过是存在着的;不过后来这个受上天鼓舞的预言家在讲述上帝时把它描述成诱惑人,因为犯罪惩罚人,仅仅因为一个人陷入罪孽就消灭整个人类的暴君;一句话,人们向我们描述的上帝,像专制暴君一样行事,不承认任何正义、理性和善良的法律。

我们是否从摩西的继承者那里得到关于上帝较合理较明白的观念呢?圣子本身是否给我们认识自己父亲的可能性呢?而最后,经常受圣灵启发的教会是否成功地驱散了我们的怀疑和动摇呢?可惜啊!尽管有这种超自然的帮助,关于大自然的隐秘的动力我们仍然什么也不知道;给我们灌输的关于上帝的观念、我们永不犯错的神学家们所有的无稽之谈,只会把我们弄糊涂,使我们理

第十二封信

智不清。他们的上帝——这是纯粹的精神即与物质没有任何共同点却产生物质的本质。他们使上帝成为宇宙的某种动力,然而不承认它是宇宙的灵魂。他们使上帝成为无限的本质,它由于自己的无法计量性而充满空间,并不因为物质的宇宙占住着同一空间而感到难为情。他们使上帝成为万能的本质,但是它的规划却由于它不能维护它心爱的世界秩序和不愿限制人的自由而经常遭到破产;上帝不得不容许它不喜欢的和本来可以预先防止的犯罪。神学家们使上帝成为无限善良的父亲,他原来却是极其爱报复的;他们把它描绘成无限公正的君主,然而这个君主不把有罪的和无罪的区分开来,并且在其不公正性和残酷性方面竟发展到把自己的儿子判处死刑以赎偿人类的罪孽,尽管如此,人类还是像以前一样继续犯罪。神学家们形容上帝是睿智的和全知的本质,却迫使它疯狂而荒唐地行事。他们使它成为有理性的本质,然而却为了人的无意的和必然的思想生气,由于不相信同上帝概念不符合的可笑寓言或者由于怀疑上帝身上可以结合最矛盾最不可调和的品质而罚人去受永远的折磨。

因此不必惊讶,许多人为所有这些矛盾的和讨厌的观念而愤怒,产生了怀疑,而且陷入了无神论;他们不能容许类似上帝的东西的存在,并且简单地否定它。真的,要接受基督教的上帝是不可能的,在上帝身上无限的完善同触目惊心的种种恶德结合在一起;在它身上,如果冷静地想一想,我们发现的就只有无知到绝望的幻想家或者想使人服从自己并力求为此使人的灵魂和理性陷于慌乱和用各种可怕的幽灵吓唬他的骗子手的乱七八糟的妄想的结果。看来这就是人们敢于让各族民众认识他们自己任何时候都不了解的上帝的动因;这些人总是把上帝描绘成只向自己的部长们和宠臣们现身，宁愿躲避群氓的目光，而且当人们竟然不知道它或者根据神甫们的自相矛盾的见证拒绝信仰它时便大发脾气的、难以理解的暴君。

如果，正如我多次重申过的那样，不能相信你不理解的东西，或者深深地确信你没有清晰观念的东西，就不得不得出，当基督徒们向我们谈到自己对他们所宣传的上帝信仰时，他们或者误导自己，或者想使我们产生错误观念。这种信仰无非是盲目地、不假思索地接受神甫们关于上帝所灌输的一切，他们自己不仅使这上帝的存在成为难以置信的，而且使之对任何希望思考这个对象的人说来都成为不可能的。如果上帝确实存在过，它就不可能是神甫们和他们的神学家们所描绘的那个样子。世界上是否找得到哪怕一个人能够吹嘘理解我们的神甫们用精神一词所指的意思呢？如果我们问他们，什么是精神，他们就对我们说，这是不具有我们能够知道的那些属性或特质中任何一种属性和特质的无形体的本质。而什么是无形体的本质等等呢？这是既没有我们已知属性中任何一种属性，也没有形式或绵延或颜色等等的本质。

然而怎么能够承认不具有人所知道的任何一种属性的本质的存在呢？人们回答我们说：为此需要有信仰。有信仰又意味着什么呢？这意味着不加批判就接受神甫们所说的一切。我们的神甫们关于上帝又说了什么呢？他们对我们说的东西，我们既不能理解，也不能相信。上帝的存在本身在他们手中变成了最神秘莫测的宗教秘密之一。然而神甫们本人到底是否理解他们宣传的这个难以言喻的上帝是什么呢？他们自己有没有关于它的正确观念呢？他们自己能不能真诚地确信本身结合着最不能相容的、互相排斥的特性的本质的存在呢？我们不能相信这一点；我们认为自

第十二封信

己有权设想,神甫们硬说他们仿佛相信他们向我们宣传的那个上帝时,或者自己不知道自己说的什么,或者十分明显地想欺骗我们。

因此,夫人,发现人敢于怀疑对之神学家们越是更多地考虑就越是使之变得更加不可理解和难以置信的上帝的存在,不必惊讶。对于神学家们关于上帝进行争论时相互之间不可能达成协议,甚至对于迄今为止作为一切宗教基础的上帝的存在任何时候还没有被无可争辩的论据所确立,也不必惊讶。上帝的存在无论如何也不会为天启所证实,在天启中太明显地感觉到伪造的东西,而且与其说天启可能是上帝存在的证明,不如说会是对上帝存在的驳斥。上帝的存在也不可能由我们的神甫们赋予上帝的那些特性来论证,因为从所有这些特性的总和中我们不可能得出任何多少可以为我们所理解的本质观念。上帝的存在和神甫们硬加在上帝身上的那些道德品质是不可能证明的,因为在我们看来这些品质不能并存在同一本质之中,不可能同时既善良又凶狠,既公正又不公正,既仁慈又残酷,既睿智又是人类理性的敌人。

上帝的存在能够建立在什么东西的基础上呢?神甫们本人提出理性、宇宙之伟大、大自然令人惊叹的规律作为上帝存在的基础。认为所有这些理由都毫无根据的人们,在人类的一切宗教中都找不到任何比较令人信服的东西,与其说这些宗教能使人确信,不如说会使人陷入谬误和在他灵魂中散播怀疑;宗教不仅不会给上帝存在的证据增加说服力和明显性,而是只能因为神甫们关于其本质对凡人弱小的双眼始终隐蔽着的宇宙创造者的种种说辞中充满触目惊心的各种矛盾而动摇一切信仰。

对上帝应当持什么看法呢?应当认为它存在着,但不要试图去思考它。如果关于上帝我们不可能说出任何更多的东西,这意味着它本身不希望这样;意味着有限的本质不能认识无限的本质;意味着议论人们过去、现在和未来对之始终完全无知的那个本质的本性是毫无意义的。一个人可以毫无争议地断言,上帝不希望凡人议论它。如果我们也可以谈到根据上帝的意志使我们受到的任何惩罚,那么我们应当承认,这就是神学争论所产生的一切妄想、一切灾难、一切疯狂。

235　我们究竟怎样对待那些不知道上帝,否定它的存在,不可能在善和恶、和谐和混乱不断交替而且从同一泉源中发生的自然现象中真正认识上帝的人们呢?我们对认为物质是永恒的,不需要任何局外的动力,而且根据不变的规律存在着的人们,对于认为物质能够从自身产生一切我们看得见、不断形成和破坏、结合和分解、既不能爱也不能恨,没有和我们类似的存在物身上我们称之为智力和感情的属性,同时又能够产生具有组织、可以议论、思考和感觉的生物的人们,应该有怎样的看法呢?对于认为世界上既不可能有绝对的善或恶,也不可能有绝对的和谐或混乱,认为所有这些东西都是有条件的,仅仅取决于领悟它们的生物的各种不同状况,认为宇宙中发生的一切都必然地和不可避免地服从自己的命运的思想家们,我们会说什么呢?一句话,对于无神论者我们怎样认为?

我们说,他们按照另一种眼光看待事物,或者更正确些说,他们用另一些语词来指称同一些事物。他们管另一些人称为上帝的那个东西叫做自然;他们管另一些人称为神的戒律的那个东西叫做必然性;管另一些人称为自然界的动力或创造者的那个东西叫做自然力;管另一些人称其命令总是要执行的神的那个东西叫命

第十二封信

运或劫数。

我们有没有权利憎恨或消灭这些人呢？当然没有，我们就像没有权利判处不掌握我们商量好要使用的语言的那些人死刑一样也没有权利这样做。然而宗教把人的理性正是引向这种不可思议的信念。受神甫怂恿的人们互相憎恨和残杀，因为在宗教争论中他们用不同的语言说话。出于虚荣，每个人都认为他的语言更好、更富有表达力、更容易理解，然而对我们说来十分清楚的是神学家们的语言无论对用这种语言说话的人还是对发明了这种语言的人说来都是无法理解的。但是只要无神论者一词就足以激怒虔诚的信徒，使得不断提到上帝却没有关于上帝丝毫的概念的人们大发雷霆。如果他们也以为他们有某些关于上帝的概念，那么他们的这些概念就始终是模糊的、矛盾的、不明智的和从童年起由神甫们灌输给他们的；像我们看到的那样，神甫们总是用他们自己的想象或者他们的利益和需要提示给他们的那些色调来描绘上帝，参与这些利益和需要的人，由于某些原因，所有其余的人必定本应是不知道的。

同时最简单的逻辑就足以懂得，如果上帝是公正的和善良的，它就不能要求没有能力认识它的人去认识它。如果无神论者是没有理性的人，那么上帝因为盲目无知和丧失理智，或者因为缺乏感受到上帝存在自然证据的力量所必需的理解和文化水平而惩罚他们，它就做了不公正的事。公正的上帝不能因为人们盲目的或不良的议论就惩罚他们。不管无神论者被看成多么没有理智的人，他们毕竟比信仰拥有互相排斥的种种特性的上帝的那些人有更多的理智；无神论者的危害比残酷上帝的崇拜者小得多，这些崇拜者认为，因为人们的观点而迫害人们是讨上帝喜欢的。我们的哲学议论对其荣誉不会受到任何玷污,其威力也不会有任何减少的上帝是无动于衷的;这些哲学练习只有我们自己才需要,如果它们有助于我们精神上的安宁和满足的话;它们一点也不应引起社会的兴趣,如果它们不能促进社会的福祉的话。因此很明显,只要人们失去信念自由,人们的信念就会影响社会的福祉。

总之,夫人,让人们有权像他们愿意的那样思想吧,只要他们根据向注定要生活在社会中的人提出的要求行事。让每个人都建立随便什么样的理论吧,只要这些理论不伤害其他的理论。我们的观念、我们的思想、我们的信念不取决于我们;一个人觉得令人信服的东西,对另一个人说来不具有论据的任何力量。世界上没有两个人有同样的眼光或同样的理智;人们受到不同的教育,接受不同的观念和概念;而且如果他们就不可见的和隐蔽的对象进行争论,关于这些对象每个人都不得不只援引自己的想象来判断,他们任何时候都不可能取得一致;要相信这想象提供的资料的真理性和确定谁的观念更接近真理,是不可能的。

对于人们可以借助自己的感官进行研究并且受到研究的对象,人们绝不会产生长期的争论。存在着一些明显的和无可辩驳的、为所有凡人无条件接受的真理。诸主要道德原则就属于这样一些真理;对于每一个思想健全的人说来明显而且无可争论的是,联合为社会的人们需要公正,他们应当做善事,他们被创造出来是为了互相帮助,一句话,他们有责任做一个品德高尚和对社会有益的人,如果他们希望生活幸福圆满的话。十分明显和无可争论的还有,为了自我保存我们应当节制自己的愿望,应当控制自己的情欲,戒掉极为有害的习惯,避免可能损害我们自己或与我们共同利益有联系的人们的种种恶德。这些真理对于任何善于独立思考、

第十二封信

其理性不被任何激情和贪欲所蒙蔽的人说来都是显而易见的；这些真理绝不依赖神学家的理论，这些理论既不是显而易见的，也不是无可争论的，而且经不起我们理性的任何驳斥；这些真理同只有想象、幻想和轻信才能保障其可靠性的宗教观念没有任何共同点；这些观念，正如我已经证明过的，产生同最明显最不容争议的道德原则和社会福祉需要直接对立的结果。

因此，不管无神论者的信念如何，这些信念绝不会像神甫们的教理一样如此有害和危险，神甫们虚构出自己的教义只是为了通过纷争和内讧来奴役和掠夺各族民众。很少人可以接触的、无神论者的理论原则，自然不可能像有感染力的、狂热的、使上帝成为地上一切纷争和骚乱的根源的宗教教义那样有如此广泛的传播。如果存在着危险的信念和致命的理论，那么这正是利用宗教来分裂人们，激起他们的情欲并驱使他们为了自己的虚荣、贪欲、复仇和凶狠而牺牲社会、国王及其臣民的利益的那些幻想家的理论。

我们听说，无神论者没有为善的动因，拒绝承认上帝他就拒绝控制自己情欲的任何手段。无神论者确实没有任何无形的控制手段、任何隐蔽的制动器，然而他却有有形的动因和有形的控制手段，它们一直在调节他的行为，只要他有能力思维。无神论者否定上帝的存在，但是不否定人们的存在。他不难理解，他自己的利益要求节制自己的情欲，努力做一个使人产生好感的人，不要仇恨、轻蔑和报复，惧怕犯罪以及根除自己身上的恶习和迟早会回转来反对他自己的那些习惯。总之，在道德方面无神论者拥有比迷信的虔诚信徒更牢固更可靠的原则，宗教迫使虔信者表现出笃信宗教，而且虔信者常常认为，为了使上帝发慈悲，良心有责任去犯罪。如果没有任何东西会阻止无神论者，那么常常有几千条原因促使宗教狂热者蹂躏人最神圣的权利。

不过我觉得,我已经向您证明,虔诚信徒的道德任何时候都没有牢固的基础;这道德随着根据特定情况解释上帝指示的神甫们的利益而改变;这些情况常常要求顺从的教徒残酷凶狠。相反,由于无神论者把自己的道德建立在自己本性的基础上,建立在联系社会诸成员的经常的相互间义务的基础上,所以他用坚定的、既不依任何情况为转移,也不依任何人的任性为转移的原则作指导;当无神论者作恶时,他意识到应当受到指摘,而且不可能像不容异见的宗教狂热者一样把罪过和恶行当作自己的功绩。

您要明白,夫人,在道德方面无神论者同迷信的虔诚者比较,显然居于优势地位,对于虔诚者说来,除了神甫们任性的要求以外没有别的戒条,除了促进神甫们利益的那个东西以外没有别的道德,除了使虔诚者成为他的教会牧师的奴仆以外没有别的美德;而牧师的需要和利益常常跟人类的需要是直接对立的。总之,您得承认,无神论者的自然道德比起虔诚信徒的、认为每当他不得不纵容神甫们的情欲时他就讨得上帝欢心的道德来,是更可靠更坚定不渝。当然不用说,如果无神论者如此盲目和腐化,以致忽视自然界本身给他规定的种种规律,那么他跟迷信的虔诚者自然就不会有任何不同,虔诚者的神圣美德并不会阻止他离开残酷,而敬神的牧师们还要唆使他走向残酷。

所有这些议论,我要重申,应当再一次证实,道德跟宗教没有任何共同点,宗教不仅不是道德的基础,而毋宁是与道德相敌对的。真正的道德应当建立在人的本性的基础上;宗教的道德始终只是建立在妄想的基础上,建立在使上帝具有既与自然也与人的理性常常根本对立的语言的那些人的个人意愿的基础上。

第十二封信

　　总之，请允许，夫人，向您重申，道德是地上的人唯一的崇拜物、唯一的自然的宗教，是这个世界上应当使人全神贯注的、唯一的东西。只有履行了这个道德的种种要求，我们才能认为自己实现了神的意志。如果上帝真正使人成为他所是的东西，那么上帝因此本应使人具有自我保存的感情和追求幸福的意愿。如果这个上帝把我们创造成了有理性的，就意味着它希望我们尊重理性，弄清楚何处是善和恶、有益和有害。如果它使我们成为社会的存在物，就意味着它希望我们生活在社会中和追求社会的保护和幸福。如果上帝赋予了我们有限的理智，很明显，它是有意禁止我们作无结果的探索，这些探索只会不必要地使人心绪不宁和动摇社会的平静。如果上帝使我们的生活和我们的幸福取决于遵守某些行为规则，而使死亡和痛苦取决于破坏这些规则，就意味着它确立了十分明白的戒条，在立即惩罚、羞辱、良心责备的威胁下我们有义务尊重这些戒条；另一方面我们在这种情况下会获得这样一些实际的好处作为奖励，这些好处是由于品德高尚才能在这个世界上得到的，这个世界上尽管到处是不法行为、恶习毕竟始终会受到惩罚，而高尚品德绝不会受不到奖励，因为如果品德高尚的人有时也得不到自己作评价时经常总是不公正的那些人的承认，那么在任何场合他都有权尊重自己。

　　这就是，夫人，自然宗教教义的内容；在谈论这些教义，特别是把它们运用于实际时，我们真的有权称自己是宗教人士，我们真正在履行上帝的指示，应当得到邻人的爱和自尊的权利，我们在保存和延长自己的生命；我们在争得这个世界上牢固的幸福，而且我们一点不担心另一个世界。

　　这就是那些明显的、无可争议的规则，破坏这些规则必定给自已招致惩罚,而遵守这些规则就有希望得到奖励;这些规则构成着自然法典,它的效力所有生气勃勃、善于思考、有审美感的人都应当承认,不管他们是否认为上帝是大自然的创造者,或者把自然界看成一切事物唯一的泉源。最极端的怀疑论也不可能动摇这些显然正确的和现实的规律。无神论者不能不承认建立在他从中创造出上帝的自然界的基础上,以及建立在把所有凡人都互相联系起来的、不变的和必然的相互关系基础上的种种规律。无论是婆罗门①,还是信奉孔子学说的人,或者任何其他教义的追随者,都不能不承认这些显而易见的规律,如果他们的理性不被情欲或偏见所蒙蔽的话;这些真正的和如此显而易见的规律只有对迷信的人才会显得是不可理解的、不可靠的或错误的,这些人宁愿要幻想,而不喜欢从自然界和人的健全思想中产生的真理;只有虔诚的信徒除了神甫们刁钻古怪的要求以外不知道别的规律,他们要求人们遵循有助于达到他们极为有害的目的的那种道德。

请允许,非常美丽的欧仁妮,人们像他们中间每一个人所固有的那样思考,而只根据他们的行为来评判他们。如果他们的理论和体系对他们自己或对社会是极为有害的,我们就会把它们同理性的规律对立起来,如果我们看到他们自己,他们的邻人或者社会竟然成了迷信的牺牲品,我们就会力求使他们摆脱这些迷信。我们向他们展示真理这个反对谬误的唯一现实的手段;我们从我们的想象中赶走只会破坏我们精神平静的阴暗的幽灵;我们不要完全陷入对于只是为了把注意力从我们最迫切的任务引开而创造的

---

① 婆罗门,古代印度宗教即公元前十一—九世纪形成的婆罗门教中的祭司。——俄译本注

第十二封信

种种秘密的毫无效果的沉思。我们要摒弃似乎只是为了使我们离开真理的道路而故意虚构出来的那种道德。我们把注意力放在自己的事情上,放在自己的幸福上;我们要努力研究人的本性以及自然赋予人的那些责任;要努力避免任何破坏自然秩序的人迟早会遭到的惩罚;我们将指望得到自然界答应和给予所有遵守自然规律的人的那些奖励。我们力求在我们的生活中运用以最坚定不移最可靠的方式引导我们走向幸福以及只要人类在地球上没有消失就始终依然是社会唯一支柱的那种简单的道德。

如果我们想在我们的沉思中越出个人利益的圈子,我们就力求至少是不同自然发生明显的矛盾。让我们任何时候都不要抛弃理性的阳光;让我们真诚地探求真理;如果我们产生怀疑,我们就停下来并且设法找到看来好像是最正确的那条道路;我们要有足够的勇气,一旦看到这些或另一些信念失去应有的根据就抛弃它们。要同自己的良心和睦相处,不要违抗我们心灵的直接动因,如果它以理性为指导的话;要安抚自己的情欲,听从理性的建议,理性任何时候都不会允许我们走向犯罪,走向明显的或隐蔽的恶习;理性向我们证明,为了讨好睿智的上帝就相信荒唐的事,或者为了讨好善良的上帝就干出无论对我们自己还是对我们的邻人都极为有害的行为,都是没有任何功绩可言的。

余删。

附录一

俄译本关于本书主旨和历史命运的介绍

跟《被揭穿的基督教》、《神圣的传染》和《健全的思想》一样,《给欧仁妮的十二封信,或预防偏见》是霍尔巴赫最好的无神论抨击性小册子之一。和其他抨击性小册子不同,这部用书信形式写成的著作包含着对宗教、上帝观念、基督教道德、仪式和圣礼、宗教偏执的令人信服的批判。霍尔巴赫根据哲学唯物主义原理,以严谨的逻辑,一个接一个地驳斥了宗教捍卫者的种种论据,得出了关于宗教信仰和健全思想完全对立,关于宗教信仰对每个人和对整个社会都极其有害,最后,关于无神论的优越性的结论。任何一个读者都完全容易理解的《给欧仁妮的十二封信》,是18世纪法国唯物主义者旨在驳斥信教者的宗教信念而向他们进行的无神论宣传的光辉典范。《给欧仁妮的十二封信》最初于1768年以两卷本的形式问世。就像霍尔巴赫在世时出版的其他著作一样,它们也是匿名出版的,许多研究家和图书编目学专家都指出该著作正是出自霍尔巴赫手笔:巴比埃(A.-A. Barbier)、凯拉尔(J.-M. Ouerard)、罗克(H. Rock)、维克瓦尔(W.-H. Wickwar)、纳维尔(P. Naville),还有莫尔内(D. Mornet),他此外还提到用这个标题的手稿,他推测是属于1720年。因此可以设想,霍尔巴赫为了掩人耳目,给自己的书起了一个已为读者所熟悉的老的自由思想的著作

附录一 俄译本关于本书主旨和历史命运的介绍

标题和形式,或者确实在某种程度上利用了它。如后来判明是奈戎写的该书的"预告",其目的在于不使人认为该书出自霍尔巴赫和他的朋友们的手笔。

《给欧仁妮的十二封信》的扉页上刊登了一句选自古罗马伟大无神论者卢克莱修的诗作《物性论》(第 4 卷第 6—7 行)的拉丁文题词:"...artis religionum animum nodis exsolvere pergo"("……我阐明,并力求从迷信紧箍的枷锁下拯救灵魂")[参阅卢克莱修:《物性论》,商务印书馆 1982 年版,第 189 页第 11—12 行]。这句题词清楚地说明了霍尔巴赫这本抨击性小册子的基本意图。1792年,《给欧仁妮的十二封信》作为 H. 弗雷纳著作集的一种再版,当时该书被认为是他著的。在十九世纪,曾用西班牙语(1810 年、1823 年)和英语(1819 年、1823 年、1857 年)再版。《给欧仁妮的十二封信》在这里是第一次用俄语发表。这是 1768 年版的全译本。每封信的标题都加了方括弧,因为在法文原著中,只在目录中才有标题。

附录二

普遍道德原理,或自然教义问答[1]

智者不说可能违反自然的话
——尤维纳利斯:《讽刺诗集》[2]

---

[1] 篇幅不大的著作《普遍道德原理,或自然教义问答》(*Éléments de la morale universelle, ou catéchisme de la nature*)是霍尔巴赫于1765年写成的。据德·彪纳确认(参看《书籍出版者通告》),霍尔巴赫本人曾决定不出版它,但是这位哲学家死后不久手稿就由已故者家属交给了出版者,并于1790年发表。该书于1791年再版,并在1820年和1838年出版了西班牙文译本。本书的全部内容、其中叙述的哲学原理和道德原理的特别明晰的朴直性,以及缺乏来自古代作者的引文和对一切时代哲学家和学者著作的引证(这些引文和引证例如在《自然的体系》中是很丰富的),都说明作者希望使这本著作具有尽可能更大的、预定给广大读者群阅读的通俗性。霍尔巴赫在自己著作的绪言中宣称,他力求这样来叙述道德问题,以便"头脑最简单的人、甚至儿童"都可以懂得。但是这本著作的通俗性并没有降低它在理论上的重大意义。它反映了霍尔巴赫哲学观点发展中的一个重要阶段。正是在这本著作中,第一次清晰地表达了和系统化了他的伦理学的种种基本论点,这些论点后来在他的三卷本著作《普遍道德,或人的本性赋予人的义务》(*La morale universelle, ou les Devoirs de l'homme fondés sur sa natule sur*)中得到了反映,该书于1776年问世。本书的俄译文第一次在《霍尔巴赫哲学著作选集》(两卷本)中发表(载《霍尔巴赫选集》俄文版第2卷,前苏联社会经济书籍出版社1963年版,第5—82页)。正文中的边码即指俄文版页码。——译者注

[2] 尤维纳利斯(Decimus Junius Juvenalis,约60—127),旧译玉外纳。古罗马讽刺诗人,被誉为辛辣讽刺作品的经典作家。他的讽刺诗满怀义愤,用富于哲理的尖刻笔触抨击时政,讽刺的对象是整个罗马社会,从最低层一直到宫廷大臣。——译者注

出版者说明

本书写于1765年,确系一位大家都尊重的哲学家的创作,他的名字就印在本书扉页上。这位哲学家即霍尔巴赫男爵的家属把男爵手撰的这本著作的真迹交给我们。我们征得作者家属的同意,将它公诸于世。

作者绪言

　　道德是一门科学,它的原理可以像算术和几何的定理那样明白而准确地论证出来。这门对我们如此必要的科学的原理就是头脑最简单的人、甚至儿童都可以懂得。为了使每个人都能明显地确信这个观点正确,我们这里叙述自然道德的原理时就采取一种可以使人人都能接受这门科学的形式。

　　只要懂得这些原理,我们就会明白,美德真是像人们有时武断的那样不过是一种幻想,还是道德是以人的本性及其最重要的实际利益为基础的,而不管人的信念或偏见怎样。

自然教义问答或关于道德原理的对话①

问：人是什么？

答：人是一种有知觉、有感觉、有理性、有理智、力求保存自己和追求幸福的生物。

问：您怎样理解"有感觉的生物"一词呢？

答：这是一种具有感官，即具有身体构造的生物，这种构造使得他正接近或接触对象时通过自身中发生的变化而知觉到对象的作用。

问：您所谓感觉是指什么呢？

答：这就是视觉、触觉、味觉、嗅觉和听觉。

问：感官对人或一般说来对动物的有益作用是什么呢？

答：感官的用处是可以从称为物体的外界对象那里得到印象；这些印象在人身上产生时间或长或短的变化，这些变化即称为感觉。

问：人通过感官得到的印象或感觉按其性质说是不是一样的呢？

答：不是一样的。其中有些使人愉快，另一些则使人不愉快。他追求或渴望一些印象或感觉，希望它们尽可能延长时间，对另一

---

① 本书第一版中，正文前的标题同扉页上的标题不符。这一差异也保存在本版中。——俄译本注

些则感到厌恶,希望它们停止。简言之,人爱愉快的印象而恨不愉快的印象;他就用这种态度对待使他得到这些印象的对象。

问:您怎样理解对某一对象的爱或恨呢?

答:爱某个对象,就是希望看到它,力求延长它对我们感官产生的印象或作用,当这个对象在我们周围的时候我们就感到高兴,当它在远处或根本影响不到我们时我们就渴望它在身边。

恨某个对象,就是希望它不在我们身边,力求使它不再对我们的感官产生印象,不赞成它存在。某一幅画吸引我的视线,我开始注意到它,我观看它时觉得愉快,我希望不断地看到它,我准备成为它的所有者,以便有可能经常欣赏它,于是我说,我爱这幅画。恶浊的气味使我的嗅觉产生不愉快的感觉,我塞住我的鼻子,希望挪开这个使我产生难受的感觉的对象,于是我说,我恨这个对象。

问:我们应当怎样理解意图或意志呢?

答:意志是人在愉快的或不愉快的印象使我们产生爱或恨的感情的影响下采取这种或那种行动的意向或决心。因此,来源于对象的这些印象就变成我们行为的动机。

问:您把什么叫做动机呢?

答:动机就是所有在我们身上引起爱或恨,确定我们的愿望,驱使我们从事活动的东西,这种活动的目的或者是替自己保存某个对象、或者是避开这个对象。

当着朋友的面,我们会产生接近他的愿望,希望拥抱他,由于他的亲近而感到快乐。反之,敌人的外貌则使我们产生躲开他的愿望。

问:您所谓活动是什么意思呢?

答:活动就是用我们的器官使我们接触我们所爱的对象,或者

附录二 普遍道德原理，或自然教义问答

避开我们所恨的对象。我们把我们的意志努力引起的运动或者我们的器官使我们接近或离开引起我们的爱憎的对象的一系列运动称之为活动。举一个例子。我的视线被水果所吸引；这个印象使我产生一种爱好或愿望，这种爱好或愿望决定着我的意志的具体表现，即使我走近果树，伸手摘取水果。

问：对象在我们身上所引起的爱憎感情叫做什么呢？

答：这些感情叫做情欲。情欲是我们的意志的运动，这些运动具有不同的力量和持续性，并且是由那些现在使我们的感情激动或者过去激动过我们的感情的对象所引起的。

问：这些情欲按性质说是不是一样的呢？

答：不是一样的。除了力量和持续性方面的不同之外，情欲还由于引起情欲的对象的不同特性而互相区别。因此情欲有各种不同的名称。人对于吸引他的或者他力求占有的对象所感受到的多少强烈和多少持续的情欲叫做爱。人对于使他疏远和他希望避开的对象的多少强烈和多少持续的厌恶感叫做憎。突然对什么事物产生憎恨的感情叫做愤怒，等等。

问：情欲是不是永远决定人的愿望，它是不是永远使人产生行动呢？

答：只要一种情欲的影响或作用不为他种情欲所妨碍，这种情欲就会使人产生行动。否则人的愿望就会变得不好采取什么行动。

问：人是否可以同时产生不同的情欲呢？

答：可以。人的情感可以同时由不同的对象引起，有时同一对象也可以使人产生相反的情欲。在这两种场合，人的意志都会犹豫不决，人也会始终无所作为。

217

问:不同的对象怎么能够同时引起我们的情感呢?

答:不同的对象同时作用于我们的时候,就往往发生这样的情形。举一个例子,我看见两个彼此类似的水果,我想占有它们,但不知道该摘哪一个。

问:同一对象怎么能够使我们产生相反的情感呢?

答:一个对象轮流地时而使我们产生爱,时而使我们产生恨的时候,就往往发生这种情形。举一个例子。我看见一个水果,它使我产生尝它的味道的愿望,但是我知道这个水果对健康有害。在这种情况下,同一个水果就会使我产生占有它的愿望,同时它又是我所恐惧的对象。

问:在这两种情况下,人会怎样行动呢?

答:起初他犹豫不决,后来他就作选择,而当他的意志趋向于某个特定的东西时他就采取行动。

问:犹豫不决是什么意思呢?

答:这意思就是对作用于我们的那些对象轮流地爱和恨;就是连续地对这些对象感到眷恋和厌弃。

问:选择某种东西是什么意思呢?

答:这意思就是接受最强烈的情欲。那时这种情欲就会控制我们的意志,我们就会采取行动,或者占有爱之甚于畏之的那个对象,或者放弃憎之甚于爱之的那个对象。

问:也许您能举个什么例子来说明这一点吧?

答:我在两个水果作选择时犹豫不决,时而想摘这一个,时而又想摘那一个。最后我选择了其中的一个,并且摘了它,因为我采取行动时我的意志接受了我选择的这个水果,而放弃了我仍然让它留在树枝上的另一个水果。在这里我的意志之所以接受这个水

附录二 普遍道德原理,或自然教义问答

果,是因为作选择的时候我认为它更好一些。

问:引起我们爱憎即激起我们情欲的对象叫做什么呢?

答:使我们爱的对象,我们称为幸福或快乐。我们谈到这些对象时会说它们是好的、美丽的、有益的、可爱的,而且我们会认为能够用来保证占有这些对象的活动或手段都是好的。反之,使我们恨的对象,我们称为祸害或痛苦,我们把相应的现象称为恶劣的、有害的、丑陋的、讨厌的,并且不赞成可能成为这些现象发生的原因的那些活动。

问:可以认为这是确实无疑的。然而什么是快乐呢?

答:有一种对象,人认为它的存在是自己的幸福,并且力求使它继续存在下去;人的感官在这种对象的影响下所感受到的一切愉快印象叫做快乐。

问:然而痛苦是什么呢?

答:使人憎恨的一切不愉快的印象以及希望这种印象停止的愿望都叫做痛苦;换句话说,痛苦是人认为不好的对象对人的作用。

问:人感受的一切快乐是不是都相同呢?

答:并不相同。它们像痛苦一样,按其力量和持续性都不相同。

问:和一切其他的快乐比较起来人宁愿要什么样的快乐,他最强烈地喜欢的是什么样的快乐呢?

答:比较起来人最喜欢最强烈和持续时间最长的快乐,这种快乐能够使他得到最大的幸福或者能够保障他得到最牢靠的幸福。

问:什么是幸福呢?

答:这是持续的或彼此连续的享乐,或者说是人所喜爱的愉快感觉,人把这种感觉看成是自己的福祉。

问:不幸是什么呢?

答:这是持续的或彼此连续的痛苦,或者说是人所憎恨的不愉快的感觉,人把这种感觉看成是自己的祸害。

问:应该把什么看作是对人有益的呢?

答:凡是能够帮助人维持自己的生命,使他生活在愉快的环境下,并且能在将来保持这种生活环境的事物,我都叫做对人有益的东西。简言之,凡是能够使人得到幸福的东西都是对人有益的。

问:您认为什么对人有害呢?

答:凡是会使人死亡,毁坏他的身体,或者破坏和瓦解他的幸福所必需的秩序的东西,都是对人有害的。

问:秩序是什么呢?

答:秩序是某个整体的存在方式或状态:这个整体的各个部分都协同一致地动作,以便行使这个整体应该行使的机能和力求保持自己的统一。举一个例子。人的身体是一个整体。如果身体的一切部分或一切器官都行使自己的机能,并且有助于维护身体的健康,即维护人认为是自己的福祉的那种状态,就可以认为这个整体是有秩序的。如果身体的各部分或各器官不再协同一致地动作以达到上述目的,人体就没有秩序。

问:快乐会不会对人有害呢?

答:只有在快乐可以保持人的健康和保持人的好心情的条件下,快乐才是幸福;而当快乐破坏生活的正常秩序的时候,换句话说,如果享乐的后果损害享乐者的幸福和康宁,快乐就会变成祸害。

问:这么说,使人醉心于享乐的情欲会给人带来危害啰?

答：情欲是人的本质，是人所必需的；当情欲使人愉快和幸福的时候，对人说来它们就是好的和有益的。但是，当同破坏人的健康和幸福的享乐相关的情欲破坏人的生活秩序的时候，它们对人就是祸害，就会给人造成损失。举一个例子。食物是人本性的需要；人有饥饿的感觉，换句话说，人需要吃东西；缺乏足够的营养，人就会憔悴和倒毙。但是吃得太多也会使人生病和死亡。

问：这么说，快乐会变成祸害啰？

答：只要快乐本身或者它的后果损害人的幸福和康宁，换句话说，只要它妨碍我们享受应当成为我们欲望的对象的永恒幸福，快乐都会变成祸害。

问：祸害能不能是我们的幸福呢？

答：像瞬间的快乐由于自己的后果可以变成我们的祸害一样，暂时的祸害或痛苦也可以是幸福。举一个例子。当我们服药的时候，药是我们所讨厌的；当它使我们的健康恢复的时候，药就是好东西。

问：人能不能时时只感到快乐呢？

答：不能。比方我们知道，人需要食物，但是他不能时时吃东西，他只能在一定的时间间隔内得到吃东西的快乐。所有其他的快乐也都如此。人的感官只能接受与这些感官的能力相适应的一定数量的影响。因此，过分强烈的享乐会使人厌倦和破坏人体的机能。长时间的或过分频繁地重复的快乐会显得平淡无味，令人厌烦，以致变成痛苦。

问：但是难道您没有说过幸福是一种长时间的享乐吗？！如果长时间的快乐是祸害，人又怎么可能是幸福的呢？

答：为了使人幸福，他的快乐必须多种多样，同时有内在的统一和联系。如果我们的感官老是感受同一种快乐，快乐就会变成苦恼。因为同一种快乐不可能老是使人愉快，为了人的幸福，必须使他的快乐变换种类，而且时间上要有空隙。

问：这么说来，怎样确定做一个幸福的人意味着什么呢？

答：做一个幸福的人，意味着享受许多不同种类的快乐，其力量和持续性恰恰是必需的，而不致使我们厌倦，不致破坏我们生活的秩序，因为如果发生后面这种情况，快乐对我们就会变成痛苦。

问：从这里人应该为自己作出什么结论呢？

答：由此应该得出结论说，如果人想幸福，他就应当用严谨的态度对待各种快乐，审慎地享受它们，放弃过分强烈的情欲，避免一切此时或将来其遥远后果可能破坏他的正常生活秩序的事物。

问：人应该怎样选择自己的快乐呢？

答：靠理性的帮助。

问：谁可以称为有理性的人呢？

答：凡是善于正确地识别和选择为了达到他给自己提出的目的即得到幸福所必需的手段的人都可以称为有理性的人。

问：人怎样才能正确地认识现实和作出正确的选择呢？

答：靠经验的帮助。人从经验中可以形成自己的表象、思想，等等。

问：什么是经验呢？

答：经验就是各种对象和现象作用于我们的结果。换句话说，经验是我们的感官所感受的印象、感觉或刺激，即各种对象在我们身上所产生的并且深深铭刻在我们记忆中的那些好的或坏的影响。举一个例子。我被火烧伤了，于是我学到了一个经验：火可以使我感到痛。

附录二 普遍道德原理,或自然教义问答

问:人怎样记住自己的经验的结果、自己的表象、自己的思想呢?

答:靠记忆。

问:什么是记忆呢?

答:记忆是人在思想上再现已有的经验或从前领会了的观念的能力,即使身边再没有对他的感官发生过作用的那些对象。例如我可以在记忆中再现我昨天见过的人。

问:这么说,作用于我们感官的对象可以在我们身上留下某种印象、某种痕迹啰?

答:对。对象在我们身上留下的痕迹或印迹叫做观念或表象。我们可以在自己心里看到这些对象。在记忆中再现对象的形象叫做想象。

问:什么是思想呢?

答:思想是人从外界对象那里或从自己的身体器官的变化中得到或在记忆中再现各种印象时人身上所发生的一种活动。例如,当我想到自己的朋友时,我就在心里看到或感觉到他的形象。

问:人在记忆和思维的活动中怎样运用已有的经验呢?

答:他作出判断;他把引起他注意的各种对象加以比较,把这些对象对他的感官所产生的印象,把对象在他身上激起的各种痕迹或思想加以比较,换句话说,他对由经验认识的东西进行比较。经过这样一番比较,人就会对这些对象以及对它们在人身上所引起的种种印象产生爱憎的感情。

问:人下判断时会不会犯错误呢?

答:会。当人的感官活动遭到破坏,当他对某个对象有所不了解,或者没有根据经验来检验自己的知识,以及当他对这个对象的

223

经验不正确或不充分的时候,他就会作出错误的判断。在这些场合人就会犯错误。

问:错误是什么呢?

答:凡是依据不正确的知觉、错误的或不充分的经验材料,或者依据我们的记忆模糊地再现出来的事实所作的判断都叫错误。

问:这么说,感觉会欺骗我们?

答:对。凡是我们的身体遭到损坏或者我们的器官没有准确地履行它们预定的职能的时候,感觉都会欺骗我们,这种情况的发生,或者是由于我们感官的某些天然的缺陷,或者是由于它们长期或暂时受到破坏。

问:试举例说明之。

答:目力衰弱的人的经验,只会令人怀疑和充满错误。喝醉了酒的人看东西往往看不清它们的真面目,当他处在沉醉状态的时候,他是完全没有判断能力的。受强烈情感影响的人也不能正确地判断事物,而且无力区别真理和谬误。

问:真理是什么呢?

答:凡是根据正常的和健康的人(他的感官准确地履行自己的职能)所获得的准确的和屡经检验的经验材料作出的判断叫做真理。举一个例子。当我肯定说,火可以烧伤人,人应该避开火,我说的就是真理,或者是所有正常的和健康的人多次重复的经验证明其为正确的判断。当我肯定说,缺点是坏事,我说的也是为一切有理性的人的经验所证实的真理。

问:人需要不需要真理呢?

答:需要。没有真理,人就不能区别对他有益的对象和对他有害的对象,他就不能判断他应当避免什么,以及相反,应该追求什么。一个双目失明的人是不能避开横在他前进道路上的深渊的。

问：人怎样获得真知灼识呢？

答：靠感官的帮助。人利用感官以便不断地重复经验，和取得对使他激动的对象的知识。人根据这些从经验中得来的知识，按照他的天赋条件或多或少迅速地和轻易地作出自己的判断。

问：您对人的天赋条件是怎样理解的呢？

答：我指的是人体器官的构造和这些器官履行自己职能时大小不等的准确程度；我指的是所有那些多少使人容易和能够从经验中理解、思想、判断，获得正确知识的东西。人们根据自己的天赋条件在智慧、天然爱好或本能方面，以及在判断的敏捷、思想习惯和审慎程度方面都彼此不同。

问：智慧是什么？

答：智慧就是迅速而且轻易地从经验材料出发取得知识，估价事实，作出正确判断的本领。只有具有迅速的适应能力，根据感官正确地接受的经验作出自己的判断，赋有准确地再现已经认识的事物的记忆力的人，才是真正聪明和有远见的人。常常发生误解和犯错误的人，是根据错误的经验、虚假的知觉或不正确的回忆来判断事物的。

问：您对本能是怎样理解的呢？

答：人的本能是一种经过习惯强化的天然能力的结果，这些能力使他能够迅速地对对象作出准确的评价，并且借助于立即在记忆中再现与这个对象相关的全部经验的总和作出关于此对象是否值得爱或恨的正确决定。

举一个例子。我本能地躲开朝我倒下来的岩石，因为我心里迅速地产生同可能受伤相关的种种危险后果的观念。正是因为这样,一个知道美德的价值懂得罪行的后果的人,当他面前发生了一桩罪行或者当他听到关于某些罪恶活动的故事时,他就会立即充满惊讶恐惧的感情。

问:习惯是什么呢?

答:这是轻巧地做什么事的本领;经常重复同一事的结果,我们就会获得这种本领。例如多次书写同一些字的结果,我们就会获得写字的习惯或本领。这样,我们写字的轻巧、迅速和准确程度之高低就取决于我们在练习写字上所花费的时间。我们也是这样获得热爱美德的习惯的,因为我们经常想到合乎道德的生活的好处和不道德的生活的恶果。

问:人一生中什么时期最容易养成这些或那些习惯呢?

答:童年时期。因为人的器官正是在他一生的这个时期最娇嫩、可塑性最大,正是在这个时期这些器官不抗拒人们想要给予它们的影响。人是在接受教育的过程中获得观念,产生见解,得到最初的知识,学会作评价和下判断的,概言之,人是在受教育的过程中形成自己的理性的。

问:那么,教育又是什么呢?

答:这是使人们在童年时代养成一些往后能够促进他们的幸福生活的习惯的一种艺术。教育人意味着给他传授经验和知识,依据这些经验和知识他就会作出正确的估价和下准确的判断,如果他得到良好的教育,他就会成为明理的和审慎的人,反之,如果教育是恶劣的,他就会成为不理智的和轻率的人。

问:您对审慎是怎样理解的呢?

答:人的审慎就是善于运用由经验积累起来的知识,养成了的习惯和已经认识到的真理来取得幸福;总而言之,审慎是把从经验

附录二　普遍道德原理，或自然教义问答

中得来的知识运用于人这个有感觉、能思想和追求幸福生活的生物的行为。例如，如果饮食过度往往使我不愉快，我就会得出结论说，这对我有害。我的记忆会再现从经验得来的知识和我所下的判断，而理智就会强迫我避免这种过度现象。理智的存在是智力成熟的标志，理智可以改正、校正、清除可能使人受骗的感觉材料中的错误。

问：我们同意这种说法。现在请谈谈，您把什么叫做明智呢？

答：任何为经验证明真正无疑有益于人们的幸福的行为，我都称为明智。任何本身就能或者由于其后果而可能损害人的幸福和康宁的行为，我都称为不明智。全部道德正是建立在明智的基础上，而明智或审慎则不过是从经验中获得的知识的结果。

问：道德是什么呢？

答：这是对义务的认识，对于人这个有感觉、有思想、追求幸福和生活在为同一些追求所鼓舞的人类社会中的生物来说，这种认识是由人的理性所规定的。简言之，道德是关于人的义务的科学。

问：您对科学是怎样理解的？

答：科学是一种从经验中得来的关于下述对象的有条理的和合逻辑的知识：为了判明这些对象对人的幸福是否有益，人们曾经专门注意过这些对象。掌握语言意味着能听懂和记住这种语言所有的全部词条。掌握道德意味着根据亲身的经验获得或者从他人的经验中接受人们过社会生活所必需的一切知识。

问：您对职责是怎样理解的呢？

答：我们为了达到给自己提出的目的所应当履行的一切都是职责。例如对自己的同类行善是希望得到同类的爱戴和尊敬的人的职责。

问:那么,您认为一切人都有的职责是什么呢?

答:这就是他本身的利益以及正确地、深思熟虑地理解他同社会(他作为人和作为公民乃是这个社会的成员)的相互关系命令他做的一切,因此也就是他本身的利益以及正确地、深思熟虑地理解他同社会(他作为人和作为公民乃是这个社会的成员)的相互关系命令他作的一切,因此也就是有利于维护社会,能够促进每一个社会成员的幸福以及在互相服务的基础上建立他们之间持久的和稳固的联系的一切。

问:有义务是什么意思呢?或者换句话说,您对义务是怎样理解的呢?

答:义务也就是职责或必要性。有义务就是说如果不做到为保障所希望的幸福所必要的一切就不可能得到幸福,或者如果不采取一切必要的措施来避免临头的危险就注定要使自己遭受不幸。

问:您怎样理解人的道德职责呢?

答:道德职责就是人人都履行义务的必要性,人的幸福,像生活经验和理性所指明的一样,和这些义务是不可分的,因为他要同其他的人一起生活。

问:那么,对幸福的追求或者对不幸的恐惧是我们一切义务的基础吗?

答:对,因为人都希望自己好和害怕不好,他的义务就是寻出能够保障幸福和避免不幸的方式。例如,我有义务顺从我的父亲,顺从他是我的职责,因为在我所处的环境下,父亲对我表现出的善意,因此也就是我的幸福,决定于我的顺从。

问:人可能处于什么环境下呢?

答：人可能或者被看作孤立的个体，或者被看作同其他的人一起生活的个体。正是这一点改变着他的生活环境，改变着他同周围世界或人们的相互关系，因之也改变着他的义务。

问：您谈到人们的相互关系时所指的是什么呢？

答：我指的是人们相互地位中的差别，他们通过自己的活动互相对幸福产生影响，换言之，互相使对方得到快乐或遭受痛苦。

现举例说明我的想法。父子之间存在着相互关系，因为这两人中任何一人的幸福都依赖于另一人的幸福。由于这种相互关系，儿子的职责是对父亲尊敬、爱戴、温顺和服从，因为父亲有许多条件可以使儿子的生活幸福。

问：这么说，人们同周围世界的相互关系是有差别的，而且取决于用什么观点来看人啰？

答：对。当我们把人看成是孤立的个体时，他就没有跟其他能够使他幸福或不幸的人们一起生活所加给他的那些义务。

问：生活在社会之外的人有没有什么义务呢？

答：有，他必定要力求保存自己和追求幸福，既然他给自己提出了这样的目的，他就应该寻找达到目的的手段。

问：人如果生活在社会之外，他的义务又是什么呢？

答：凡是关心保存自己，希望幸福，力求避免一切可能立即或者由于其后果而使他受害的东西所要求于他的事情，他都应该去做。由此可见，单独生活的人应该对快乐表现出严加选择的态度，约束自己，控制自己的情欲，避免可能对他的健康产生坏影响、使他遭受痛苦、破坏他的体力的事情。

所以，一个人不管他是单独生活还是过社会生活，都必须谨慎、明智、节制、适度。

问：但是难道人不能自杀吗？

答：无缘无故想自杀的人不是神经正常和思想健全的人。他那被疾病折磨坏的或者由于某种别的原因而损坏了的身体，既不允许他找理性来帮忙，又不允许他听从大自然的呼声，虽然自然的呼声警告他说，他应当力求保存自己。对这种人进行监督是政府的事，而医生的任务则是治好他，如果这是可能的话。

问：生活在社会之外的人的明智在于什么呢？

答：在于履行理性给他规定的义务，即在于选择他能够用来保存自己生命的手段和方法。

问：适度是什么呢？

答：这是一种在快乐中保持限度的义务，正如经验和理性告诉我们的，这种限度是使这些快乐能够经久保持所必要的。

问：节制是什么呢？

答：这是一种放弃一切可能使我们受到损失的东西的义务。

问：您对生活在社会中的人怎样下定义呢？

答：这是生活在具有同样的感觉和需要的其他人们中间的人，所以他可以通过自己的活动影响他们的幸福，反过来，他自己的幸福或者不幸也以其他人们对他所采取的行动为转移。

问：社会是什么呢？

答：社会是为了齐心协力地互相保障幸福生活而共同劳动的大量人们的联合。

问：社会有哪几种呢？

答：有全世界的社会和个别的社会。

问：您怎样理解全世界的社会呢？

答：我指的是全体人类，或者是全体人类生物的总和。

附录二 普遍道德原理,或自然教义问答

问:个别的社会又是什么呢?

答:它们是这样一些社会:其中每一个都只联合人类生物或大或小的一部分。由一部分人类组成,以他们所居住的国家的名称而区别于其他部分人类的社会称为民族。城市和市镇——这是由属于一个民族而且名叫市民的一定数量的人们所组成的社会。家庭——这是由一个城市或市镇中称为亲属、双亲等的若干居民所组成的社会。

问:多少人才能组成社会呢?

答:只要两个人联合起来达到某种共同的目的,他们就可以构成联盟或社会。例如,一对结婚的男女可以构成婚姻联盟;双亲和孩子们可以组成家庭;几个朋友可以成立小组;商人和自己的股东们可以建立贸易公司。

问:生活在社会中的人有什么义务呢?

答:用他所有的一切手段来达到社会所提出的目的。

问:社会给自己提出的目的是什么呢?

答:社会的目的是保存自己和为社会本身及其每一个成员谋取福利和幸福。由此可见,所有的人都有义务互相帮助,以便谋取共同的幸福,保存和维护他们所组成的社会。

问:为什么每一个社会成员都有义务促进自己的同胞们的福利呢?是什么原因促使他这样行动呢?

答:促使他这样行动的原因是:为了得到幸福,他需要同胞。他给同胞们带来的利益总是要对他自己的命运发生积极的影响。

问:把人称为社会动物,是什么意思呢?

答:把人称为社会动物,这意思就是,生活经验、习惯和明智使人认识到为了实现他自己的目的必须有社会,因为一切都告诉他,

他时时刻刻都需要别的人们,别人的友善的同情和帮助比生活在社会以外更能使他得到多得多的幸福。

问:难道人一定需要别的人才会幸福吗?

答:生活在社会之外的人们既没有力量也没有本领为自己保障一切必要的东西来保存自己的生命,维护自己的福利和消除他孤栖独处时就会威胁他的灾难。人们互相联合起来以后,就有额外的可能去取得满足自身需要的手段。社会为每个人的个人安全创造着更加稳固的基础,因此人在社会中享有无数的优越条件,当他仍然孤栖独处时,他是没有这些条件的。

问:人的需要是什么呢?

答:为了保存自己的生命和使自己生活得愉快,人通常需要他的天性和习惯使之必需的一切。例如人必须有食物、衣服,必须有防备坏天气和意外危险的手段,必须有劳动或一般从事某种力所能及的活动的机会,必须休息,必须有可能繁殖后代和使自己得到快乐。

问:这么说,没有别人帮助人就不可能保证自己得到这一切啰?

答:对,不可能。当人刚出世的时候,他比任何动物都更孱弱。如果他的双亲不经常关怀他,给他哺乳,逐渐教他使用四肢和区别他应当爱的对象同他应当怕的对象,区别他应当取得的东西同他应当避免的东西,他差不多就会立即死亡,几乎来不及成长。简言之,没有自己双亲的关怀,人绝不可能达到成年。

问:然则达到成年而且能够自力更生的人,是否继续需要别人的帮助呢?

答:在人的整个生命历程中这种必要性始终是同样迫切的。

附录二　普遍道德原理，或自然教义问答

人孤栖独处时不花费很繁重的劳动是什么事情也做不成的，他处处会陷于困难的境地而无以自拔，他不能保卫自己，他摆脱不掉他必然要遇到的一切不幸。有交往的同胞们会减轻他的劳动和增进他的欢乐；他可以利用他们所生产的东西，利用他们的知识和技能，分享他们的愉快和欢乐。总之，人在自己生命的每一瞬间都要依赖自己所交往的同胞。

问：您怎样理解人对他的同胞们的依赖性呢？

答：我把这一点理解为人感到需要别的人以便增加自己的力量；我把这一点理解为没有别的人就不可能保存自己的生命并使它真正幸福。满足自身需要的必要性，这就是人依赖他的同胞的原因，也是这种依赖的基础；自愿参加共同一致的活动，这就使人们互相联合起来；由此产生一些人服从另一些人的现象，即产生所谓隶属关系。

问：那么，社会中每个人都依赖自己的同胞吗？

答：对，社会中所有的人都互相依赖，换言之，为了保存自己和幸福，他们都需要互相帮助。

问：您怎样理解隶属关系呢？

答：所谓隶属关系，我理解为人为了他自己的幸福并且在他的同意下服从那样一些人：自我保存的感情和追求幸福的愿望使得他同这一些人联合起来。人之所以服从自己同类的权力的权威只是因为这是他的幸福所必需的。

问：那么，权力是什么呢？

答：这是指导谋求自我保存的手段和谋求幸福的机会的人们的行动和控制他们的意志的权利。

问：您怎样理解权利呢？

答：一切按照理性行动的可能性都叫做权利；在这种情况下的行动称为正义的和合法的。

问：您认为什么是正义的呢？

答：我认为凡是合乎理性的或者得到理性赞成的都是正义的。反之，凡是理性不赞成的、凡是违反理性的，我都称为非正义的。

问：什么行为值得理性赞成呢？

答：任何活动、任何人力的使用，如果它使人得到牢固的和真正的幸福，而不损害他的同胞的幸福，理性都会赞成。任何活动、任何人力的使用，如果它破坏人真正的快乐或者只给他瞬刻的、稍纵即逝的快乐，而且同时损害他的同胞的福利，理性就不赞成。

总之，理性赞成每个人的行动，如果他为了自己的幸福去做一切并不危害社会其他成员的幸福的事。

问：如果是这样，那么什么是正义呢？

答：一般说来，正义是实现理性认为符合社会幸福的一切可能性。人心中的正义是一种经常的、变成了习惯的意向：帮助每个人实现他的权利。

社会中的正义是社会让自己的每一个成员有可能实现自己的合法权利或者为了自己的幸福去做理性所赞成的一切。

问：这么说，社会对于自己的成员具有正当的权利啰？

答：对，每一个公民都依赖作为整体的社会，因为他需要社会，这样才可以保存自己和获得幸福。因此社会的权力是正义的；全体公民都要服从社会；为了自己的幸福，他们必须服从社会，因为社会有权要求他们服从。

问：每一个社会成员是否有社会应当予以满足的某种权利呢？

答：社会对自己的成员之所以有正当的权利只是由于它给他

附录二 普遍道德原理，或自然教义问答

们提供了优越的条件，而且这些条件的本性和它们的数量都在发挥着重大的作用。因此每个公民都有权要求社会使他成为比他单独生活即生活在社会之外时更加幸福的人。只有在这种条件下，人才会使自己的意志和自己的行动服从于社会的意志。

问：社会会不会丧失对自己的成员的权力呢？

答：社会如果不关心自己的成员，就会变成无益于他们的东西。如果社会仅仅使自己的公民遭受损害，它就会丧失对他们的任何权力。理性不可能赞同那个使人们不幸的权力，因为人们结成社会是希望生活得比他们在社会以外更加幸福。

问：那么，社会和它的成员们的权利是相互制约的啰？

答：对，如果社会对自己的成员具有合法的权利只是由于它给他们提供了优越的条件，那么同样，社会成员也只是由于他们给社会带来了利益或者为社会服务了才具有正当的权利要求社会的关怀。这就是所谓的社会契约。

问：您怎样理解社会契约呢？

答：社会契约是这样一些必要条件，根据这些条件，社会和它的成员互相担负义务以便共同为普遍的幸福而努力，或者换句话说，社会契约是社会和它的成员彼此之间的义务的总和。

问：这些义务，或者这些条件是什么呢？

答：社会的每一个成员都有责任尽力为社会服务，保卫社会，保护所有其他公民的生命和促进他们的幸福和福利，这时他们反过来也帮助他，保卫他，给他提供必要的手段来保全他的生命和使他幸福，或者换句话说，使他有可能实现他的合法权利。

问：如果社会不履行自己的各项义务，社会成员能够作什么呢？

答：他有权离开社会，即从它那里走开。理性允许他同损害他的幸福的社会脱离关系。

问：社会是否有权强迫自己的成员履行他们对社会所担负的义务呢？

答：社会只要对自己的成员履行义务，它就有权强迫他们对社会履行义务。理性赞成社会有权剥夺自己那些不履行义务的成员的利益和特权；如果他们认真履行契约的条件，他们是能够指望得到这些利益和特权的。

问：社会用什么方法强迫自己的成员忠实于他们所承担的义务呢？

答：凭借法律。

问：法律是什么呢？

答：法律是社会为了保全全体公民的生命和保障他们的幸福而给自己的成员规定的一种行为准则。

问：难道社会有权制定法律么？

答：是的，理性赞成社会采取一切措施来保全自己成员的生命和保障他们的幸福。生活经验表明，公正的法律是这些措施中有效的一种。

问：什么法律是好法律呢？

答：公正的法律，即理性赞成的法律，这就是好法律。理性只赞成保障所有人的福利和幸福的法律。凡目的只在于保障某些社会成员的福利，保护他们的生命和安全，而损害所有其余成员的法律都是坏法律。这样的法律是不公正的，理性是不赞成这种法律的，因为全体社会成员都有享受幸福的同等权利。

问：这是说社会可能犯错误和制定坏法律吗？

答:当社会的法律违反自己的目的和损害大多数社会成员的福利的时候,这些法律就是坏的或不公正的。

问:这么说,社会或法律所规定或许可的事情并不总是公正的啰?

答:社会的命令,只要得到理性的赞成,就都是公正的;理性不赞成的命令就不是公正的。法律要求的或许可的事情可以合法,然而不公正。反过来,法律所禁止的事情可以不合法,然而公正。因为公正不公正的问题,不由社会决定,不由法律决定,也不由习惯决定,而由理性决定。

例如,好战的民族可能认为抢劫、掠夺、屠杀和惨无人道是合法的、可以允许的,甚至是值得赞扬的,但是这类行为不会因此就变成公正的。有一些国家,在那里迫害外国人和对他们采取偏执态度被认为是许可的和正当的。某些民族的风俗允许夫妻不贞。甚至还有一些国家赞成杀弑自己的父母。其实这些行为都是不公正的、违反理性的和危害社会幸福的。

问:社会怎么可能犯这样一些错误?

答:这种情况之所以发生,或者是由于社会没有充分的经验,像野蛮民族那里所常见的一样,或者是由于一些统治人民或反映人民意志的人们的无知、偏见、贪欲和没有经验。

问:以社会的名义发言和行动的人叫做什么呢?

答:他们叫做社会的代表。他们所行使的全部权利就是构成社会最高权力的那个东西。

问:那么由谁来行使社会的最高权力呢?

答:由这样一些社会成员来行使:社会授权他们表达社会的意志,以社会的名义行动,并且引导所有其余的公民为普遍的幸福而工作。

问:每一个社会成员应该不应该服从社会所选出的统治者呢?

答:应该,因为服从社会所选出的统治者,意味着服从社会本身,而做一个服从社会的人是每一个公民的义务,因为他自己的幸福是依赖于社会的。统治者有权强迫公民服从,因为社会有权命令和要求他们去做公正的事情。

问:统治者的权利是什么呢?

答:理性允许统治者做一切有利于社会的事,也允许他要求其余的公民在行动中遵守各种保障社会全体成员的利益和权益的法律。

问:统治者有没有危害社会的权利呢?

答:任何社会成员和任何社会团体任何时候也无权危害社会。统治者只有社会所能授予他的那些权利,而社会绝不会把危害自己的权利给予自己的统治者,因为最高权力的目的在于保证社会过比没有最高权力更加幸福的生活。

所以,即使社会容忍统治者使它遭受损害,即使社会有意识地把造成这种损害所必需的权力授与统治者,他还是无权这样做。在这种情况下,统治者就不是行使公正的权力,因为社会只有做理性所赞成的事情的公正权利,而理性是不会赞成危害社会的事情的。

问:那么,统治者的权力是受限制的啰?

答:对,无可怀疑。他的权力受到理性的限制,而理性只能赞成对社会有利的东西。如果统治者行使社会不赞成的权力,他就是篡权者;如果他行使危害社会的权力,他就是暴君。

问:篡权者是什么人呢?

答:就是行使社会不赞成的权力或者行使社会没有授与的权力的那种人。

问:暴君是什么人呢?

答:就是滥用社会托付给他的权力从而危害社会的统治者。

问:统治者有没有他应该履行的义务呢?

答:如果社会对自己的成员有一定的义务,那么代表社会的统治者对社会也就有种种义务,他不能认为自己可以不受这些义务的约束而不致破坏正义。如果只有理性赞成的那些社会权利才是合法的,那么统治者也就只能行使这些权利。

问:国家元首的义务是什么呢?

答:是关怀国家的完整、安全和繁荣——一句话,是维护这样一种社会秩序:在这种秩序下每一个社会成员都能行使自己的合法权利。这一点直接决定统治者本人的幸福和安全。

问:统治者的利益是否在于履行自己的义务呢?

答:每一个社会成员的利益在于自己的领导人的幸福,所以统治者只要建立一个强大、繁荣和幸福的社会,从而也就保障自己有最牢固最持久的福利。这样的国家元首会成为自己人民的父亲,可以指望得到人民的爱戴、尊敬、帮助和心甘情愿的服从。总之,他将在国内外享有最大的影响,并且将扬名后世。

问:当君主忽视自己的义务或违背自己的职责时,会发生什么事情呢?

答:国家会衰弱,居民会减少。由这样的君主治理的国家既不会有富裕,也不会有幸福,它的国力会丧失,它的经济会衰落,它的公民在事业上的积极性会降低。这种国家里的臣民会愤怒地反对自己的君主,他们会腐化堕落、灰心丧气,不论对自己的祖国或治理祖国的统治者都会十分冷淡无情。他们会把君主仅仅看成仇敌,为了他们共同的利益,必须联合他们所有的力量同君主作斗争。最后,如果国家元首的权力破坏社会契约的成文条件和不成文条件,强迫法律服从元首的情欲,这种权力的基础就是动摇的。人们就会恨他、蔑视他,甚至他的生命本身也会经常受到威胁。

问:君主对臣民有没有合法的权利呢?

答:如果他的活动是臣民的幸福所必需的,他对臣民就有合法的权利。

问:臣民对于关怀他们的幸福的国家元首的义务是什么呢?

答:他们的义务是对他忠诚、服从、永远关怀,以及帮助他实现有益的计划。他们应当保卫他,给他支援,参加他为本国人民的幸福而着手进行的一切工作。

问:臣民的利益是否在于履行自己的义务呢?

答:警觉的和关怀备至的国家元首保证臣民得到的那些权益,促使臣民顺从、爱戴、感激和帮助君主。臣民热爱和保护国家元首也就是热爱和保护获得自身幸福的手段。

问:反过来,臣民对君主有没有权利呢?

答:他们有权要求君主行事公正,要求有可能在国泰民安的环境下享受自己的权利,要求得到每一个为祖国谋利益从而帮助君主达到目的和完成任务的公民都应该得到的报酬。

问:任何个别公民是否有权利判断君主的行为和活动呢?

答:不,没有。只有社会才有权利判断国家元首是否给社会造成了危害,是根据法律来治理社会呢还是破坏法律。社会的情绪和观点应该决定国家元首的思想方式和指导他的行为。

问:个别公民是否有权惩罚不履行自己义务的君主呢?

附录二 普遍道德原理,或自然教义问答

答:没有。判断和惩罚国家元首的权利只属于整个国家。国家元首从社会得到权力,并且代表社会行使这种权力。因此唯有社会才有权利剥夺他的这种权力。擅自专权惩罚君主的个别臣民是犯罪的和不公正的篡权者,因为他行使了社会没有给他的权利。

问:这么说,君主和臣民的义务是相互的啰?

答:人与人之间本来就没有哪种义务可以不是相互的。任何一个人在对待别人的关系上如果不束缚或约束自己,在对待自己的关系上就没有权利束缚或约束别人。正像已经说过的,人的义务要成为公正的,就必须建立在这些义务该给他保障的利益的基础上。不以双方利益为基础的权利,乃是苛政、不公正和暴力的结果。

问:然而如果受暴政压迫的社会不保证自己的成员得到他们有权指望得到的权益,公民应当采取什么行动呢?

答:既然增加每一个社会成员的能力、幸福和快乐是任何一个政治上成熟的社会的目的,那么,如果公民生活在社会中比他单独生活或者生活在另一个社会中更要不幸,他就有权离开这个社会。

问:是否可以存在一个能够保证所有成员都过幸福生活的社会呢?

答:这样的社会要对全体成员履行自己的义务,就是说,要经常设法保护每个人的财产,全面巩固公民自由和政治自由的基础,总之,要帮助自己所有的公民实现他们的正当权利。

问:社会是否可以剥夺自己成员的正当权利呢?

答:它没有这种权利。社会只有保证自己的成员得到他们正当权利的时候,才是对他们有益的。社会只能剥夺公民一种可能性,即危害同胞的可能性,但是危害同胞决不是权利,实际上这只

是一种不公正的现象。

例如,每个人都是自由的,但是社会有权剥夺他的自由,如果公民滥用自由,利用它来危害同胞,这样自由就不再是一种公民权利了。

问:自由是什么呢?

答:自由就是每一个社会成员为了自己的幸福采取一切不损害自己同胞幸福的行动的权利。

问:那么,自由的基础是公正的啰?

答:对。理性赞成自由;只有当自由造成损害的时候,即只有当自由变成专横,变成社会有权惩罚的不公正的行为的时候,理性才会不再赞成自由。

问:您怎样理解惩罚呢?

答:惩罚什么人,意味着使他不幸,意味着剥夺他仍然为自己的同胞造福时本可以继续享有的权益。惩罚是公正的和必要的,因为惩罚可以使那些企图采取危害社会的行动从而破坏社会秩序的公民产生恐惧,所以它是一种能够保障社会得到幸福的手段。

问:怎样称呼对我们的同胞有益的行为呢?

答:这种行为称为正义的、好的、正当的和合乎道德的。对社会有害的行为或举动称为非正义的、不正当的、不道德的和犯罪的。

问:如果从这一点出发,应该把美德看成什么呢?

答:美德是成为习惯的一种只做对与我们共同生活的人有利的事情的经常倾向。

问:为什么您说这是一种成为习惯的倾向呢?

答:因为不道德的人也可以偶然作出一桩有益的事情。美德

附录二　普遍道德原理,或自然教义问答

要求人经常有行善的坚定的愿望和决心。

问:您把什么叫做有益的呢?

答:我把有助于保障人们得到牢固的和持久的幸福的行为叫做有益的。要知道,一种使人得到瞬间的快乐而这种快乐的后果对他有害的行为可能给他造成损害。反之,一种使人感到暂时的痛苦而这种痛苦的后果对他却是幸福的行为可能对他有益。外科医生给人做有益的手术时会使他暂时感到痛苦。

问:恶德是什么呢?

答:恶德是成为习惯的一种危害自己同胞的倾向。

问:罪行是什么呢?

答:凡是自身或其后果给社会成员造成很大损害的长期的或短期的行为即为罪行。

问:一切美德和一切罪行,按其意义来说是不是都相同呢?

答:不,不都相同。热爱一个有美德的人或者憎恨一个不道德的人,这种感情是随着一些人的美德对我们有益的程度和另一些人的罪行对我们有害的程度的增长而增长的。给社会带来最大利益的那些美德是最受尊敬的美德。使社会遭到最大祸害的那些罪行是最大的罪行。社会就根据这一点来规定奖励和惩罚公民的标准。

问:社会应当不应当奖励给他带来利益的那些社会成员呢?

答:如果社会有权惩罚给它造成损害的公民,那么,为了保存自己,维护自己的福利和保卫自己的利益,社会就应当根据公民使社会得到的利益和权益来奖励对社会有益的那些公民。

问:您把什么叫做奖励呢?

答:奖励一个人,意味着使他更加幸福,以感谢他作出的合乎道德的或高尚的行为。

问：社会由于自己成员的美德而必须用来鼓励他们的那些奖励是什么呢？

答：就是表示爱戴、尊敬、推崇、感激，赐给勋章、光荣称号、财富，简言之，社会应该奖给最有益的公民以各种各样的权益，以便鼓励他们为自身利益替社会服务，或者为自己同胞的幸福劳动。

问：您怎样理解利益呢？

答：凡是在人看来维持生命和保障幸福所必需的一切，我都理解为人的利益。

问：一切人的利益都相同吗？

答：不都相同。人们的利益是各式各样的，取决于他们的需要、习惯、他们的正确的或错误的幸福观。吝啬鬼的利益是敛聚财富；好色之徒的利益是纵情享乐；空虚无聊的和虚荣心重的人的利益是尽量挥霍金钱；善良的正派公民的利益是博取周围人的爱戴，做一个值得和他共同生活的人尊敬和关怀的人，或者，如果他没有亲人，就做一个值得自尊的人。总之，每个人的利益就是使自己得到一切他素来认为是幸福的东西。

问：为什么人希望受别人尊敬呢？

答：尊敬是爱的一种形式。它要求对我们抱有这种感情的人乐意为我们效劳，增进我们的福利，对维持我们的生命表示关怀。反之，鄙视的感情是厌恶的一种形式，人看到厌恶的表现时是难受的，因为这些表现告诉他：对他产生这种感情的人不愿意促进他的幸福。

问：为什么人力求得到多于别人的财富、权威、奖章、社会中的高位和权力呢？

答：这些权益使他有可能保障自己的多数同胞过幸福的生活，这些同胞都要依赖他，并且由于这种使他们同他联系在一起的依赖性迫使他们促进他的福利。

问：那么，人任何时候都不会做大公无私的事情吗？

答：人任何时候也不会忘记保全自己和获得幸福的目的。因此他总是根据自己的利益行事。当他除了力求自己的同类愉快并希望得到他们的尊敬以外别无其他利益，当他力求凭自己的美德或通过对自己同胞有益的活动而成为一个值得受这种尊敬的人的时候，他才可以称为大公无私的人。

问：是不是全体社会成员的利益都在于维护和繁荣社会呢？

答：是，毫无疑问。他们的自由，他们的人身财产的安全，最后，他们每个人的幸福，同帮助他们行使他们的权利的那个社会的自由、安全和繁荣紧密地联系在一起。他们每个人都十分自然地希望看到自己的祖国幸福和繁荣，这种希望叫做爱国主义。

问：那么，爱祖国是公民的职责啰？

答：对，尤其是在有特定气质的人看来，这甚至是一种迫切的需要。无论是思考还是我们自己的正确理解的利益都同样会使我们产生这种感情，它是自由最美好的成果之一，因为众所周知，正是这种爱国主义感情在一切时代一切民族中间唤起人们去完成伟大的历史事业。

问：但是，如果祖国和社会使我们得到的仅仅是祸害呢？

答：那时我们同祖国的关系就会逐渐削弱。如果祖国对每一个人的幸福只会造成无穷的障碍，那么他虽然生活在社会中也必然是孤单的。他会变成这个社会和自己同胞的暗敌。他会认为自己对他们完全没有义务，他会把自己的利益同他们的利益分开来，而且不再认为做一个有益的或高尚的人有任何意义。这就是坏的社会组织经常造成的结果。

问：生活在世风败坏的社会中的人，他的真正利益是否在于危害自己的同胞呢？

答：不。社会使人不幸，他就可以离开这个社会，但是没有权利危害它。这种人的真正利益绝不在于做一个不道德的人。既然他生活在社会上，他就应该为了自己的利益力求减少而不是增加自己的不幸。如果我住的房子着了火，我就应该灭火，而不是煽火。

问：您怎样理解真正的利益呢？

答：真正的利益能够为自己保障最全面、最实在、最持久的幸福。在任何情况下，美德始终是人的主要利益。

问：在恶劣的社会里，人怎么会有任何兴趣做一个有道德的人呢？

答：即使最堕落的人也不得不承认美德的益处和尊敬那些有道德的人。另一方面，即使某个大社会到处都是恶德，组成大社会的每一个小社会也还是需要美德；对于这个小社会的成员的幸福说来美德是必要的。没有美德，生活对他们就会变成沉重的负担。

问：当您说到小社会时，您指的是什么？

答：所谓小社会是指由被称为婚姻的夫妇结合所组成的社会，这是由亲属和所谓家庭组成的，这是由朋友和同志组成的社会。

问：这些社会的成员们的利益是什么呢？

答：他们的利益在于互相帮助，使生活彼此过得尽量愉快和惬意，共同为双方的福利而努力。

问：如果是这样，那么他们的义务是什么呢？

答：他们的义务是找出保存社会的方法和表现达到这个目的的所必需的能力。当人们知道了社会的目的时，他们往往容易了解社会成员的利益和义务。

问：婚姻是什么呢？

答：这是为了共同生活，互相帮助，生育儿女，以便儿女将来成为他们在劳动中的助手和老年时的依靠而结合起来的一对男女的联合。婚姻的目的就是如此。

问：什么是夫妻的义务呢？

答：互爱和互助。夫妻应当做一切能够巩固他们的联合的事情，小心地避免一切可能削弱这种联合或者导致离婚的事情。

问：丈夫的义务是什么呢？

答：既然大自然赋予丈夫的体力比他的妻子更强大，他就应当捍卫她、保护她，做她的柔弱体质无法胜任的工作，教给她知识，对她表示眷恋，以及做她的忠实伴侣。

问：妻子的义务是什么呢？

答：她应当做比较轻松的家务，关心子女幼年的教育，对丈夫表示热爱和温柔（这是使丈夫反过来对自己表示热爱和温柔所必需的），尊重他在体力和知识方面的长处而对他让步，以及做他的忠实伴侣。

问：为什么您认为夫妻应当互相保持忠实呢？

答：因为婚姻中的不忠实比任何别的东西更能够破坏维持婚姻结合所必需的爱情、信任、尊重与和睦。

问：要是这种不忠实没有人知道呢？

答：即使没有人知道，不忠实也总是最大的不幸，因为它至少会在夫妻一方的内心中破坏爱情，如果这一方还想保持家庭和睦，他就不得不伪装出他再也体验不到的感情,而感情是难以欺骗的,也是难以弄错的。其次,家庭生活的破坏和放荡淫佚的生活会给家庭经济造成物质上的损失,导致忽视儿童教育的后果,总之,会使夫妻逃避必要的家庭义务。

问:难道没有一些国家的习俗允许和赞成不忠实么?

答:有的。在某些国家中这种罪行不受惩罚,但它始终受到有健全理智的人的谴责,因为理性只能赞成使人们幸福的事情,无论他们处在什么情况下。其次,不忠实是一种非正义的和非法的行为,因为它会使夫妻一方丧失他的合法权利。

问:这么说,夫妻相互都有权利了?

答:所有联合为社会的人相互都有一定的权利。理性允许他们要求其他的人去履行自己的义务或者去实现社会联合据以成立的条件。所以夫妻双方彼此都有权利,可以彼此要求互爱、互助和互相关心,对他们双方说来这是他们的共同利益所必需的。

问:难道一夫多妻制是绝对非法的吗?

答:在某些国家里,一夫多妻是法律所准许的,而且得到习俗的赞成,但是这种现象既不会因此变得比较公正,也不会因此变得比较合理,变得合乎自然的要求。因为它会损害婚姻,而且必然会削弱婚姻结合。

问:夫妻是否准许离婚或者解除婚约呢?

答:在某些国家里,法律禁止离婚,在另一些国家里却允许离婚。

问:然而理性怎样解决这个问题呢?

答:理性不能赞成这样的规定,说夫妻终身只能保持一种婚姻,因为这种婚姻会经常造成双方的不幸、争吵和忧愁。

问：您不是说过婚姻的目的是生男育女吗？

答：是的。人们都感到有繁殖的必要，因为追求快乐的意向促使他们这样做。

问：怎样称呼有了孩子的夫妻呢？

答：他们叫做父亲和母亲，或者叫双亲。

问：父母的义务是什么呢？

答：哺乳孩子，照料他们，教育他们，当他们幼弱的时候，保护他们不受危险的威胁，增强他们的健康和体力，发展他们的理性，教会他们认清周围的各种现象和识别对他们有益的事物和可能使他们遭受损害的事物，告诉他们什么是他们的义务，指示他们怎样做一个幸福的人，激励他们热爱真正有益的事情，使他们养成行善的习惯，总之，父母的义务是把他们培养成为他们必将生活于其中的那个社会的有益的成员。

问：为什么父母要履行所有这些义务呢？

答：父母之所以要履行些义务是为了把孩子培养成为忠实的朋友和劳动中的助手，成为热心的保卫者，在他们年老的时候给他们以支援和安慰，简言之，就是要把孩子培养成这样的人：他们为了自身的利益将关怀他们曾经赖以生活的那些人的幸福。

问：父母对自己的子女有没有权利呢？

答：一个人对于所有他使之得到幸福的人都有合法的权利。所以父母对子女是有权利的。子女依靠自己的父母，因为谁也不会比父母对他们更为有益。由此得出，父母的权力是理性所赞成的。

问：父母的权力有没有什么范围呢？

答：只有得到理性的赞成才能使权利成为合法的，而理性只赞成我们那些旨在帮助依靠我们的人得到幸福的权利。因此父亲有权尽自己的能力为子女们谋福利。他可以强迫他们做对他们有益的事,制止他们做对他们有害的事。但是父亲决没有权利成为子女们不幸的原因。这就是滥用父母的权力,会是一种暴虐的行为。

问:难道某些民族的法律没有赋予双亲以决定子女生死的权力吗?

答:有过。但是这些法律实际上并没有赋予双亲以杀害子女的权力,因为理性不可能赞成那种会使社会受损失、使具有这种权力的人受损失以及使他对之行使这种权力的人受损失的权力。允许父亲杀死子女的法律会使国家丧失公民,使父亲本身丧失老年时的依靠;这样的法律违反人道精神。

问:子女对父母的义务是什么呢?

答:子女应当对父母表示敬爱、感激、恭顺和听话,帮助他们实现他们的计划,保卫他们,减轻他们的生活负担,在他们风烛残年的时候给以安慰。这一切都是子女的义务,因为不履行这一切,他们就不能指望得到双亲的爱抚和好感,而双亲的关怀对他们的幸福说来始终是如此必要的。

问:子女为什么应当这样做呢?

答:是因为要使父母对他们保持一种他们十分需要的温情。父母的生活经验和知识使子女听话,因为这些经验和知识使父母有可能更好地懂得,什么对他们的子女有益,什么有害。其次,既然子女长年需要父母的帮助,他们就应当服从父母,力求得到父母的欢心,这是符合他们自己的利益的。最后,子女本身也希望做父母,并且愿意做一个受人爱戴的父母,在年老和生病时得到后人的照料和安慰,所以他们本身应当作出爱父母的榜样。

问：子女对父母有没有什么权利呢？

答：子女有权要求父母给予一切以良好教育为前提的关怀，没有这些关怀，父母对子女就没有比外人更多的权利，就不能正当地要求子女的感谢、服从和帮助，换句话说，就不能正当地要求子女作出只有作为对旧恩的报答才能得到的那一切行为。不关心自己的子女或者使子女遭受到某些不幸的父亲，是不人道的暴君，他将丧失对于自己子女的权利。

问：如果父母根本不管子女，或者使子女过着十分不幸的生活，子女是不是还应该感谢父母呢？

答：子女应该耐心容忍父母性格上的缺点或者不好的情绪，并且竭力用孝顺来改变这种情况。如果子女要对父母以恶报恶或者试图报复，父母无疑会用憎恨和蔑视的态度对待子女。子女任何时候不应该忘记应该把自己的生命归功于父母，不应该忘记本身的存在就是一大幸福，这是需要感谢父母的，不能从记忆中抹杀掉。

问：每当父母违拗子女的意见，并采取和他们的激情相反的行动时，难道子女不会认为自己的父母是暴君吗？

答：如果父母力求不让子女危害自己或社会（因为他们都是社会的成员），从而行使父母的正当权利，子女却要反对父母这种合法的意志，他们就是轻率的、不明智的，而且应该受到惩罚。

只有当父母强迫子女作违反他们自身利益或他人利益的事情时，父母才是暴君。坏的和恶的父亲无权指望子女听话、温情、抚爱、感激，因为他已经成为子女的敌人，他给子女树立了坏榜样，即给了子女最有害的一种坏影响。

问：除了父母和子女以外，家庭还有什么成员呢？

答：兄弟姊妹，叔伯舅姑姨父母，叔伯堂表兄弟姊妹，总之，还有所有近支亲属。

问：我们对亲属的义务是什么呢？

答：跟那些与我们没有这样直接联系、其行为也不会明显影响我们的其他人比起来，更加自愿地对这些亲属表示关怀，并且准备给他们以帮助和效劳。

问：什么原因促使我们这样行动呢？

答：我们的亲属是经常同我们一起生活的人，我们往往最需要他们的帮助。这就会使我们力求引起和保持他们对我们的好感。此外，家庭和睦对每个家庭成员说来都是最大的幸福。

问：近支亲属相互间有没有权利呢？

答：每一个人只要对别人行善，就获得对后者的权利。每一个人只要使自己的近亲得到最多的幸福，就对他们取得了合法的权利，可以使他们处于依赖自己的地位，并且满有信心地可以要求得到他们的爱戴、感谢和服从。不对自己的近亲做任何好事的人，就会变成他们的外人。对亲人做恶事的人，乃是他们的敌人。

问：什么是友谊呢？

答：友谊是这样一些人的结合或联合：他们互相发现对方同他们所认识的其余的人比较起来，具有一些更加有益更加可亲的品质，或者具有一些对他们的幸福说来更加重要更加必需的优点。

问：友谊要求人承担什么义务呢？

答：友谊要求人承担的义务不外是最适于维持朋友们认为自身幸福所必需的联合的那些手段的总和。因此，朋友的相互关系应当是友爱、忠实和信任、温和和体谅，应当善于保守秘密，肯于提出忠告，互相安慰，互相帮助！而且比其他人做得更经常。违反这些义务,就是破坏友谊的联合。

问:为什么朋友间要这样做呢?

答:朋友都指望从对方得到利益,这些利益就是友谊眷恋的基础。如果剥夺他们的这些利益,友谊就会不再存在,对友谊的兴趣就会消失。

问:这么说,朋友相互间也有权利啰?

答:对。一个对于您的幸福说来绝对必需的朋友,可以要求您给予帮助和表示好感,没有这些,友谊就会逐渐减退和迅速中断。

问:可是,什么原因促使人帮助朋友,甚至为他们而牺牲呢?

答:有一个真正的朋友确是一种福祉,应该把这种福祉看得比别的福祉和权益高,因为对于我们的幸福说来,朋友比一切都更有益。帮助朋友,为他牺牲自己的财富,意味着得到或者保持幸福,这种幸福在我们看来比我们为它而付出的财富更加必需和可贵。

如果我们抛弃处境不幸而且需要我们帮助和支持的朋友,我们就忽视了一种最神圣的义务,违背了友谊的责任,并且向朋友表明:他对于我们比我们为他所牺牲的那些利益更不值钱。

问:难道真正的友谊不应该是毫无私心的吗?

答:确切地说,如果撇开多少认识到了的、但永远现实的个人利益,人就不可能有爱憎。这种利益(无论它是怎样的)乃是人的感情或动机的真正原因。如果一个社会使我们得不到任何快乐,我们就不可能爱这个社会里的人。对朋友无益的人会成为朋友的外人。

问:那么,应该怎样理解无私的友谊呢?

答:建立在促使我们选择来作为朋友的那个人的个人品质和优点的基础上,而不是建立在任何外在的优越性的基础上的友谊是无私的。自私的友谊的基础和目的通常都是财富、社会威信、权力以及得到瞬刻的愉悦和快乐的可能性等等。

无私的友谊建立在人们衷心相好、人的诚实、正直、善良以及好的性格、才干和品质的基础上。

问：为什么要注重朋友的个人品质，而不是注重他的外在的优越性呢？

答：因为友谊是财富。财富中最稳固的是最理想的财富；良好的个人品质通常比财物、社会声望和其他随时都可能丧失的外在优越性更为持久、更为稳固得多，也更不会遭受改变得多。

问：从这里不可以得出结论说，不道德的人们之间不可能有牢固的友谊吗？

答：不道德的人通常都乐于使别人受到损失。因此不能指望那些嗜恶成性的人的亲近感。这些人的友谊是以他们的情欲为转移的，而且只会是稍纵即逝的。只有经常乐于行善的人，即那些被公认为有道德的人，才能有持久而且牢固的友谊。

问：什么是联合在一起的同志呢？

答：联合在一起的同志是这样的一些人：他们自动承担义务，在一定的条件下联合自己的力量并且共同努力来达到他们认为有益于自身幸福的某种目的。例如商人可以为了从事他们指望由以得到利润的那些业务活动而联合起来。

问：联合在一起的同志互相有什么义务呢？

答：认真遵守联合的条件或他们彼此同意的义务，并且忠诚地努力达到共同的目的。

问：促使他们履行自己的义务的动机是什么呢？

答：如果不履行他们所同意的义务，他们就不可能达到联合前提出的目的。

问：联合在一起的同志互相有没有权利呢？

答：是的，有。理性和正义允许联合在一起的同志要求每一个成员都履行所承担的义务和促进共同事业的成功。

问：主人是什么？

答：主人是这样一种人：其他被称为仆人或部属的人都把促进主人的幸福这个义务看作对自身幸福有利的条件。

问：主人对部属的义务是什么呢？

答：他应该供给他们饮食，照顾他们，付给他们劳动报酬，对他们采取善良的态度，按照他们对他的效劳和尽忠而奖励他们。

问：促使主人这样做的动机是什么呢？

答：他希望有这样一些人为他服务：这些人懂得，他们的命运和他的命运是相连的，经常坚定地为他的幸福而劳动是符合他们自身的利益的。

问：部属有什么义务呢？

答：忠实地为自己的主人服务，听主人的话，对他表示亲近，关心他的利益和安全，简言之，尽力博得他的好感。

问：促使部属履行所有这些义务的动机是什么呢？

答：一种最强大的动机，因为部属的自我保存和幸福是这样两个目的：如果他们不忠实地履行自己对于他们经常所需要的并且正是因此而对他们享有理性所赞成的权利的那种人的一切义务，他们就不能达到这些目的。

问：反过来，部属对主人有没有某些确定的权利呢？

答：他们有权对自己的劳动要求报酬，对自己的努力要求感谢，简言之，他们有权要求得到爱、帮助和恩赐，作为对他们的热心和效劳的奖励。

问：一个人的义务是否局限于他所生活的社会、他的家庭和他的同志，一句话，是否局限于和他直接发生关系的人呢？

答：人的义务遍及全人类，即遍及所有的人，但是一个人对其他人的义务的神圣不可违背性是和同这些人的亲密程度相适应的。

问：您这话是想说明什么意思呢？

答：我的意思是说：如果问题涉及某个人对于其行为可以最直接地影响他的福利的那些人的义务，那么对于他自己的幸福说来，他就特别迫切需要履行他的义务。

问：一个人对于其他人的义务的正确标准是什么呢？

答：自己同这些人的利害关系，自己对他们的需要，即合理合法的自爱，这就是一个人对其他人所应有的感情的不变标准。

问：您是否可以举例说明这个道理呢？

答：我应该爱自己的父亲更甚于爱其他任何人，因为我从父亲那里得到更多的好处，因为我的幸福最需要他。这就是人们认为忤逆父亲是最严重的罪行的缘故。我应该感谢本国君主更甚于感谢别国君主，因为前者更是我的幸福所需要的。我应该感谢本国人民更甚于感谢邻国人民，因为我的福利依赖于我在其中生活的那国人民。最后，我应当感谢自己的朋友或者我认为我的幸福所必需的人，更甚于感谢外人或陌生人，因为后者的行为或品质对我不会发生任何影响。总之，每个人都会不由自主地更多地亲近和爱戴最为他的幸福（像生活经验告诉他的那样）所必需的人。一个人对其他人的好感是同他从其他人那里所得到的或将来希望得到的利益是分量上相称的。

附录二 普遍道德原理，或自然教义问答

问：我们是否应该爱所有的人呢？

答：是的，应该这样。因为人类的利益要求我们随时乐于对人行善，随时决心尽可能为任何人造福，并且要求这种决心成为我们的习惯。

问：这种决心叫做什么呢？

答：它叫做人道精神或博爱精神，这是一切社会美德的源泉。

问：人道精神是不是每个人的义务呢？

答：是的，人道精神是维持人类生命所必需的。我们中间每一个人，作为人，都希望所有的人具有人道精神。

问：人道精神对人有什么好处呢？

答：人是一种时时都可能需要别人帮助的生物。一个我以前不认识的人，由于千差万别的情况，可能拯救我、保卫我，使我免遭灾难而成为幸福的人，简言之，可能成为对我有益的人。

问：是不是每一个人都有权要求别人用人道的态度对待自己呢？

答：有。理性允许每个人要求别人具有人道精神，因为这是保存和维持包括他在内的人类生命所必需的。一个人如果本身不损害任何人，他就有权要求谁也不损害他，如果人们希望他对他们采取善良的态度，他就有权要求他们用同样的态度对待他。

问：如果不认识某人，并且离他很远，怎么可能爱他或者对他行善呢？

答：您可以乐于爱一个您并不认识的人，可以有对他行善的愿望，然而只有在他和您之间建立起某种关系以及他有可能感到您的影响和行动的作用的情况下，您才能真正表现出您的善意和实现您对他行善的决心。

人道精神使我预先有了行善的心情，使我产生帮助从未见过面的人的愿望，但是只有当这些人处在我的身旁并且有可能接受我的帮助的时候，我的愿望才能发生某些作用。

问：您不能举个例子吗？

答：我很器重目前住在北京的一个人，也愿意对他行善，但是只有在这个人回到巴黎以后，我才能实现我的愿望，或者真正表示我对他的器重。如果这个住在北京的人也有同样的心情，那么他也会像我一样，只有在形势迫使我去到中国的时候，才能实现他对我行善的愿望。

问：为什么您认为人道精神是一切社会美德的源泉呢？

答：因为只有具有人道精神、习惯于行善和对一切人都持善意的人，才会像人类社会的生存和幸福所要求的那样行事。人道精神或博爱精神——这是一切美德的结晶、精髓和基础。

问：哪些美德来自人道精神呢？

答：对别人同情、关怀、慷慨、宽宏大量、谅解、善良、忍耐、能够原谅别人的欺凌与侮辱。就连正义本身也要以人道精神为基础，而不能与它分离。

问：同情是什么呢？

答：同情是人的一种成了习惯的好感，这种好感使每一个人都会决心为社会的幸福而帮助另一个人，如果他看到这个人遭遇不幸和痛苦的话。

问：同情是怎样产生的，它建立在什么基础上呢？

答：同情是习惯、经验和理性使我们养成和发展起来的一种肉体敏感性的结果。这是一种纯粹出于本性的好感，它使我们在看到别人痛苦时自己也感到痛苦。

问:同情是不是一切人所共有的感情呢?

答:不是,这种感情不是一切人都有的。有些人天生只有极小的敏感性;也有一些人的敏感性根本不发达或者受到种种不良影响的压制。

问:同情是不是人的职责,我们是否有义务去帮助不幸者呢?

答:是的,这种美德是生活在社会中的人所必需的;它是他们的优点,因为他们彼此可以互相帮助。没有这种相互性,这种美德对他们就毫无用处。

问:促使我们帮助别人的动机是什么呢?

答:每个人随时都可能处于痛苦状态,因而感到需要别人帮助。要使得别人会来帮助自己,他本身就必须表现出帮助别人的决心。同情是社会生存所必需的,而保存社会则是同每个人利害攸关的。最后,如果一个人具有敏感性,如果他在别人痛苦时感到惋惜,他就会希望终止这些痛苦,因为这些痛苦也使他自己感到难受。

问:失去同情心的人会关心用这样的办法去帮助别人吗?

答:丧失同情心的人不会像具有好心肠和特别富于同情心的人那样如此强烈地衷心要帮助别人。但是理智会以足够顽强的力量驱使他去帮助别人,虽然他的动机不像善良而富有同情心的人那样直接和那样坚决。理智甚至会告诉丧失同情心的人,他的冷酷态度和残忍行为会招致同胞们的憎恨和蔑视,而同胞们的好感、尊敬、爱戴和帮助是任何生活在社会中间的人所必需的。

问:但是,难道不存在这样一些国家,在那里,同情被看作弱点,残忍反而得到赞同吗?

答:残忍在一些不认识自己的真正利益的野蛮民族中间可能

被认为是合法的,并且得到赞同,我们在许多国家里都可以看到这样的例子;但是残忍绝不会得到理性的赞同。人类社会越是文明,人们获得的经验越丰富,他们就会更好地懂得,人道精神和同情心是人的幸福所必需的感情。

问:什么是善意呢?

答:这是成为习惯的一种对任何需要者行善的愿望。

问:什么是宽宏大量呢?

答:这是一种为了他人福利而局部地牺牲自身福利的愿望。

问:我们为什么要对别人行善和表示宽宏大量呢?

答:我们希望别人对我们发生好感;我们力求赢得他们的爱戴、感激和尊敬;我们希望他们关心我们的命运;我们要取得对他们的权利;我们把自己的部分福利让给他们,是要取得他们衷心的好感,我们认为这种好感对于我们说来比我们此刻被迫作出的一切牺牲更加有益。

问:这么说,宽宏大量和善意完全不是没有私心的啰?

答:一个人没有某些打算绝不会做任何事情。他的一切行为的目的就是自己的幸福。凡是认为自己的幸福和利益在于得到接受他的善行和有益效劳的人的感激的人,就可以称为没有私心的人。

问:宽宏大量和善意是不是我们的职责呢?

答:这是任何想使别人产生保障其自身幸福所必需的感情的人的职责,因为不表现出宽宏大量和善意,就不能指望别人产生这些感情。如果我想别人爱我,我只有通过对他行善才能达到目的。

问:对人行善的目的是想使他产生什么感情呢?

答:这种感情称为感谢。

问：什么是感谢呢？

答：这是一种爱的感情，每个有理性的人对于给自己行善或使自己得到幸福的人都应该怀有这种感情。向其他人行善的人希望对方产生的也正是这种感情。

问：感谢是不是人的职责呢？

答：是的，因为赖有这种感情我们才能从别人那里得到我们的幸福所必需的善意的效劳。

问：什么促使我们表示感谢呢？

答：我们通过感谢可以使向我们行善的人保持对我们的好感，同时也可以使别人产生一种促进我们的福利的愿望。其次，如果我们忘恩负义，周围的人就会憎恨我们、蔑视我们，忘恩负义会打消人们互相帮助的愿望。忘恩负义是不公正的行为，因为它使一个帮助过我们的人得不到我们应该给他的帮助，和丧失获得我们衷心同情的合法权利。如果我们不表示感谢，我们就会破坏我们曾经据以得到帮助的条件。

问：但是，我们不是往往对已经因忘恩负义而出名的人们行善吗？在这种场合我们的宽宏大量不是绝对无私的吗？

答：不，在这种场合我们的宽宏大量实在是建立在极纯正的动机的基础上的，因为我们追求的目的是得到自尊或受人尊敬的更大权利。换言之，宽宏大量的行为的动机总是某种利益。

问：我们是否愿意对自己的敌人行善呢？

答：是的，因为我们对任何一个人行善都可以得到对他的一种优越性，也可以获得对他的正当权利。宽宏大量的行为会使我们受到普遍的尊敬。其次，我们对自己的敌人行善，这就会对他产生一种道义影响，并使他改变对我们的态度。我们可以设法使他成为我们的朋友,这对我们始终会是一种现实的好处。

问:我们应该感谢谁呢?

答:应该感谢所有爱我们和给我们某种帮助的人;并且我们的感谢应该同给予我们的帮助的重要性相当。我们应该感谢社会,因为社会使我们有可能享受联合的好处;我们应该感谢君主,因为君主保障我们的权利和维护我们的自由;我们应该感谢父母,因为他们不断关怀我们的幸福;我们应该感谢亲人,因为他们随时都给我们帮助;我们应该感谢朋友,因为朋友会向我们提出有益的忠告;我们还应该感谢每一个促进我们的长远幸福或暂时幸福的人。总之一句话,为了社会的幸福,必须使社会的成员成为幸福的人,并且互相给予善意的帮助。另一方面,社会为了自身的利益也应当对所有为它服务的人表示感谢。由此可见,任何人也不能摆脱表示感谢的义务。

问:然则在人们身上为什么感谢是这样稀有的品质,而忘恩负义在人间却这样盛行呢?

答:第一,因为善行必然会使行善者对受惠人享有一种权益。第二,因为行善者通常是比受惠者更为幸福的人,这情况有时会引起受惠者的嫉妒心。第三,因为行善者往往借此要求过分大的奖酬,并且认为他对接受他的善行的帮助的人获得了某种权力。简言之,忘恩负义的人之所以多,因为应当善于行善,而这是大多数人不知道的一种技巧。

问:什么是宽恕呢?

答:这是一种成为习惯的思想倾向,它可以使一个具有人道精神的人防止可能由于别人性格上或观点上的缺点而使他产生的憎恶感突然爆发出来。

附录二 普遍道德原理,或自然教义问答

问:宽容是不是我们的职责呢?

答:是的,因为它是保持社会和睦所必需的一种手段。如果我们从社会中驱除宽容精神,结果全体成员都会互相仇视,因而也就很少有人愿意互相帮助。总之,没有宽容精神,社会生活就会变成真正的灾难。

问:我们的利益是否在于向和我们共同生活的人表示宽容精神呢?

答:即使撇开全体社会成员都关心的社会安宁问题,为了每个人的利益仍然要对别人表示宽容,以便使自己有权换取对方温和宽容的态度,因为没有缺点的人是不存在的,而且任何一个人都不可能处处持有和其余人一样的见解。

问:但是难道没有否认宽容精神并且使那些用暴力对付不赞成流行见解的人的行为合法化的社会吗?

答:否认宽容精神的社会会损害自身的利益。它允许公民们互相危害和庇护不公正和不人道的行为;它让那种由于违反联合的目的而不能得到理性赞同的权利存在。一个管理得好而且很有秩序的社会,应该不让所有会使人们互相离异、使社会成员互为仇敌的现象发生。社会只应该容许和同意培养自己成员的温和性格、宽容态度和不咎前嫌的精神,以促进人们的和睦与团结。

问:对于罪行我们应该不应该采取宽恕的态度呢?

答:不应该,公民应该鄙视和憎恨罪行。他应该对犯下的罪行表示惋惜。惩罚罪犯是法律的事情。

问:什么是忍耐呢?

答:这是天生的或者后天获得的一种忍受我们所遭受的祸害的倾向,它可以使我们克制对这种祸害进行报复或损害侮辱过我

们的人的愿望。

问：忍耐是不是我们的职责呢？

答：是，因为这是维持社会和平的方法，因为唯有社会才有权惩治社会成员所犯的罪行。社会给自己保留这种权利，并且这样有分寸、这样公正地行使这种权利，个别的人即使对待自己也不能表现出这种态度。如果在受理性和健全思想指导的法律生效的社会里，任何人都自行其是，他就会违反法律，因而应该受到谴责。

问：但是如果社会错误地忽视有权惩罚危害社会或侮辱公民的人，它这不是把自己拒绝行使的这一切权利都转让给罪犯吗？

答：惩罚改正不了既成的罪恶，因此惩罚是无益的。如果人们一心要报复，他们就达不到他们给自己提出的目的，而达到目的才可以（哪怕是在某种程度上）证明复仇心理通常引诱他们采取的那些极端手段是正确的。其次，由于经验而变得聪明了的理性告诉我们，宽恕别人的欺侮第一是符合我们自身利益的，第二也是一个感情高尚的人所应当有的。能够宽恕别人的欺侮和凌辱，忘记他反对我们的罪行，可以使我们获得对他的巨大优越性。我们这样做往往就会迫使他悔过。我们甚至可以使他成为我们的朋友。总之，我们自身的利益以及同这些利益密切相关的社会利益驱使我们抑制愤怒、憎恨和报复的情绪，因为这些对别人有害的情绪通常也会对我们自己产生极为有害的后果。它们会消除那些允许具有这些情绪的人身上的人道精神、正义感和社会中人的幸福所必需的其他一切感情。

问：如果有人威胁我的生命或财产，难道我也不应当自卫吗？

答：毫无疑问，每个人都有权保卫自己和自己的财富；但是当他重新处于安全状态时，人道的感情就会发生作用，并且命令他做一个仁慈的人。当危险已经过去,报复就会变成无益的残暴行为。

问:同人道精神和宽容精神相联系的还有其他什么性情呢?

答:善良和温和、亲切和殷勤、有礼貌和谦让、细心和关怀、同情和非常客气,所有这些都是我们为了自身利益,为了赢得周围人们的爱戴和尊敬应当对一切和我们发生某种关系的人表示的态度。我们应当力求不触犯他们,不侮辱他们,不得罪他们,不伤害他们对我们的热爱,因为每个人身上的这种感情是很娇嫩、很脆弱的,我们应当巧妙地细心地对待它。

问:您不能列举一些违反博爱精神和人道精神的恶德吗?

答:这是冷酷、无情、残忍、憎恨、凶狠、报复、傲慢、骄矜、偏执,——总之是一切危害别人、使别人痛苦和伤心的性情。

问:为什么您说吝啬违反人道精神呢?

答:因为一个仅仅把财富看作自己的幸福的人,通常是不太愿意把这些财富分给需要他帮助的别人的。因此吝啬的人会变成对他周围的人们无益的人。吝啬会使他对他们的痛苦采取冷酷无情和漠不关心的态度。吝啬的人阻碍了社会福利和幸福所必需的互相为善和互相提供善意帮助的道路。

问:生活在社会中的人还需要什么别的美德吗?

答:公正、明智、适度和力量。它们通常被称为主要的或最重要的美德。

问:什么是公正呢?

答:像我已经说过的那样,公正是成为习惯的一种使每个人都能够行使自己的权利的倾向。

问:您不是说过,公正是以人道精神为基础的吗?

答:是的,我说过。使每个人能够行使自己的权利乃是人道精神所规定的一种职责,因为阻挠人们行使自己的权利无异于给他们的福利和幸福制造障碍,这等于对他们实行暴虐的统治。

问:这么说,公正是我们的职责啰?

答:社会没有公正就不能存在;公正的目的是维护政治机体全体成员的那些由经验材料和理性所确定的合法权利。简言之,没有公正就不能指望任何社会会有安全和幸福。

问:为什么一个人应当做公正的人呢?

答:用不公正的态度对待别人的人会变成他们的公敌;如果他妨碍别人行使他们的权利,他就无法确信自己会享受自己的权利。

问:然则公正的内容是什么呢?

答:公正就是不损害任何人,既不损害他的人身,也不损害他的财产,——一言以蔽之,即不给人们的幸福制造任何障碍。

问:对一个人的人身采取不公正的行为可能有哪些方式呢?

答:直接侵犯他的自由,破坏他最神圣的权利;剥夺他进行自卫的一切手段和起来捍卫法律的一切可能;最后,剥夺他的生命或剥夺他利用自己的四肢的可能性。

问:对一个人的财产采取不公正的行为可能有哪些方式呢?

答:通过强力或诡计夺取他所有的东西,即夺取他合法占有的东西。

问:人怎样才可以获得对这些或那些东西的权利呢?

答:人通过劳动可以获得对这个或那个东西的所有权。举个例子。一条在美国的一条河里游来游去的鱼是不属于任何人的。但是当我通过熟练的技术或者劳动捉住这条鱼以后,它就变成我的了,我对它就有一种权利,它就是我的财产。我对我的田地上的收成也是有权利的,因为它们是由于我的劳动而不是别人的劳动才生长的。我的父亲对于我这个儿子有权利,因为我没有他根本就不会存在。

问:社会的利益是否在于保护每个公民的财产权呢?

答:社会的利益首先就在这里,因为不如此就不能存在。人们生活在社会中只是为了更有效地行使自己的权利。如果您消灭公正,那时社会就不再有益于人们了,它一定会变成对他们有害的。社会成员互相间就会处于战争状态。

问:人是否有权把属于他的东西让给别人呢?

答:有。任何人都有权把自己的财产转让给别人。当一个人把自己的财产转让给别人,同时从对方得到某种别的东西时,这种行为即称为交换。当一个人把自己的财产转让给别人,却不从对方得到任何东西时,这种行为即称为赠予,这时他们的行为就是慈善的或宽宏大量的行为。

问:违反公正的行为和恶习有哪些呢?

答:凡是导致剥夺人的权利的那些行为、活动和思想倾向都是违反公正精神的行为和恶习,它们是:暴虐、压迫、盗窃、勒索、篡夺、各种各样的侮辱和压制、不正直和不诚实、破坏自己对同胞的义务、欺骗、弄虚作假、诽谤和污蔑。

问:哪些美德来自公正精神呢?

答:正直和善良,认真履行诺言,忠诚和老实。

问:什么是老实呢?

答:这是成为习惯的、永远对人们说实话或者向他们说明对他们的幸福可能有益和必需的东西的一种愿望。

问:为什么您认为撒谎违背公正精神呢?

答:因为人们联合起来在社会中生活不是为了互相欺骗,而是要互相帮助。他们应当坦率地互相把他们知道的有益的信息告诉对方,以便使他们每个人从必然存在于他们之间的相互关系中获得最大的利益。

撒谎是奴隶所固有的恶习。它会使有这种危险的习惯的人的品格受到损害。它会使他失去尊严和社会信任这两种好东西,而在组织得合理和管理得良好的社会中,没有这两种东西就不可能有幸福的生活。

问:如果认识真相可能给某人造成损害,您是否应该把真相告诉他呢?

答:不,在这种场合,真理对他们就不再是好东西。一切对人们有害的事情实际上都是罪恶。例如,如果蓄意杀人的人问我,他要杀害的那个人是不是藏在我的屋子里,如果我对他说实话,我就犯了严重的罪行。在这种场合,人道和正义要求我欺骗这个问我的人。不让他犯罪,这也是对他本人做了好事。

问:什么是诋毁呢?

答:这是一切对某人有害而对其余所有的人无益的真相。揭发罪犯,告诉朋友或陌生人,说有人要杀害他,这就根本不是诋毁,这是履行职责。对其他人毫无利益地揭露某人的缺点,这却是诋毁,因为这会使受诋毁的人遭受显著的损害。诋毁违反人道精神,违反人与人之间和睦和团结,而人道、和睦和团结则是作为社会成员的人们所绝对必需的。

问:什么是污蔑呢?

答:这是一切损害他人的谎言。因此,污蔑不仅违背真理,同时也违反正义和人道。

问:为什么污蔑违反正义呢?

附录二 普遍道德原理,或自然教义问答

答:因为它会使生活在社会中受到污蔑的人失去爱戴、尊敬和他有权得到的各种权益。

问:为什么污蔑违反人道呢?

答:因为污蔑一个人有时足以破坏他的幸福。

问:为什么我们应该始终避免撒谎呢?

答:因为诚实使我们获得我们同胞的信任和尊敬,这种信任和尊敬乃是每一个有理性的人的幸福所必需的感情。

问:什么是明智呢?

答:这是成为习惯的、选择能够更准确更迅速地达到预定目的的方法和手段的一种倾向。这是一种在不破坏他人幸福的条件下建立自己的幸福的本领。我们已经说过,明智甚至对一个生活在社会之外的人也是必需的;这里的问题是他对待别人所采取的行为:因为别人的行动对他的影响就像他的行动之影响别人一样。因此我们应当承认,表现明智是每个人的职责,我们每个人的一举一动都特别需要保持明智的态度。

问:明智的态度有哪些准则呢?

答:明智的态度要求我们获得生活经验,经常向理性请教,以便正确估价我们的行为对别人产生的印象。那时我们才能预见,我们的行为的后果对我们自己产生怎样的影响。这就叫做预见性。

问:当我们对我们行为的后果没有把握的时候,我们应该怎么办呢?

答:明智要求我们放弃对我们行为的后果没有把握的行为,直到我们对它们会带来的后果有把握的时候为止。

问:哪些行为和思想倾向违反明智呢?

答：一般说来，凡是会使我们受到某种危险以及凡是会直接或间接地使得和我们一起生活的人的幸福遭到危险的行为都违反明智。大多数抱怨自己不幸的人，本来早就应该抱怨自己不明智，因为这是他们不幸的主要原因之一，而这往往也是他们的不幸的唯一原因。如果他们希望严格地和准确地分析自己生活的历史，他们应该想一想怎样才能轻易地避免这些不幸。明智是敏锐的智慧的特征之一，这说明远不是所有的人本质上都具有明智。像财富一样，许多人都用其他的品质来代替明智。在任何情况下，明智都会直接或间接地给人带来显著的利益。明智可以使我们保持适度，保持适度也就是实际生活中得到实现的明智。如果明智是认清可能给我们带来损害的情欲的手段，那么适度就是避免这些情欲的一种成为习惯的倾向。

问：哪些动机可以使我们抵制情欲呢？

答：所有我们知道的动机中那些最强有力的动机。这首先就是关心于保存自己；就是力求避免社会的公愤，因为社会有权惩罚我们的任何过分行为；就是担心不要引起同胞的憎恨和蔑视。由此可以明白，适度是每一个希望得到幸福的人的职责。

问：哪些情欲是我们应当抵制的呢？

答：我们应当节制自己的一切情欲，因为一切情欲在或多或少的程度上会破坏我们习惯的生活秩序和损害我们的机体。坏的情欲一旦成了习惯，往往有一种逐渐增强、愈演愈烈的趋势，最后会把人引入绝境，他自己也会在这个绝境中牺牲。

问：请举几个例子吧。

答：生活经验和沉思使我们确信，我们应该抑制愤怒、报复、爱、醋意、嫉妒等情绪，简言之，所有那些狂暴的、破坏性的情欲我们都应该抑制,因为它们会破坏我们的宁静,扰乱我们的理性,和驱使我们犯错误,结果就会对我们往后的全部生活产生不良的影响。

问:但是,我们能不能控制住我们的情欲呢?

答:我们可以用一种情欲来平衡另一种情欲。例如恐惧可以帮助我们抵制我们的欲望,因为预见到某种快乐会产生不愉快的后果时,任何一个明智的人都会放弃这种快乐。举个例子。害怕别人的惩罚或者蔑视足以制止一个人去做情欲引诱他去做的不正派的行为。在这种场合下恐惧就是阻止这样的愿望,不让它有可能影响我们的意志的足够强大的动机。

问:什么东西可以帮助我们抵制情欲呢?

答:生活经验、理性、教育、好的榜样、法律都会使我们对能够引起周围人憎恨我们的那些行为感到恐惧,使我们有可能正确地估计同胞的爱和尊敬。这完全足以使每一个有理智的人抑制那些推动他去做坏事的情欲。生活在社会中的人应该懂得指导他行事的动机。如果像同胞的爱憎这样的动机还不足以使他走上为善的道路,他就理应成为不幸者。社会可以把他的情欲对同胞产生的那种坏影响归咎于他。社会有权惩罚他,因为社会是从这样一种信念出发的:人,作为有理性的生物,应该积累经验,行为举止应该以经验为指南。

问:哪些美德来自适度呢?

答:快乐有度,戒酒,贞洁,简言之,就是这样一种思想倾向:它可以使每个有理性的人克服可能直接损害别人间接也会损害自己的一切行为。

问:为什么您把贞洁算作美德呢?

答:因为滥用天生就与人的最甜蜜的感觉联系在一起的爱的欢乐,包含着对我们最大的危险。这些滥用能够使我们变成对人对己都无益的人。爱情能够全部彻底吞没我们的一切感情、思想和时间,使我们抛弃职责,削弱我们对履行义务的必要性的认识。爱的欢乐有时会变成我们一切愿望和思想的唯一对象,会变成我们全部行为的唯一动机。正是因为这个道理,有理性的人都蔑视和厌恶放荡、卖淫和丧失廉耻的行为。

问:哪些恶德同适度不相容呢?

答:狂饮、暴食,——总之,一切过度的快乐或者凡属理性认为破坏限度的行为都同适度不相容,因为遵守限度是我们的幸福和别人的幸福所必需的。

问:您怎样理解力量呢?

答:我所谓力量是指一个人做有益于他人,通过自己的活动、自己的英勇行为、自己的能力、知识和才干为他人服务的道德上的勇气或决心。

问:是不是每个人都能具有这种美德呢?

答:不,不是每个人都有。这种美德是同教育、习惯和榜样使人形成的一定的性格相关联的。这就是为什么社会为了自身的利益以特别的、评价很高的关怀标志酬劳和奖励那些凭自己的才能为社会增光的人的缘故。

问:这种偏爱是否公正呢?

答:是公正的。在结合成社会以便为大家的幸福而共同劳动的人们中间,有些人会比其余的人带来更多的利益。理性赞成他们受到更大的奖励。这就是社会为自身利益而赏给那些忠实为它服务、捍卫和教导它、保障它过幸福、舒适和愉快的生活的人们以种种特权的缘由。

问:这些人的特权是什么呢?

答:权力、财富、尊严、周围人的恭敬态度、崇高的社会地位、荣耀的爵衔和奖章,——这就是社会成员同意授予给社会带来最大利益的那些公民的特权,以便鼓励这些公民往后继续为社会服务。

问:为什么您把这一切都叫做特权呢?

答:因为享有这些特权的公民能够使很多人处于依赖他的地位,使这些人觉得维持他的生命、安全和幸福是有利的,而对社会不那么有益的公民则没有这种可能性。

问:什么是权力呢?

答:一般说来,权力是一种能对大多数人的命运发生决定性影响的十分有效的手段,同时被他们利用来作为实现自己个人意志和增进自己的财富和幸福的工具。

问:权力是公正的吗?

答:是的,凡权力得到理性的赞同,在合法范围内实现,并且能够普遍增进人们的幸福,权力就是公正的。如果权力损害受权力控制的人的幸福,它就是不公正的和不合法的。在后面这种场合下,它叫做暴力、苛政或专横。

问:追求统治叫做什么呢?

答:叫做权势欲。

问:权势欲是不是罪恶呢?

答:希望掌握公共意志所赐予、受这种意志指导和限制、并且根据这种意志所建立的法律而实现的公正的权力,乃是符合于维护社会秩序的利益的自然感情。这种感情是无可指摘的,只要我们为了获得这种权力而采取的手段是公正的和合法的,就是说,只要这些手段不会使我们的同胞遭受任何损害。如果所贪求的是不公正的权力、专横和苛政，或者如果我们采取犯罪的和理性所不赞成的手段来满足这种权势欲，权势欲就是罪恶。

问：追求财富是不是罪恶呢？

答：是的，如果把获得财富看作满足自己种种放肆的情欲的比较可靠的手段，它就是罪恶。但是，如果这种财富是通过正当的途径得到的，并且用来对人们行善，帮助他们，从而增进他们的幸福，追求财富就只应受到一切赞扬。

问：应该怎样看待追求荣耀爵衔、名誉地位、光荣和勋章呢？

答：这种愿望无疑是有远大前程的人所固有的，但是无论在什么情况下它都必须从属于为社会造福的愿望，因为这是理性允许我们无限制追求的唯一情欲。我们的情欲是否有益，其标准是社会可以从这些情欲中得到的种种好处。社会利益也是决定我们的情欲能够有多大的力量和强度的标准。因此情欲总有自己的界限，超出这个界限即为罪恶。

问：您怎样理解功勋呢？

答：这是我们获得的一种受人尊敬、爱戴和厚待的权利，也是一种受奖励的权利，人们之所以要奖励我们，是因为我们使他们得到了利益和好处。

问：我们有没有自尊的权利呢？

答：有，如果我们认识到我们做了对别人有益的什么事情，因而应该受到对方的感谢和爱戴，我们就有这种权利。称赞自己真正的善行才是公正的。这就是要合理地评价自己和行使自己那得到理性赞同的权利。如果一个人在为社会谋福利的时候对于自己有权因为他为同胞所做的善举或他的才干而得到同胞的称谢衷心感到高兴,理性是绝对不能指责他的。

问:但是难道尊重自己不是骄傲的表现吗?

答:只有当这种感情表现在能够损害他人尊严的言行中的时候,它才叫做骄傲,也才会变成应该受到谴责的东西。当人们受到蔑视时,他们必然会感到痛苦,因为蔑视是对他们的幸福毫无兴趣的证明。因此即使当骄傲同功勋结合在一起,骄傲也会使人丧失自己的权利,或者造成这些权利长期得不到承认的结果。

问:这是怎样发生的呢?

答:有功勋意味着有权得到人们的好感,因为您对他们有益。蔑视人们意味着使别人恨自己,而不是爱自己和尊敬自己。如果您对他们行善,您就可以指望得到他们的爱和尊敬。

问:人是否有权蔑视他人呢?

答:理性允许我们蔑视一切对社会无益或有害的人。蔑视是恶德和罪行应该受到的一种惩罚。因此,为了结成社会的人们的福利必须有蔑视。这是控制心术不良的人的最好手段之一。

问:我们是否有权蔑视在才干、品格、社会权力、权利和特长方面和我们相等的人呢?

答:只有当我们所蔑视的是对社会有害或无益的人时,这种蔑视才是公正的。人道要求我们爱所有其余的人,对他们表示好感、还有恻隐心和同情心,如果他们不具有可以使他们显露头角和引起普遍注意的特异之处的话。因为一个人不幸、贫穷或懦弱就蔑视他,那无异于侮辱人道主义的感情。

问:应该怎样理解虚荣呢?

答:虚荣是一个人凭着一些对社会无益的品质、特长和才能,凭着一些他不曾对社会作出的功绩,凭着一些他其实并不具有的优点而自以为可敬或要求别人尊敬。例如,一个人凭着专门利己毫不利人的权力,凭着仅仅花在轻佻的娱乐上的财富,凭着他沉湎于其中的崇高社会地位、封号和豪华生活,凭着自己阔绰的车马等等而孤芳自赏,并且妄想得到同胞的尊敬,这个人就是虚荣心重的人。

问:谦虚是不是美德呢?

答:对,谦虚是美德,因为人道精神和社会福利要求我们不要拿自己的优点和品质同别人的品质作不适当的和令人难受的对比,从而使对方感到委屈。蔑视是一种可以严重伤害对方自尊心的感情。它会使对方产生有害于蔑视者的情欲。

问:这是一些什么情欲呢?

答:醋意、嫉妒和羞耻。

问:您怎样理解醋意呢?

答:这是当人看到别人幸福时使他感到不幸的一种感情。

问:什么是嫉妒呢?

答:这是别人的幸福使我们产生的一种病态的感情,它可以使我们憎恨这个人,甚至企图损害他。

问:嫉妒能不能带来利益或者产生好结果呢?

答:不能,这种感情不会带来任何利益,而会使嫉妒者感到不安和痛苦,并且往往会给社会造成极有害的后果。其次,它也是不公正的和不人道的,因为社会上每个人都应当享受自己的权利,一个人的幸福不应当成为别人憎恨他的借口。这种感情实际上没有坚固的基础,因为在我们看来最幸福的那些人,往往比嫉妒他们的人有更多的原因抱怨自己的命运。

问:醋意和嫉妒的有害后果是什么呢?

答：它们会引起不公正的行为、诋毁和污蔑，驱使人否定别人的优点，做出忘恩负义的事情，使人失去毅力，委靡不振，使有能力、有才干和有道德的人们灰心丧气。我们心灵中所孕育的这些情欲常常会使我们决心去犯最大的罪。

问：您怎样理解羞耻呢？

答：这是一种痛苦的感情，每当我们害怕别人的蔑视的时候，我们内心就会产生这种感情。

问：为什么这种感情使人痛苦呢？

答：因为每一个爱自己和尊重自己的人，当他的幸福所如此必需的其他人不赞成他的感情，也不对他表示任何同情的时候，他一定会感到伤心。

问：羞耻是不是一种值得称赞的感情呢？

答：这是一种自然的感情，如果这种感情是由对社会有益的行为引起的，它是十分有害的。相反，由恶德、罪行和对社会有害的行为引起的羞耻感却会产生好的结果。

问：我们怎么能因为我们的善行而感到羞耻或者害怕别人的蔑视呢？

答：在恶劣腐败的社会里，美德常常不得不使人因羞耻而脸红；在不知道美德的价值的人看来，美德是应该受到蔑视的。

问：羞耻感怎样才会变成有益的呢？

答：它所以会变成有益的，因为它可以阻止我们去做坏事，使我们害怕可能受到别人的蔑视。羞耻心可以控制我们不犯罪，或者可以使我们受良心的责备，作为对罪行的惩罚。

问：您怎样理解良心责备呢？

答：这是一种剧烈的羞耻感和恐惧感，当我们知道理应受到社会的憎恨、蔑视和相应的惩罚时,良心就会使我们产生这种感情。

问:您怎样理解良心呢?

答:良心是生活经验产生的一种认识,即认识到我们的善行或恶行会相应地使得和我们一起生活的人对我们产生爱戴和感激的感情或憎恨的感情。在第一种情况下,我们问心无愧,这是真正的和可贵的幸福。在第二种情况下,我们却问心有愧,因此我们感到难堪和苦恼。

问:我们的这种认识是从哪里来的呢?

答:经验、习惯和理性使我们能够懂得,我们的行为会使别人产生怎样的判断。

问:但是难道我们不是总想改善对于自己行为的判断吗,即从宽地判断这些行为吗?

答:是的。但是多次重复的社会经验可以使我们摆脱这种错误;它告诉我们,其他的人会因为我们的不良行为而鄙视我们,即使他们不向我们表示出自己的鄙视态度。我们必须承认,人们既不会赞同也不会爱戴和尊敬那些危害社会的人,他们自身的利益会使他们暗地里对他们往往大声鼓掌、公开表示赞成的那些罪行产生仇恨。

问:但是我们怎么能知道别人对我们的这种暗藏的情绪呢?

答:通过分析别人那些和我们自己的行为类似的行为使我们产生的感觉。举个例子。仔细想一想,如果别人对我作出不公正的事情,我就会感到不可克制的仇恨。由此可以作出结论说,如果我对别人不公正,我自己也会成为对方憎恨的对象。

问:怎么才能合理地判断自己的行为呢?

答:他应该设身处地,判断别人和评价别人的行为时采取什么标准,对自己的行为也就要采取什么标准。

问:如果这个人拥有足够的力量和权力不允许别人惩罚自己或者鄙视自己,那又怎样呢?

答:生活经验告诉我们,当坏人认为他们可以不受惩罚,同时他们的厚颜无耻和他们权力强大的程度成正比例的时候,羞耻心和良心责备很少使他们感到不安。但是权力从来也达不到潜藏在人内心中的感情。人们对于犯罪者始终怀着不可克制的仇恨和鄙视,而犯罪者也不可能指望得到他们的尊敬和经久不衰的怀恋。从来只有美德才能赢得这些感情。

问:但是难道人不能相信他的罪行始终不会被人知道吗?

答:第一,很少人能完全相信,他的罪行始终不会被揭露,如果这个人是经常犯罪的、怙恶不悛的罪犯,情况更是如此;不管怎样防范,他的罪行随时都可以揭露出来。

第二,不管我们怎样隐瞒罪行,我们必然会因为犯罪而受到良心的谴责,并且羞愧地意识到,一旦人们看到我们的真面目,他们就会厌恶我们。生活经验告诉我们,坏人始终是惶惶不安、狐疑不定和疑虑多端的。罪犯不可能享有道德高尚的人所具有的那种安详心境,而纯洁的良心乃是对道德高尚的人一种最好的奖赏。

问:但是难道不存在能够消灭自己心中任何羞耻和良心责备的人吗?

答:如果存在这样的人,那也是很少见的。不多的例外或个别的事例完全不足以推翻基本道德原则。当我说火会烧痛任何人时,我就确立了一条定理,这条定理不会因为可以找到一些人习惯于同火接触,以致对火的高温几乎无所感觉,就变得不正确。对于良心责备也可以这样说;每个人都有良心责备的体验;尽管可以找到习惯于犯罪,以致不再因为羞耻而红脸的人,这个论点仍旧是正确的。不过道德不是为这些人而存在的。

问:善于伪装和假仁假义的人难道不能甚至在犯罪的时候也使得周围的人热爱自己么?

答:伪君子和伪装者的行为是一种不断的精神痛苦。他本来只要用比伪装时少得多的努力就可以成为一个真正有道德的人。况且要经常欺骗人们实际上是很少可能的。如果人的一生全是伪装和欺骗,这种欺骗是随时都可能被人揭发的。

问:哪些恶德同道德上的忘我精神不相容呢?

答:凡是使人失去社会存在所必需的积极活动能力、勇敢精神和毅力的恶德都是同道德上的忘我精神不相容的。例如,消极和无所作为、懒惰和娇生惯养、游手好闲和好色、下流、怯懦、灰心丧气等等。

问:您为什么把懒惰算作恶德呢?

答:因为不论一个人的社会地位如何,尽力为自己的同胞劳动乃是每一个社会成员的义务。凡是不愿意为公共利益劳动的想法,都是应当受到鄙视的、对社会和懒汉本人都有害的恶德。

问:难道劳动不是不幸,而游手好闲和无所作为不是幸福吗?

答:人是为活动而创造的。这是符合他自身的利益的。游手好闲会使人心绪不宁和生病,这种状况叫做无聊。因此人需要一种充满劳动的生活,只有献身于社会公益劳动的生活,才会使他在别人的心目中成为值得尊敬的人。只有我们付出了劳动的代价,我们才可以享受休息和娱乐。只有我们忠实地为社会服了务,我们才有权受奖。

问:勇敢是不是美德呢?

答：凡是对社会有益的东西，凡是旨在保持、捍卫和维护社会的权利以及保障社会真正幸福的东西，都是美德。祖国受到攻击时需要公民们起来保卫它，反对威胁国家安全和破坏理性所规定的国民天职的敌人。

问：难道一个社会对其他社会承担了什么义务吗？

答：对，当然承担了义务。社会和社会，民族和民族相互之间也像个人相互之间一样都是承担了义务的。诸国家或诸民族之间的义务也是互相采取人道和公正的态度。它们的道德的基础，也像个别人的道德的基础一样，是彼此的需要。需要和利益使各民族团结起来，使它们结成多少密切多少真诚的友谊，使它们多少感到必须履行义务，这是它们相互间的感情的真正标准。维护它们之间的联盟和联合的手段同维护个别人之间的联合的手段是一样的。这种联合需要善意、公正、诚实和正直。

只有当战争的目的是保卫国家权力时，战争才是正义的和合法的。各国人民应该不再彼此拿危险互相威胁，应该在自己的相互关系中贯彻人道精神。

对于各国人民说来，和平比经常打仗更有利，就像在社会成员的相互关系中安宁比纠纷更加有利的条约和协定的各项条款。只有当征服能够保障战败的社会得到安宁和幸福时，征服才是胜利者的真正权利。

最后，各国人民的利益也像个别人的利益一样，要求各国人民互相采取公正善良的态度，要求他们过和睦的生活和遵守各种道德规范，这些规范在一切历史时代都是人类幸福十分需要的。

问：我们应当从上述一切中作出什么结论呢？

答：我从这里作出的结论是：道德的基础是人们的本性、他们的需要和利益;不论人在社会中占住什么地位,如果他不讲道德,他就不可能幸福。一言以蔽之,我的结论是:做一个有道德和品德高尚的人是每个人的利益所在。

附录三

霍尔巴赫生平简介

霍尔巴赫,1723年12月8日出生于德国普法尔茨地区埃德森姆城一个信仰天主教的富裕的小商人家庭。父亲约翰·狄特里希给他取名保尔·亨利希·狄特里希。他七岁丧母。1735年同意由舅父弗朗西斯库·亚当·德·霍尔巴赫照管而移居巴黎。这位舅父17世纪末参加法国军队。1723年因军功封为男爵,并获得大量财富。我们未来的哲学家随后的少年时代便是在巴黎的文化环境中接受教育。他勤奋好学,很快掌握了法语和英语,学会了希腊文和拉丁文,后来还通晓意大利语。他酷爱希腊罗马古典著作,熟知伊壁鸠鲁、卢克莱修等人的思想。1744年根据舅父建议来到荷兰这个当时欧洲大陆唯一保障公民拥有一定民主权利的、发达的资产阶级共和国,入读享誉全欧的一所高等学府——莱顿大学。

和严密控制人们思想意识的反动教会干预下禁止对自然现象进行研究的其他欧洲高等院校不同,莱顿大学十分重视自然科学的教学。早在18世纪初,她就是欧洲传播先进科学思想的中心。这时欧洲许多世界知名学者,如法国科学家、昆虫学家和冶炼工艺家列奥米尔(1683—1757),发明莱顿瓶电池的荷兰数学家和物理学家穆申布鲁克(1692—1761),瑞士生理学家、一流生物学家和实验生理学之父哈勒(1708—1777)等都在莱顿大学任教。在那里，霍尔巴赫仔细深入地学习了化学、物理学、地质学、矿物学等自然科学课程。与此同时，他并没有放弃自己对哲学的浓厚兴趣，继续从原文阅读古希腊著作家的作品，研究十七八世纪英国唯物主义者培根、霍布斯和托兰德，以及牛顿、笛卡尔等人的著作，还读过刚刚在荷兰出版的拉美特利成名之作《灵魂的自然史》(1745年，海牙)和《人是机器》(1747年)。在奥地利王位继承战争(1740—1748)造成巨大破坏和震动以及具有先进自由思想的英国同学影响下，他开始关心现实的道德和社会政治问题。所有这些都为霍尔巴赫后来形成进步的唯物主义和无神论世界观奠定了坚实的基础。

四年大学毕业后，霍尔巴赫回到巴黎。在这里，除了偶尔出去旅游外，他一直平静安稳地度过了自己往后长达四十年的光辉人生。

1748年霍尔巴赫与大表妹热纳维埃芙·苏珊·戴纳成婚。1749年取得法国国籍，姓名按法语拼写为保尔·昂利·梯也利。1753年舅父过世后继承了他的大量财产和男爵封号，称保尔·昂利·德·霍尔巴赫男爵。1754年妻子去世。1756年与娇小美丽的小姨子、三表妹夏洛特·苏珊·戴纳结婚。不久又从岳父御林军旗帜及服装总监马里尤斯·戴纳那里接受了一笔相当可观的遗产。于是他成了当时法国最富有的贵族之一。这为霍尔巴赫及其同道们开展轰轰烈烈反封建、反教会的启蒙运动提供了极为有利的物质条件。

回到巴黎后一年左右，在巴黎歌剧院一次演出会上霍尔巴赫与比他年长十岁、已有闻名、各方面都更加成熟、而且正在筹划编辑出版《百科全书》的狄德罗相识。从此两人结下了终生不渝的战斗友谊。有材料表明,正是在狄德罗的帮助下,霍尔巴赫很快从自然神论者变成坚定的无神论者。为了使自己的唯物主义学说不局限于批判宗教信仰,他们把这种批判扩大到他们所遇到的一切科学领域和政治设施。为此他们着手把这一学说应用于所有知识对象。这样,编纂一部《百科全书》就成了实现目的的最便捷的手段。霍尔巴赫不仅物质上积极支持这一划时代的伟大事业,而且亲自总共为它撰写了438个条目,内容涉及各门自然科学(理论的和实用的)、哲学、社会、政治、宗教、道德等诸多领域,成为这部多达35卷的《百科全书》的主要作者之一。

霍尔巴赫是从把西欧先进的自然科学著作翻译成法文开始其著述生涯的。在1752年到1766年的14年间共翻译出版了矿物学、冶金学、化学、物理学、自然史及工艺学方面的专著不下九种,加上《百科全书》上发表的大量关于化学、矿物学、冶金学、自然史等内容新颖的条目,从而引起各国科学界人士的高度重视,相继被聘为柏林科学院会员、巴黎学士院和俄国科学院成员。

大约到1766年,霍尔巴赫便停止了外国自然科学名著的翻译,转而全力从事反专制、反宗教的无神论宣传。此后的12年,他一方面在《百科全书》上刊载不少从唯物主义立场揭露宗教之荒谬与反动的条目,翻译或编辑整理并随即出版古代和近代的唯物主义和无神论著作,如卢克莱修的《物性论》(1768年)、托兰德的《致赛烈娜的信》(1768年)、弗莱纳的《特拉西勃勒给留基伯的信》(1765年)、梅叶的《遗书》(1772年)等等。另一方面,他把主要精力用于写作抨击基督教的无神论的小册子,先后出版了21种之多。其中主要有:《揭穿了的基督教》(1761年)、《神圣的传染》

(1768年)、《给欧仁妮的十二封信》(1768年)、《袖珍神学》(1768年,该书由霍尔巴赫及其秘书奈戎和其他几个人合作编纂而成)、《健全的思想》(1772年)等。这些小册子许多都多次遭到当局和教会的查禁和焚毁,甚至连购买它的青年也因此被投进监狱。为了躲避残酷迫害,所有这些小册子,和霍尔巴赫的其他哲学社会学论著一样,都是以伪托的作者(或匿名)、虚假的年份在国外(荷兰或英国)出版,然后运回国内秘密发行的。比方《自然的体系》就假托已于1760年过世的前法国科学院常务秘书米拉波于1769年在伦敦(实际在阿姆斯特丹)出版的,而《健全的思想》则题以"《自然的体系》的作者所作"。

这一本本的小册子,像一排排重磅炸弹,倾泻在神的殿堂。其火力之猛烈,摧毁力之强大,在无神论思想史上是前所未有的。就在18世纪法国启蒙运动中,这也是十分突出的,甚至是独一无二的现象。难怪人们称霍尔巴赫为"上帝的私仇"。

1770年,被誉为"唯物主义的圣经"的《自然的体系》出版。它全面系统深刻地总结了18世纪自然科学、哲学以及社会科学所取得的成就。书中以严谨完整确凿可信的哲学体系的形式汇集了当时唯物主义所获致的全部原理、论据和结论。它的问世标志着霍尔巴赫及其集团达到了崭新的理论高度,奠定了霍尔巴赫在人类思想史上的卓越地位。

此后霍尔巴赫还发表了几部著作:《健全的思想》、《自然政治》(1773年)、《社会的体系》(1773年)、《道德政治》(1776年)、《普遍道德学》(1776年)和作于1765年、死后第二年才刊行的遗著《普遍道德原理》。尽管这些著作在宗教、政治、道德领域各有其重要意义,但从《自然的体系》一书角度看,不过是书中所陈述的各种原

附录三 霍尔巴赫生平简介

则的引申和发挥,思想高度上并无新的突破。

对于霍尔巴赫本人及其集团的思想发展说来,他家的沙龙(Salon,客厅)具有不可小视的作用。封建专制时代,由于缺乏自由的报刊和论坛,沙龙就成了把资产阶级社会先进知识分子团结起来,联络沟通、协商提高的十分有效的工具。与十七世纪不同,那时参加沙龙聚会的贵族沉迷于世俗娱乐和无聊空谈,而十八世纪巴黎的哲学沙龙,特别是霍尔巴赫沙龙(因为无论按参加成员、急进主义和历史意义都是无与伦比的),其次是爱尔维修沙龙,在许多场合都是交流信息、切磋学术、检验和完善思想的场所。可以毫不犹豫地把霍尔巴赫沙龙称为启蒙派的特种思想实验室。

在霍尔巴赫男爵好客的家中,经常可以遇到"文坛共和国"几乎所有著名代表——哲学家狄德罗、爱尔维修、孔狄亚克、奈戎,社会学家卢梭、孟德斯鸠,经济学家杜尔阁、莫勒莱,社会学兼历史学家赖纳尔,数学家达朗贝尔、拉格朗日,自然研究家鲁、布丰、茹艾尔及其弟子卢克斯和达尔赛,工程师布朗热,评论家格里姆,文学家马蒙泰尔等等。来到巴黎的各国进步的文化名人和外交使节,大都把霍尔巴赫沙龙看作巴黎的文化中心,认为拜访它是自己的义务和光荣。他们中间有:英国哲学家休谟、普利斯特莱,经济学家亚当·斯密,作家洛伦斯·斯特恩,莎士比亚剧本名演员大卫·加里克,美国启蒙思想家、科学家、国务活动家、驻法国大使本杰明·富兰克林,意大利法学兼政论家切·贝卡里亚,拿波里大使加里亚尼等。

男爵每周星期日、星期四两天邀请朋友们来家做客,并举行晚宴,冬季在巴黎市区罗雅尔·圣罗什街25号家中,夏天和深秋以前则在郊区别墅格朗瓦尔城堡家中。下午两点,沙龙就开始热闹起来。一直到晚上七八点客人才逐渐散去。在这里，人们可以听到关于各种问题的最生动最有教益的谈话。比如卢克斯和达尔赛叙述自己的地球学说，或者马蒙泰尔讲解其文学原理；又如赖纳尔说明西班牙人如何在菲律宾以及英国人如何在印度进行殖民和贸易活动，或狄德罗谈论关于哲学或文艺问题的见解。往往是一个人单独作长篇发言，其他人静心谛听。有时参加聚会的精英们会就哲学宗教、社会政治、文艺道德、自然科学或风俗时尚各方面问题无拘无束地进行讨论和争辩。在一些迫切的现实问题如宗教问题上争论尤其激烈。客人中既有坚定的无神论者，也有教会人士、自然神论和不可知论者。沙龙主人始终对宗教问题保持着十分浓厚的兴趣。他仔细倾听各方面的发言，自己不时也谈些看法，或者友善地巧妙地引导谈话。也许男爵正是要通过争论来全面地检验自己批判宗教的理论和证据是否确凿无疑。后来霍尔巴赫们就把讨论取得的成果写进自己的著作，传播四方。在某种意义上可以说，百科全书派，首先是霍尔巴赫及其最亲近的朋友们，所经营的"冲击天国"总司令部就设在圣罗什街和格朗瓦尔城堡。

霍尔巴赫有一家庭图书馆，面积十分宽大，藏书极为丰富，还有专门收藏从世界各个角落集来的合法的和非法的反宗教书刊的书库。男爵及其战友们不知疲倦地写作、翻译、编辑和出版他们的著作时可以随时方便地查阅所需的资料。

每当霍尔巴赫谈到宗教，正如谈到专制制度一样便激动不已，胸中充满刻骨铭心的厌恶和仇恨。对于天国的事情，他是铁杆激进共和派，早在大革命时期法王路易十六被处死之前就把上帝送上了断头台。然而在地上，即对于现实的政治问题，这位谨小慎微的贵族同共和主义是格格不入的。他一心企望的是"在王位的圣贤"。正是这种温和的政治立场,加上贵族的身份,托名或匿名出版大量反专制反宗教著作后严格有效的保密措施,以及天性善良、待人谦和、淡泊名利、疏财重义的性格形成的良好的人际关系,使他得以始终风平浪静地过着舒适的自由生活,而不必像狄德罗那样因触怒封建当局和基督教会的言论而锒铛入狱,或者像伏尔泰、卢梭那样为同样言论而亡命天涯。

霍尔巴赫博洽多闻,著作等身。朋友们和同时代人,如狄德罗、卢梭、达朗贝尔、格里姆、拉格朗日、奈戎、马蒙泰尔、休谟、普利斯特莱等等在回忆录或文章中无一例外地全部都称赞他有百科全书式的学识、惊人的记忆、罕见的热爱劳动的精神、独立判断的习惯和异常诚实的作风。狄德罗戏谑地写道:"无论我的想象虚构怎样一种体系,我相信我的朋友霍尔巴赫都会找出种种事实和权威意见来论证它。"

1789 年 1 月 21 日,霍尔巴赫与世长辞,埋葬在狄德罗墓旁。几个月后,法兰西全境就刮起了波澜壮阔的大革命风暴。

图书在版编目(CIP)数据

给欧仁妮的十二封信:或预防偏见/(法)霍尔巴赫著;王荫庭译.—北京:商务印书馆,2012
ISBN 978-7-100-08846-6

I. ①给… II. ①霍…②王… III. ①无神论—研究 IV. ①B91

中国版本图书馆 CIP 数据核字(2011)第 282368 号

所有权利保留。
未经许可,不得以任何方式使用。

给欧仁妮的十二封信
——或预防偏见

〔法〕霍尔巴赫 著
王荫庭 译

商 务 印 书 馆 出 版
(北京王府井大街36号 邮政编码100710)
商 务 印 书 馆 发 行
北 京 市 艺 辉 印 刷 厂 印 刷
ISBN 978-7-100-08846-6

2012年11月第1版 开本 850×1168 1/32
2012年11月北京第1次印刷 印张 9 5/8
定价:23.00元